新 时 代 共 享 发 展 论 丛

特殊教育
与残疾人事业发展研究
(2024)

Discussion Series on Shared Development in the New Era:
Research on the Development of Special Education and Disability

(2024)

杨会良　康　丽　高宸陆　等　著

社会科学文献出版社
SOCIAL SCIENCES ACADEMIC PRESS (CHINA)

序

　　残疾人事业是衡量社会文明进步的重要标志。党的十八大以来，党和国家高度重视残疾人权益保障和全面发展，出台了一系列促进残疾人就业、教育、社会保障的政策措施，推动残疾人事业取得显著成就。然而，我们也必须清醒地认识到，残疾人群体在就业、教育、社会融入等方面仍面临诸多挑战。在经济结构调整、社会转型加速的背景下，如何进一步优化残疾人服务体系建设，提升其生活质量和社会参与度，仍是亟待解决的重大课题。

　　党的二十大报告指出："完善残疾人社会保障制度和关爱服务体系，促进残疾人事业全面发展。"这一重要论述为新时代残疾人事业发展提供了根本遵循，为特殊教育的改革创新指明了前进方向。在全面推进中国式现代化的新征程中，推动特殊教育与残疾人事业的高质量发展，是践行习近平新时代中国特色社会主义思想的重要体现，也是全面推进共同富裕、实现社会公平正义的应有之义。

　　值此重要历史节点，《新时代共享发展论丛：特殊教育与残疾人事业发展研究（2024）》一书即将付梓，这是江苏共享发展研究基地推出的第三本"共享发展论丛"，延续了前两部论丛的问题导向和实践关怀，同时也在研究深度和学术视野上实现了进一步提升。作为长期关注和从事中国残疾人事业发展的研究者，我深感欣慰。本书由江苏共享发展研究基地组织编撰，汇集了多位学者在特殊教育与残疾人事业领域的深入研究成果，从"共享发展"理念与实践的双重维度出发，聚焦残疾人事业发展中的就业、社会服务、无障碍环境建设以及现代特殊教育发展等关键领域和重要问题，系统探讨了新时代背景下如何推动残疾人事业和特殊教育高质量发展。这些研究不仅展现了理论创新和实践探索相结合的学术价值，也为政策制定和实践创新提供了有益的参考。

作为江苏共享发展研究基地的一项标志性成果，本书凝聚了基地成员的研究智慧，汇集了近年来最新研究成果。全书分为四大篇章，紧扣党和国家的战略需求，内容丰富、逻辑清晰、见解深刻，全面体现了共享发展理念在特殊教育与残疾人事业发展中的生动实践。

第一篇"残疾人高质量就业篇"，回应"增进民生福祉，提高人民生活品质"的时代命题，系统探讨了农村残疾人家庭增收机制、心智障碍群体特殊职业教育与就业衔接困境、激发残疾人就业创业内生驱动力等问题。就业是民生之本，更是残疾人实现自我价值、融入社会的重要途径。这些研究不仅分析了当前残疾人就业面临的现实困境，还提出了具有可操作性的政策建议，为破解残疾人就业难题提出了具有现实意义的解决方案。如加强职业技能培训、完善就业支持体系等，为促进残疾人更充分、更高质量地就业提供了理论支撑、实践探索和决策参考。

第二篇"残疾人社会服务篇"，聚焦城乡社区养老、公益文创、社会工作介入等领域，深入分析了残疾人社会服务体系优化的政策路径，为新时代残疾人服务能力提升提供了理论依据和实践建议。随着人口老龄化加剧和科技快速发展，残疾人社会服务的内涵和外延不断拓展。本书的研究既关注传统残疾人社会服务模式的优化，如社区养老能力的提升；也探索了新兴领域的发展潜力，如科技赋能残障人士、新质生产力与社会工作专业的结合。这些研究体现了多学科交叉的视角，展现了残疾人社会服务创新的广阔空间。

第三篇"无障碍环境建设篇"，从肢体残障者的社会融合、康复辅助器具产业发展、无障碍产业数字化转型、无障碍环境建设法治保障等角度，探讨了如何构建更加包容的无障碍社会，提出了无障碍环境优化、产业数字化转型、无障碍文化推广等创新举措，为社会融合发展提供了可行的路径指引。无障碍环境不仅是残疾人平等参与社会生活的基础条件，也是全社会共享发展成果的重要体现。本书的研究结合江苏省的实践，提出了无障碍文化推广等具体建议，为其他地区提供了可借鉴的经验。

第四篇"现代特殊教育发展篇"，以"办好人民满意的教育"为核心，立足多学科交叉视角，探讨了跨界合作育人、基层教学组织建设、融合教育、残疾青年思想政治教育等议题，展现了特殊教育现代化的新实践、新成效。教育是残疾人实现自我发展的关键途径，特殊教育的质量直接影响残疾人的未来。本书的研究强调了多元支撑的重要性，如发展科学、神经科学的引入，以及有关提升职前教师融合教育素养的探讨，都为特殊教育的创新发展提供了新思路。

党的二十大报告强调："中国式现代化是全体人民共同富裕的现代化。"在全国人民迈向现代化的道路上，残疾人不能掉队。残疾人事业与特殊教育的发展，不仅关系到亿万残疾人的福祉，也关系到社会公平正义的实现。本书以鲜明的问题导向、深刻的理论洞察和务实的政策建议，体现了"以共享发展促共同富裕"的时代担当，为中国特色社会治理体系建设提供了重要的学术支持，同时也为进一步完善特殊教育和残疾人事业发展的理论体系作出了有益探索。"推动高质量发展，是全面建设社会主义现代化国家的首要任务。"江苏共享发展研究基地自成立以来，一直秉承"理论联系实际，学术服务社会"的宗旨，持续关注残疾人事业与特殊教育的发展问题。从《新时代共享发展论丛：新时代无障碍与融合共享发展（2021）》，到《新时代共享发展论丛：新时代残障治理与无障碍共享发展（2022）》，再到本书，基地始终致力于理论创新与实践应用的紧密结合，不断为推动"共享发展"理念走深走实贡献智慧与力量。

总体而言，本书的研究紧扣时代脉搏，既立足现实问题，又着眼长远发展，体现了研究者们的学术担当和社会关怀。江苏共享发展研究基地通过开放课题的形式，汇聚了多方智慧，形成了这一高质量的研究成果。希望本书的出版能够进一步推动学术界和政策界对残疾人事业和特殊教育发展的关注，促进更多创新实践的涌现。

最后，我要向所有参与本书研究和编写的学者、实践工作者致以敬意，期待本书能够为新时代特殊教育与残疾人事业发展贡献智慧与力量，助力残疾人群体在共同富裕的道路上迈出更加坚实的步伐。

关信平

南开大学周恩来政府管理学院教授、中国残疾人事业发展研究会会长

2025 年 4 月

目 录

第三篇　无障碍环境建设篇

第四篇　现代特殊教育发展篇

第一篇 残疾人高质量就业篇

基于可持续生计分析的农村残疾人家庭增收机制研究

康 丽* 焦若水**

摘 要： 本文以农村残疾人家庭为研究对象，全面调查农村残疾人家庭收入现状，系统梳理政策对农村残疾人家庭增收的影响，深入分析农村残疾人家庭增收困境和问题，在对现有支持政策进行反思的基础上，基于可持续生计分析框架分析农村残疾人家庭增收机制，为改善农村残疾人家庭收入状况提供对策建议。在兼顾全国残疾人状况的同时，本文以江苏省为典型地区，深入系统分析残疾人家庭收入状况，不仅考察发达地区残疾人增收的问题，同时也对欠发达地区残疾人家庭增收提供一定的启示。

关键词： 农村 残疾人家庭 增收机制 可持续生计

* 康丽，南京特殊教育师范学院管理学院（无障碍管理学院）副院长、副教授，研究方向为残疾人事业管理、残疾人就业、无障碍与适老化建设。
** 焦若水，兰州大学中国民族地区残疾人事业发展研究中心主任、教授、博士研究生导师，研究方向为社会学与社会工作理论、民族社会工作、民族地区残疾人事业发展。

引　言

党的十九届五中全会强调"扎实推动共同富裕"，明确提出到 2035 年基本实现社会主义现代化远景目标，"全体人民共同富裕取得更为明显的实质性进展"。要实现残疾人全面发展和共同富裕，残疾人家庭增收是重要着手点。农村残疾人增收是巩固拓展脱贫攻坚成果同乡村振兴有效衔接的重点。在全面实现共同富裕的过程中，农村残疾人是需要高度关注的较为困难的弱势群体。[①] 残疾人由于个人行为能力的部分缺失或完全缺失，对家庭的依赖较重。[②] 家庭是农村残疾人获得照顾、服务的主要依托，家庭供养是农村残疾人的主要生活来源。农村残疾人家庭增收是实现农村残疾人共同富裕的重要依托。在全面推进乡村振兴的关键时间节点，深入研究农村残疾人家庭的增收机制，对在乡村振兴战略中巩固拓展残疾人脱贫攻坚成果、改善农村残疾人生活质量和发展状况、推动残疾人共同富裕的宏伟目标的落实，具有重大的理论和现实意义。

一　农村残疾人家庭收入与支出分析

准确了解农村残疾人家庭收入与支出的特征，对完善残疾人家庭增收机制及支持政策至关重要。我国存在农村残疾人家庭收入低、与城市残疾人家庭收入差距明显，农村残疾人家庭收入以转移支付为主、依赖性强，农村残疾人家庭保障性支出比例大、发展性支出比例小，农村残疾人家庭收支相

---

① 张九童、张梦欣、厉才茂：《残疾人共同富裕研究：理论视域与未来指向》，《残疾人研究》2022 年第 1 期。
② 许琳、郅晓蓉：《从个体到家庭：智障者及其监护人社会支持研究综述与展望》，《社会保障研究》2022 年第 3 期。

近、家庭资产积累较弱等关键特征。

（一）农村残疾人家庭收入低，城乡差距明显

我国农村残疾人家庭收入低于全国居民家庭收入平均水平。2020 年，全国残疾人家庭人均年收入为 1.86 万元，远低于全国居民家庭人均 3.22 万元的年收入水平（见表 1），前者仅为后者的 57.8%。2020 年我国农村残疾人家庭人均年收入 1.60 万元，农村居民家庭人均可支配收入为 1.71 万元，[①]农村残疾人家庭收入与农村居民家庭收入相比，也存在一定的差距。以东部省份江苏为例，2020 年江苏省全省残疾人家庭人均可支配收入为 2.30 万元，相比于全省居民家庭人均可支配收入的 4.34 万元，仅为后者的 53.0%。其中，农村残疾人家庭人均可支配收入为 1.72 万元，与农村居民家庭人均可支配收入的 2.42 万元相比，仅为后者的 71.28%。[②]农村残疾人家庭收入较低，与普通农村居民家庭存在一定的差距，残疾人家庭收入仍有较大提升空间。

农村残疾人家庭收入与城镇残疾人家庭收入同样存在差距。改革开放以来，人口流动突破户籍限制，城镇化持续进阶，城乡差距显现，农村残疾人家庭的收入情况也具有明显的城乡差异。2020 年我国城镇残疾人家庭人均年收入为 2.47 万元，农村残疾人家庭人均年收入为 1.60 万元，农村残疾人家庭人均年收入仅为城镇残疾人家庭的 64.6%。[③]2023 年全国城镇残疾人家庭人均年收入为 31587.3 元，全国农村残疾人家庭人均年收入为 19311.4 元，前者是后者的 1.6 倍。[④]相比于城镇，农村残疾人家庭人均年收入较

[①] 国家统计局：《2020 年居民收入和消费支出情况》，2021 年 1 月 18 日，http://www.stats.g-ov.cn/xxgk/sjfb/zxfb2020/202101/t20210118_1812464.html。

[②] 江苏省数据中，工资性收入、经营净收入、财产性收入和转移性收入均为家庭户中该项收入的人均水平；残疾人家庭收入或消费均表示残疾人家庭的人均水平。

[③] 资料来源：《2021 年全国残疾人家庭收入状况调查报告》，中国残疾人联合会内部资料。

[④] 中国残联信息中心、中国残联残疾人事业发展研究中心、残疾人事业发展研究会：《2024 年全国残疾人家庭收入状况调查报告》，《残疾人研究》2025 年第 1 期。

低，城乡差异显著。

（二）农村残疾人家庭收入以转移支付为主，依赖性强

我国残疾人家庭收入以转移性收入为主，存在较强的依赖性。按照国家统计局对家庭收入的划分标准，家庭收入可划分为：工资性收入、经营净收入、财产性收入、转移性收入。[①] 我国居民家庭主要收入来源是工资性收入，2020 年，全国居民家庭人均可支配收入中工资性收入占比达 55.6%（见表 1）。但是，残疾人家庭收入以转移性收入为主，其次是工资性收入，2020 年我国残疾人家庭转移性收入占家庭总收入的 48.5%。转移性收入是我国残疾人家庭收入最主要的来源，且多年来转移性收入占残疾人家庭总收入的比重波动上涨（见表 2）。

表 1　2020 年全国残疾人家庭与全国居民家庭收入分项比较

单位：元，%

组别	全国残疾人家庭		全国居民家庭	
	金额	占比	金额	占比
人均年收入	18618.8	100.0	32189.0	100.0
转移性收入	9048.3	48.5	6173.0	19.2
工资性收入	6734.3	36.2	17917.0	55.6
经营净收入	2286.2	12.3	5307.0	16.5
财产性收入	550.0	3.0	2791.0	8.7

资料来源：《2021 年全国残疾人家庭收入状况调查报告》，中国残疾人联合会内部资料。

---

① 工资性收入是指就业人员通过各种途径得到的全部劳动报酬和各种福利，包括受雇于单位或个人、从事各种自由职业、兼职和零星劳动得到的全部劳动报酬和福利。经营净收入是指住户或住户成员从事生产经营活动所获得的净收入，是全部经营收入中扣除经营费用、生产性固定资产折旧和生产税之后得到的净收入。财产性收入是指住户或住户成员将其所拥有的金融资产、住房等非金融资产和自然资源交由其他机构单位、住户或个人支配而获得的回报并扣除相关的费用之后得到的净收入。转移性收入是指国家、单位、社会团体对住户的各种经常性转移支付和住户之间的经常性收入转移。

表 2　2016~2020 年全国残疾人家庭名义收入

单位：元，%

项目	2016 年		2017 年		2018 年		2019 年		2020 年	
	金额	占比	金额	占比	金额	占比	金额	占比	金额	占比
人均年收入	13765.6	100.0	14694.5	100.0	16112.3	100.0	17342.6	100.0	18618.8	100.0
转移性收入	6455.2	46.9	6911.4	47.0	7784.4	48.3	8285.3	47.7	9048.3	48.5
工资性收入	4994.0	36.3	5337.9	36.3	5914.7	36.7	8285.3	36.0	6734.3	36.2
经营净收入	2020.8	14.7	2140.1	14.6	2077.9	12.9	2403.1	13.9	2286.2	12.3
财产性收入	295.6	2.1	305.1	2.1	335.3	2.1	409.1	2.4	550.0	3.0

资料来源：《2021 年全国残疾人家庭收入状况调查报告》，中国残疾人联合会内部资料。

据 2024 年全国残疾人家庭收入调查，2023 年全国残疾人家庭收入最主要的来源是转移性收入，达 12073.3 元，占人均年收入的比重为 51.5%；76.4% 的残疾人获得了社会救济和政策性生活补贴；59.9% 的残疾人同时享有 2 项以上补贴，16.8% 的残疾人同时享有 5 项以上补贴。①

（三）农村残疾人家庭生存保障支出比例大，发展性支出比例小

家庭支出可区分为保障性支出和发展性支出，残疾人家庭支出类型以保障性支出为主。2020 年全国残疾人家庭人均消费总支出为 10621.8 元，其中：食品烟酒支出 4232.6 元，占消费总支出的 39.9%；医疗保健支出 2727.6 元，占 25.7%；居住支出为 920.4 元，占 8.7%；交通通信支出为 980.3 元，占 9.2%；教育文化娱乐支出为 774.5 元，占 7.3%；衣着支出 483.2 元，占 4.5%；生活用品及服务支出为 349.7 元，占 3.3%；其他用品及服务支出为 153.5 元，占比为 1.4%（见表 3）。2020 年，全国居民人均消费支出为 21210 元，人均食品烟酒消费支出为 6397 元；人均衣着消费支出为 1238 元；人均居住消费支出为 5215 元；人均生活用品及服务消费支出为 1260 元；人均交通通信消费支出为 2762 元；人均教育文化娱乐消费支出为 2032 元；人均医疗保健消费支出 1843 元；人均其他用品及服务消费支出为 462 元。② 与全国居民人均消费支出相比，残疾人消费支出特征明显，食品烟酒消费占比较大，说明消费层次更偏向保障性消费，缺乏多元平衡性和发展性。

从分项支出来看，2016~2020 年，农村残疾人家庭支出的各分项呈现不同的变化趋势。从图 1 数据可以看出，2016~2020 年食品烟酒类支出和医疗保健类支出在农村残疾人家庭支出中占比很大。

---

① 中国残联信息中心、中国残联残疾人事业发展研究中心、残疾人事业发展研究会：《2024 年全国残疾人家庭收入状况调查报告》，《残疾人研究》2025 年第 1 期。

② 国家统计局：《2020 年居民收入和消费支出情况》，2021 年 1 月 18 日，http://www.stats.gov.cn/xxgk/sjfb/zxfb2020/202101/t20210118_1812464.html。

表3　2020年残疾人家庭人均消费年支出构成

单位：元，%

组别	全国		城镇		农村	
	金额	占比	金额	占比	金额	占比
消费总支出	10621.8	100.0	12924.9	100.0	9616.0	100.0
食品烟酒	4232.6	39.9	5363.1	41.5	3738.7	38.8
医疗保健	2727.6	25.7	3153.0	24.4	2541.8	26.4
居住	920.4	8.7	1122.5	8.7	832.2	8.7
交通通信	980.3	9.2	1077.2	8.3	937.9	9.8
教育文化娱乐	774.5	7.3	977.1	7.6	686.0	7.1
衣着	483.2	4.5	561.2	4.3	449.2	4.7
生活用品及服务	349.7	3.3	466.9	3.6	298.6	3.1
其他用品及服务	153.5	1.4	203.9	1.6	131.6	1.4

资料来源：《2021年全国残疾人家庭收入状况调查报告》，中国残疾人联合会内部资料。

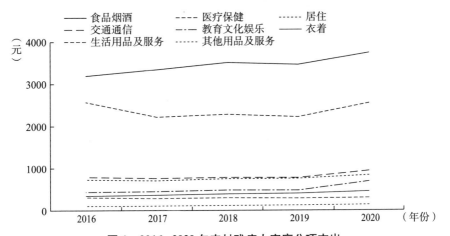

图1　2016~2020年农村残疾人家庭分项支出

（四）农村残疾人家庭收支相近，家庭资产积累较弱

一般而言，农村残疾人家庭收入较低，收支相近，结余较少，家庭资产积累薄弱。我国残疾人家庭人均收入水平明显低于全国居民家庭平均水平，残疾人家庭人均消费年支出低于全国居民家庭平均水平。2020年全国残疾

人家庭人均年收入为 18618.8 元，仅占 2020 年全国居民家庭人均可支配收入（32189 元）的 57.8%。分城乡来看，城镇残疾人家庭人均年收入（24695.3 元）占全国城镇居民家庭人均可支配收入（43834 元）的 56.3%，农村残疾人家庭人均年收入（15964.1 元）占全国农村居民家庭人均可支配收入（17131 元）的 93.2%。[①] 2020 年全国残疾人家庭人均年支出（10621.8 元）占全国居民家庭人均年支出（21210 元）的 50.1%。分城乡来看，城镇残疾人家庭人均年支出（12924.9 元）占全国城镇居民家庭人均消费支出（27007 元）的 47.9%，农村残疾人家庭人均年支出（9616 元）占全国农村居民家庭人均消费支出（13713 元）的 70.1%。[②] 由此可见，全国残疾人家庭收入与支出均低于全国居民家庭平均水平，但是农村残疾人家庭收支水平与全国农村居民家庭收支平均水平差距相对较小。

从残疾人家庭收支结余情况来看，全国残疾人家庭人均收支结余为 7997 元，城镇残疾人家庭人均收支结余为 11770.4 元，农村残疾人家庭该数据为 6348.1 元，可以看出，农村残疾人家庭收支结余低于全国残疾人家庭平均水平，更低于城镇残疾人家庭收支结余，但是该数据超出农村居民家庭平均水平，其原因在于农村残疾人家庭的支出较少，从侧面反映出农村残疾人家庭支出水平较低。

表4　2020 年全国残疾人家庭与居民家庭人均收支情况

单位：元，%

组别	可支配收入			消费支出			收支结余		
	残疾人	居民	占比	残疾人	居民	占比	残疾人	居民	占比
全国	18618.8	32189	57.8	10621.8	21210	50.1	7997.0	10979	72.8
城镇	24695.3	43834	56.3	12924.9	27007	47.9	11770.4	16827	69.9
农村	15964.1	17131	93.2	9616.0	13713	70.1	6348.1	3418	185.7

---

① 资料来源：《2021 年全国残疾人家庭收入状况调查报告》，中国残疾人联合会内部资料。

② 国家统计局：《2020 年居民收入和消费支出情况》，2021 年 1 月 18 日，http://www.stats.gov.cn/xxgk/sjfb/zxfb2020/202101/t20210118_1812464.html。

二 农村残疾人家庭增收机制分析

（一）农村残疾人增收机制研究现状

农村残疾人作为弱势群体具有双重的弱势性：与城镇居民相比，农村居民属于弱势群体；与健全人相比，残疾人属于弱势群体。[①] 目前国内学者对农村残疾人增收的研究聚焦在 2021 年之前的脱贫攻坚和探讨"互联网+"等具体增收方式的方面。张强和臧晴的研究指出，可以将"创新+创业"的就业模式作为农村残疾人增收的途径和基础，帮扶他们脱贫增收，从而更好应对"十三五"扶贫工作面临的挑战。[②] 谭小月在研究广西农村残疾人增收机制时建议发挥互联网在促进农业产业升级以及信息化和工业化深度融合中的作用，并探讨互联网如何成为农村残疾人实现就业的有效途径。[③] 左晓斯等基于广东省农村贫困人口和残疾人数据，结合生计资本理论和精准扶贫政策视角开展的研究发现，金融和物质资本对农村残疾人家庭增收和参与劳动力市场具有显著的积极意义，加强对农村残疾人的社会支持十分必要，从教育和职业培训入手提高农村残疾人文化水平与职业能力也是有效途径。[④]

国内现有农村残疾人增收研究多聚焦全面建成小康社会之前的脱贫途径，而针对衔接乡村振兴战略和将农村残疾人家庭作为整体来看待的研究很少，故本文将结合农村残疾人家庭现状和典型案例，进行农村残疾人家庭增

[①] 孔祥智、钟真：《农村残疾人救助与扶持模式研究——以北京市怀柔区和延庆县为例》，《北京农学院学报》2008 年第 1 期。

[②] 张强、臧晴：《新形势下农村残疾人扶贫模式与增收途经探究》，《文化学刊》2017 年第 1 期。

[③] 谭小月：《互联网+模式下广西农村地区残疾人精准脱贫研究》，《安徽农学通报》2017 年第 14 期。

[④] 左晓斯、武聪、阮蓓莉：《农村残疾人扶贫模式与增收途径研究》，《残疾人研究》2018 年第 3 期。

收机制的探索研究。

（二）农村残疾人家庭增收机制的理论分析

可持续生计分析框架重在对影响生计的诸多因素及其影响过程进行分析，并区分影响生计的主要因素以及它们之间的互动关系，由此揭示贫困者个体或家庭产生贫困的原因、贫困状态与外部环境互动的循环过程。[1]左晓斯等结合我国农村实际，参考高功敬等人的生计资本指标体系构建方法，[2] 对可持续生计资本变量进行适当操作化，具体分为社会资本、金融资本、物质资本、房产资本以及人力资本。[3] 本文在借鉴可持续生计分析框架的基础上，结合农村残疾人收入支出特征将农村残疾人家庭增收机制分为内部机制和外部机制，内部机制分为物质资本和人力资本，外部机制分为社会支持和政策支持。其中物质资本指可服务于生产生活的各类物质，如生产经营的工具、物品，也包括家庭拥有可增加收入的固定资产、房产等；人力资本指行为主体通过一系列的投资活动，如正规教育、在职训练、医疗保健、劳动迁徙等所体现在劳动者身上的知识、技能、健康、经验等资本，由于研究主体是农村残疾人家庭，所以家庭内残疾人和家庭照顾者都可作为人力资源，通过投资活动产生可以增收的资本；[4] 社会支持指农村残疾人的正式或非正式社会支持与社会服务获得情况，如政府慰问、针对农村残疾人举行的社区活动和康复、法律服务等，农村残疾人家庭所在社区成员对其提供的非正式社会支持，以及当地残疾人联合会和助残社会组织针对农村残疾人提供的特殊帮扶和支持；政策支持则指国家各

---

① 何仁伟、刘邵权、陈国阶、谢芳婷、杨晓佳、梁岚：《中国农户可持续生计研究进展及趋向》，《地理科学进展》2013 年第 4 期。

② 高功敬、陈岱云、梁丽霞：《中国城市贫困家庭生计资本指标测量及现状分析》，《济南大学学报》（社会科学版）2016 年第 3 期。

③ 左晓斯、武聪、阮蓓莉：《农村残疾人扶贫模式与增收途径研究》，《残疾人研究》2018 年第 3 期。

④ 苏策：《人力资本与经济增长关系分析——以河南省为例》，《统计理论与实践》2022 年第 9 期。

部门、各级政府单位等出台并实施的所有有利于农村残疾人及其家庭增收的政策文件和制度,本文分析的政策制度既包括直接扶持帮助的政策,也包括间接影响农村残疾人家庭增收的政策。内部机制和外部机制在现实中常常交织在一起,对农村残疾人家庭增收产生综合影响。

(三)农村残疾人家庭增收内外部机制分析

1. 改善农村残疾人家庭的物质资本实现增收

农业发展是农村经济发展的根本。国内外学者侧重分析物质资本对农业经济增长的贡献,研究多以资本积累、农村基础设施建设、农村公路规模与结构等为替代指标,探讨物质资本如何影响农业经济的增长。[1] 农业固定资产投资对农业经济增长的作用随着时间的推移逐渐削减,但目前仍是重要的依赖要素,资本积累与深化的影响效应也具有相同趋势。[2] 物质资本的改善既可以来自家庭自身对可用于生产和经营农产品的各类物品、工具,或发展畜牧业所需物质的利用和改造,也可以来自政府和社会的扶持、捐赠和投资。农村残疾人家庭可以通过外界投入物质资本、自身主动将部分收入和补贴转化为物质资本,增加经营性收入和财产性收入。

2022年以来,宁夏回族自治区残联持续实施"阳光助残小康计划"项目,扶持全区1500户残疾人低保家庭、脱贫不稳定户和边缘易致贫户,每个扶持户按4000元的标准给予一次性补助。通过发展特色种植业、特色养殖业、旅游和零售服务业、家庭手工业、电子商务等产业,带动农村困难残疾人家庭增加收入,提升困难残疾人的生活质量,持续巩固拓展脱贫攻坚成果。红寺堡区新庄集乡洪沟滩村的张英红,一家四口人,有三位是残疾人。过去家人只能靠最低生活保障和张英红打零工的收入过活。如今,在"阳光助残小康计划"的帮扶下,张英红家养了140只羊,年收入达到4万余

---

① 回慧娟、薛永基、耿丽丽、张园圆:《人力和物质资本对农业经济增长的空间差异》,《资源开发与市场》2022年第2期。

② 李谷成、范丽霞、冯中朝:《资本积累、制度变迁与农业增长——对1978~2011年中国农业增长与资本存量的实证估计》,《管理世界》2014年第5期。

元，过上了好生活。①

2. 提升农村残疾人家庭的人力资本实现增收

由人力资本理论可知，教育、培训、健康投资和劳动力迁徙是农民人力资本形成的主要方式。② 兰瑶和郭笑指出，各个地区应联合相关部门、单位打破传统限制，在已制定的法律法规基础上，完善残疾人就业制度，引导人力资本的合理有序流动，从而增强残疾人就业的信心；国家要努力构建残疾人教育培训体系，注重特殊教育教师培养，加强对职业教育的投入；残疾人自身要不断努力学习技能与知识，提升自身素质，积累自身的人力资本；除义务教育以外，政府还应给接受教育的残疾人一定的补助，使其积极参加教育培训，从而扩大残疾人受教育范围。③ 农村残疾人受教育的机会比城市残疾人和农村其他人群更稀缺，但是提高农村残疾人的素质、提升农村残疾人人力资本对于农村残疾人家庭增收有重要作用。

技能培训、职业教育是提升残疾人人力资本的重要途径。电子商务的兴起为残疾人就业增收创造了利好条件，一方面，电子商务对身体条件要求不高，网店客服等岗位对身体条件的包容度很高，中轻度残疾群体可以胜任该职业；另一方面，电子商务的网络就业性质，规避了残疾人靠自身力量难以突破的空间限制，残疾人在家即可就业、创业。十堰市县残联积极适应结构转型，把"互联网+"与助残脱贫和乡村振兴紧密融合，实现有效对接，加速新发展阶段"互联网+"产业在残疾人群体中的推广应用与普及，形成共谋"互联网+"业态的强大合力。重庆市结合残疾人类别、等级等实际情况，有针对性地开展互联网营销师、全媒体运营师、直播带货、农村实用技术等职业技能培训，并通过"先训后赛、以赛促训"的形式，先后举办了

---

① 宁夏回族自治区残联：《宁夏残联"阳光助残小康计划"助力残疾人增收致富》，中国残疾人联合会网站，2022年8月4日，https://www.cdpf.org.cn/xwzx/dfdt1/8f8dc2c066354a7c a770b0816adcf048.htm。

② 马姣姣、张楠、谭春兰：《人力资本投资对农民增收贡献度研究——南疆三地州例证》，《上海农业学报》2017年第3期。

③ 兰瑶、郭笑：《人力资本因素对残疾人就业影响的分析——基于安徽省六市数据的实证研究》，《绥化学院学报》2015年第7期。

川渝残疾人自媒体营销大赛、"巴渝工匠杯"重庆市残疾人直播大赛等。此外，重庆市残联还与重庆市科协在重庆市科技馆合作打造了全国首家残疾人科技创新教育基地，与"博拉5G视频直播基地"战略合作，指导残疾人大学生等开展新职业体验。截至2022年10月，重庆市残联通过新媒体技术的培训，已帮助200余名残疾人在新媒体领域就业创业。①

3. 社会资本助力农村残疾人家庭增收

理论研究一般将社会资本视为一种与物质资本、人力资本并存的无形资本。社会资本可以狭义地定义为社会关系网络资本，也可以界定为通过关系网络乃至整个社会结构来获得资源的能力。② 本文将社会资本的含义聚焦在农村和残疾人两个层面。农村残疾人家庭可以通过自己的社会关系网络获得就业、政策等信息促进增收，针对残疾人康复、就业和托养的残疾人社会组织、各级残疾人联合会也通过直接扶持和依托项目促进农村残疾人家庭增收。

2021年4月，杭州市以问题为导向，坚持创新驱动、分类施策、数字赋能，在淳安县开展项目试点，探索构建企业、基层组织、残疾人及其家庭多方共赢的农村残疾人就业新模式，助力农村残疾人实现"家门口就业"、实现增收共富。由用工企业、人力资源公司和相关主体联合建设的就业基地是对接残疾人就业岗位的平台，用工企业负责就业岗位输出，人力资源公司负责就业岗位供需对接和服务，相关主体负责就业岗位落地，杭州市残联负责试点项目协调推进。2022年6月，该项目在浙江省26个山区县复制推广，累计助力全省1200名残疾人实现就业，实现增收3240万元，为推动省域农村残疾人更加充分更高质量就业、有效防止低收入残疾人返贫、促进残疾人共同富裕提供了重要的案例样本。③

---

① 中国残疾人联合会：《"精准施策+精心服务"破解残疾人就业难题》，光明网，2022年10月27日，https://topics.gmw.cn/2022-10/27/content_ 36119631. htm。
② 王道勇：《社会资本视角下的中国农民增收》，《甘肃理论学刊》2004年第6期。
③ 杭州市残疾人联合会：《杭州"创新多方共建机制打造农村残疾人就业新模式"成功入选第四届全球减贫案例》，华夏时报网，2023年11月1日，https://www.chinatimes. net. cn/article/131703. html。

整合社会资源、吸引社会力量进入残疾人托养、康复和就业事业，有利于残疾人增加收入和融入社会生活。然而现有的残疾人社会支持系统中，外部资源的投入存在结构性失衡，具体表现在社会托养照料服务依旧不足、政策制度供给亟待优化、助残社会组织发展乏力、助残文化培育缓慢等方面。①

4. 政策支持助力农村残疾人家庭增收

政策扶持是农村残疾人家庭增收的制度性保障。农村残疾人保障政策包括残疾人最低生活保障、基本医疗与康复、特殊教育、就业与创业、专项资金扶持等政策与服务，只有具体落实国家的相关保障政策，才能真正拓宽农村残疾人的发展之路。② 农村残疾人家庭包含残疾人和家庭照顾者，我国目前有很多针对农村残疾人就业、康复等的政策，但对家庭照顾者减压和增加就业、提升收入的政策与帮扶还较少。

山东省庆云县通过城乡公益性岗位扩容，帮助 104 名农村残疾人和 200 多户残疾人家庭实现"就业梦"。庆云县残联积极协调县人社局，指导乡镇（街道）统筹考虑，设置了 331 个综合公益性岗位，优先选聘符合条件的农村残疾人及其亲友，担任村（社区）残协专职委员。为做好城乡公益性岗位扩容提质、促进残疾人就业增收，庆云县残联对全县 3508 名就业年龄段残疾人进行摸排，做到就业状况"底子清、情况明"；对未就业且有就业意愿的残疾人积极做好岗位推介；向县城乡公益性岗位开发工作领导小组办公室申请了 5 个残疾人专门协会公益性岗位，优先招聘符合条件的残疾人及其亲属，以及毕业后两年内未就业的残疾大学生。③

中国残疾人联合会会同工业和信息化部、财政部、人力资源和社会保障部、农业农村部、国家邮政局、国家乡村振兴局、中国农业银行等 8 个部门共同印发了《关于加大对农村残疾人就业帮扶工作力度的通知》，进一步聚

---

① 张承蒙、周林刚、牛原：《内涵式增权与外生性赋能：社会资本视角下的残疾人社会支持网络构建》，《残疾人研究》2020 年第 1 期。

② 张强、臧晴：《新形势下农村残疾人扶贫模式与增收途经探究》，《文化学刊》2017 年第 1 期。

③ 陆吉强：《庆云公益性岗位助力残疾人实现"就业梦"》，搜狐网，2022 年 4 月 29 日，https://www.sohu.com/a/542480322_121123743。

焦有就业愿望、就业能力且生活能够自理的农村残疾人，采取多种措施，加大工作力度，帮扶其参加生产劳动和就业创业，实现增收。该通知针对农村残疾人就业增收提出七个方面具体帮扶措施。一是生产劳动帮扶，二是实用技术培训帮扶，三是新业态就业帮扶，四是产业带动帮扶，五是公益性岗位帮扶，六是金融服务帮扶，七是党员干部结对帮扶。[①]

三　农村残疾人家庭增收面临的主要困境

（一）残疾相关支出占比高，家庭增收困难

根据全国残疾人家庭收入数据及江苏省残疾人家庭收支情况的调研数据，残疾人家庭消费支出中，医疗保健位列支出排行榜第二，占家庭总消费支出的比例近三成，支出较大。2018 年全国残疾人家庭人均消费性年支出为 10246.6 元，其中，食品烟酒支出为 4190.7 元，占消费性年支出的40.9%；医疗保健支出为 2697.0 元，占消费性年支出的 26.3%。[②] 同年，全国居民人均消费支出为 19853 元，其中食品烟酒消费支出为 5631 元，占人均消费支出的比重为 28.4%；医疗保健消费支出为 1685 元，占人均消费支出的比重为 8.5%。[③] 将 2018 年全国残疾人家庭和全国居民人均消费支出情况比较来看，残疾人家庭在消费支出更少的基础上，用于医疗保健的费用占比更高，这是因为残疾人家庭需满足残疾人治疗、康复等需求。江苏省残疾人家庭支出数据反映出相似情况：2020 年江苏省残疾人家庭支出情况与全国水平类似，江苏省全省残疾人家庭人均消费支出中，衣食住行占

① 中国残联教就部：《八部门印发通知加大对农村残疾人就业增收的帮扶力度》，中国残疾人联合会网站，2023 年 3 月 21 日，https://www.cdpf.org.cn/xwzx/clyw2/9006ecda153e43dab83bb9c38cd2b873.htm。

② 厉才茂、冯善伟、杨亚亚、徐桂花、赵溪、张钧：《2019 年全国残疾人家庭收入状况调查报告》，《残疾人研究》2020 年第 2 期。

③ 国家统计局：《2018 年居民收入和消费支出情况》，2019 年 1 月 21 日，https://www.stats.gov.cn/sj/zxfb/202302/t20230203_1900203.html。

63.13%、医疗保健占 25.21%。其中，农村残疾人家庭的消费支出中，衣食住行占 64.95%、医疗保健占 23.44%。[①] 从这些数据中可以看出，江苏省农村残疾人家庭医疗保健支出占家庭消费支出比例较高，且与全省残疾人家庭医疗保健占总支出比例相比较低，可以推断农村残疾人家庭获取医疗保健资源比城镇残疾人家庭更为困难。总之，医疗保健是残疾人家庭特别是农村残疾人家庭消费支出的重要部分，这与残疾人本身的健康保障需求、生理情况息息相关。2024 年全国残疾人家庭收入调查数据显示，残疾人家庭支出中医疗保健消费支出比例仍然比较大。全国城镇残疾人家庭人均年医疗保健支出为 4901.6 元，占城镇残疾人家庭人均年消费支出的比重为 26.1%；全国农村残疾人家庭人均年医疗保健支出为 2960.3 元，占农村残疾人家庭人均年消费支出的比重为 25.5%。[②] 无论是城镇还是农村，医疗保健消费支出约占残疾人家庭总支出的 1/4，成为残疾人家庭增收的一个较大难题，亟须解决。

（二）重度残疾人家庭照护负担大，家庭成员就业增收受阻

我国残疾人康复需求规模大、任务重。康复需求得不到满足，在一定程度上导致了残疾人照护需求增加。我国存在 8502 万残疾人，4000 余万失能半失能老年人，内嵌于 3 亿慢性病患者中的大规模功能障碍者和每年因交通事故、工伤等意外伤害所致的新增因伤致残病人 100 余万人，康复服务需求庞大，然而 2006 年我国第二次残疾人抽样调查结果显示，残疾人口的康复训练与服务需求实现率不及 1/3。[③] 部分心智障碍和重度肢体残疾儿童因得不到康复服务，接受义务教育难度加大，给家庭带来长期的照护负担；一些成年精神、智力和重度肢体残疾人"脱贫未解困"的矛盾十分突出，困难重度残疾人的托养照护需求迫切，解放家庭看护压力的呼声日高。截至

[①] 资料来源：《2021 年江苏省残疾人家庭收入状况调查报告》，江苏省残疾人联合会内部资料。

[②] 中国残联信息中心、中国残联残疾人事业发展研究中心、残疾人事业发展研究会：《2024 年全国残疾人家庭收入状况调查报告》，《残疾人研究》2025 年第 1 期。

[③] 王一然、冷志伟、赵艺皓、范韫仪、李建军、郑晓瑛：《我国康复服务供需衔接的保障机制问题分析》，《中国卫生政策研究》2022 年第 2 期。

2023 年 12 月，全国 3779 万持证残疾人中，一级、二级的重度残疾人有 1715 万；统计显示，2022 年仅有 60 多万就业年龄段重度残疾人得到托养服务，服务缺口巨大，城乡差异明显。①

家庭作为农村残疾人最主要的社会支持力量，为农村残疾人提供了真正的"兜底"服务，家庭为残疾人提供照护、托养、物质与精神支持等。在残疾人照护需求产生之后，家庭成为其主要照护责任主体，尤其当有家庭成员重度残疾时，长期性、不间断的照顾是家庭照顾的主要内容。此时，家庭常常需要一个专门的劳动力提供照顾服务。与此同时，作为社会支持的残疾人照护、托养机构等难以在农村扎根服务，故残疾人照护责任的外转路径缺失，农村缺乏残疾人托养、日间照料等辅助性照顾服务，照顾重担全由家庭承担。本文经调查发现：农村社区残疾人日常服务项目匮乏，仅有的服务多以节假日探访等形式进行；农村社区残疾人服务形式单一，以实物给予为主，照顾等服务不足；社会组织进入农村服务残疾人的情况少之又少，无法补足残疾人家庭照顾负担外转缺口。

（三）中轻度残疾人就业增收不理想，残疾人就业社会接受度不高

目前，我国残疾人就业难的问题得到了一定程度的改善。2021 年城乡持证残疾人新增就业 40.8 万人，其中，农村新增就业 27.6 万人；全国城乡实名培训残疾人 57.1 万人。全国城乡持证残疾人就业人数为 881.6 万人，其中按比例就业 81.8 万人，集中就业 26.8 万人，个体就业 63.5 万人，公益性岗位就业 14.8 万人，辅助性就业 14.3 万人，灵活就业（含社区、居家就业）250.3 万人，从事农业种养加 430.1 万人。② 然而残疾人就业率依旧

---

① 王晓慧：《全国政协委员程凯：回应重度残疾人托养照护急难愁盼 建议加力推进重度残疾人托养照护》，"中国残疾人联合会"百家号，2024 年 3 月 8 日，https://baijiahao.baidu.com/s?id=1792911749648752240&wfr=spider&for=pc。

② 中国残疾人联合会：《2021 年残疾人事业发展统计公报》，2022 年 3 月 31 日，https://www.cdpf.org.cn/zwgk/zccx/tjgb/0047d5911ba3455396faefcf268c4369.htm。

偏低，就业质量不高。据中国残疾人联合会统计，我国农村新增残疾人就业从 2016 年的 21.9 万人上升到 2019 年的 26.9 万人，增长了 5 万人。① 我国七成适龄残疾人具有劳动能力，能够创造社会和个人成就，但城镇残疾人就业率仅为 37.3%，农村仅为 47.3%。② 就业岗位普遍技术含量不高，农村残疾人家庭人力资本还有待开发，尤其对农村残疾人中轻度残疾人的就业培训和就业支持力度不足，公益性岗位的残疾人就业承接能力、相对应的政策支撑和保障制度还有待改善。

残疾人就业问题涉及社会多方主体，包括政府主体、社会组织主体、企业主体以及残疾人个人。残疾人在社会上就业面临的首要困境是社会不接受。无论是用工企业还是临时私活，就业过程中的歧视、冷漠、一口否决是残疾人就业过程中面临的首要问题。归根结底，是社会对残疾人能力的忽视。用工方默认残疾人缺乏胜任岗位工作的能力，理所当然地将残疾人与"没有劳动能力"画等号，导致用工方并不会细致考虑前来应聘的残疾人是否具备岗位需要的技能。事实上，残疾人并非"没有劳动能力"，对于很多"轻活"而言，残疾人完全可以胜任岗位工作。充分挖掘并发挥残疾人的劳动能力，将残疾对其产生的阻碍降到最低，这要求社会对残疾人及残疾人能力具有较为客观的认知，认可残疾人是具备劳动能力的人。

（四）残疾人就业帮扶政策可持续性不足，配套政策、设施不完善

我国残疾人就业扶持政策有着很长的历史发展过程，也有着较为全面的帮扶措施，为残疾人就业带来了很大便利。很多残疾人抓住政策的利好机会实现就业创业，为家庭创收。但是本文在调查过程中发现，利用政策实现就业创业的残疾人属于少数，普适性就业帮扶政策执行力度不强、效果得不到

---

① 中国残疾人联合会：《2016 年中国残疾人事业发展统计公报［残联发（2017）15 号］》，浙江省残疾人联合会网站，2016 年 9 月 2 日，https://www.zjdpf.org.cn/art/2016/9/2/art_1229459178_2188825.html；中国残疾人联合会：《2019 年残疾人事业发展统计公报》，2020 年 3 月 31 日，https://www.cdpf.org.cn/zwgk/zccx/tjgb/0aeb930262974effaddfc41a45ceef58.htm。

② 张华晴：《科技赋能背景下农村残疾人就业困境及应对策略研究》，《黑龙江人力资源和社会保障》2021 年第 15 期。

巩固，尚有一些项目服务并未落到实处，对残疾人就业、家庭增收起到的作用微乎其微。残疾人就业帮扶培训较多，但培训后实践、反馈、巩固等工作并未落实，以至于所谓的技能培训成为短暂性美好，并未对残疾人个人能力、家庭收入的提高起到支持作用。同时，技能培训间隔时间很长，"项目制"培训，忽视培训效果，难以起到真正的扶持作用。残疾人就业帮扶政策提升了残疾人的职业能力，但并未配套地畅通就业渠道与市场，导致部分残疾人就业中断。此外，近些年残疾人就业政策积极地融入"互联网+"，试图打造残疾人就业信息平台，但事实上，残疾人就业信息平台、网站的利用率很低，大部分农村残疾人不知道、不会用，平台作用尚未充分发挥。

（五）农村经营主体内生力不足，残疾人农业收入水平低

新型农业经营主体通过创新经营模式、延伸产业链条、规模化产业化经营，为广大农村贫困残疾人创造就业岗位，是吸纳农村贫困残疾人就业的主力军。[1] 然而，目前农村残疾人尤其是贫困人口在新型农业经营增收发展中面临以下问题。第一，新型农业经营主体实力不强，虽然主体数量增加，但是加工深度和质量有待提升。涉农企业的产业链不完善、农产品附加值不高，致使涉农企业收益不高，扶贫助残的带动能力有限。第二，新型农业经营主体发展资金需求量大，需要扩大生产规模，延伸产业链条，实现农产品深加工，引进先进的农业生产技术，购买大型农业机械设备等。[2] 新型农业经营主体筹资困难，存在金融机构对新型农业经营主体授信过于谨慎的情况，农民思想观念保守、缺乏市场竞争意识等原因也导致筹资困难。第三，农村残疾人仍然受歧视和偏见影响，个别新型农业经营主体容易被带头人、大户操纵，导致入社残疾人的参与权利和利益无法得到保证。此外，农村残疾人受教育水平低下，不能很好地完成带头人给予的新型农业经营任务，他们的素质和能力也遭受质疑。综上，农村残疾人在新型农业经营主体发展

---

[1] 郝帅：《新型农业经营主体对农村贫困残疾人精准扶贫研究》，《理论观察》2020年第10期。

[2] 郝帅：《培育新型农业经营主体助力脱贫攻坚》，《黑龙江日报》2018年7月27日。

中，遇到主体实力弱、资金不足等政策支持有限致使农业增收有困难的挑战，也面临农村残疾人自身人力资本短板造成缺乏参与机会和增收机会的挑战，这些因素共同造成农村残疾人家庭难以增收的结果。

农村残疾人及其家庭的就业与收入是深嵌在乡村经济的发展中的，残疾人就业数量、质量与其就业环境密不可分。农村是共同富裕的"短板"区域，农民是低收入群体，农业是高风险低收益的弱质性产业。[①] 第一产业利润薄弱，农村就业以农业种养加为主，其中，农业种植占主要地位，农村最主要的就业形式就是农业生产，残疾人及其家庭成员也主要从事农业生产，就业形式较为单一。一方面，农村残疾人人口众多，占全部残疾人口比重较大；另一方面，农业种养加是农村残疾人最易触达的、最普遍的就业形式。2021 年，全国城乡持证残疾人就业人数为 881.6 万人，其中从事农业种养加的有 430.1 万人，占全国就业残疾人的比重为 48.8%，几近半数。[②] 在河北农村已就业的劳动年龄残疾人中，有 54.9% 的残疾人从事的是农业生产活动，而农业生产一年的收入为 4000～6000 元，如果遇到自然灾害等不可预测的事件，年收入还会打折扣。即使是通过政府或社会提供的各种帮助进入企业的残疾人，其收入、待遇和健全人相比也有差距。[③] 在农业收入水平较低的大背景下，残疾人收入自然不太可观。更何况，残疾人时常因为残疾的状况难以从事繁重的农业劳动。

四　农村残疾人家庭增收机制的政策建议

（一）重视残疾人家庭整体性，推动农村残疾人家庭增收

残疾人的生活质量与其家庭紧密相关，残疾人生活水平的提高要立足于

---

① 黄祖辉、叶海键、胡伟斌：《推进共同富裕：重点、难题与破解》，《中国人口科学》2021年第 6 期。

② 中国残疾人联合会：《2021 年残疾人事业发展统计公报》，2022 年 3 月 31 日，https://www.cdpf. org. cn/zwgk/zccx/tjgb/0047d5911ba3455396faefcf268c4369. htm。

③ 冯甜甜：《河北省农村残疾人就业问题研究》，硕士学位论文，河北大学，2018。

家庭系统性视角、家庭整体性视角，系统干预，整体提升。一方面，要促进所有家庭成员增收。促进残疾人家庭增收要在聚焦残疾人就业、残疾人非工资性收入和非经营性收入增加的同时，提高残疾人家庭成员的收入水平。不仅要为残疾人本人创造就业机会、搭建就业平台、提供就业服务，还要为直接相关的残疾人家人，尤其是残疾人的直接照顾者提供公益性岗位，将照顾残疾人视为一项工作，将其价值体现在收入上。另一方面，要营造良好的家庭氛围。家庭整体护理理论指出，在家庭中创造良好的心理氛围、创造安静舒适的环境有利于病人的康复。[1] 残疾人就业、残疾人家庭增收也或间接或直接地受益于此。良好的沟通氛围、心理氛围以及轻松舒适的家庭环境有利于残疾人及其家人的身心健康、全方面发展，也有利于残疾人家庭内部充分沟通就业态度、理解彼此的情感，推动就业决策朝更合理更积极的方向发展。

（二）促进土地流转，加大资产收益扶持力度

残疾人的物质资本主要指残疾人用于满足其基本生计需求和生计发展的各项物质条件。农村残疾人家庭可以通过外界帮助获取物质资本、自身主动将部分收入和补贴转化为物质资本这两种方式增加经营性收入和财产性收入。

首先，加大农村残疾人资产收益扶持力度。政府积极探索土地经营权入股，对于缺乏自主创收能力的农村残疾人，鼓励其用个人资产（例如享有使用权的土地和房屋）入股，同时推动村集体以集体资产入股，扩大残疾人入股比例。[2] 加大政策支持力度，设立金融扶贫对象瞄准筛选机制，制订金融扶贫规划和财政支持规划。扩大宣传，提高农村残疾人对各项政策的知晓度，推动农村贫困地区基础设施建设和特色产业的发展。

---

[1] 刘晓联、靳晓玉、刘燕玲、赵风琴、刘春梅：《慢性阻塞性肺疾患病人家庭整体护理的实践》，《中华护理杂志》1996 年第 8 期。

[2] 左晓斯、武聪、阮蓓莉：《农村残疾人扶贫模式与增收途径研究》，《残疾人研究》2018 年第 3 期。

其次，推动土地流转获得规模效应，提升农业的竞争力，增加家庭经营收益。政府探索建立土地承包经营权的登记制度和相关保障制度，落实土地承包权和经营权的登记工作，加强土地流转合同管理和对土地流转用途的监督，保障农村残疾人家庭在土地流转过程中得到公平对待。积极创新土地流转模式，组织农村贫困残疾人家庭参与合作经济组织和产业化经营，采取林权、土地承包经营权入股、土地流转及房产使用权、收益权投资等方式，加强对贫困残疾人家庭资产收益扶持，拓宽残疾人增收渠道，实现残疾人家庭资产增值增收。同时，加快推进农村社会救济、社会保险、社会互助、社会福利、"新农合"等工作，解除农村残疾人家庭土地流转的后顾之忧。

（三）增强残疾人就业能力，建立残疾人家庭增收联合机制

针对轻度、中度、重度残疾人及家庭成员，开展多主体多层次的职业教育及技术培训。加大农村残疾人职业教育和实用技术培训力度，重视开发新的就业形态和职业，提升残疾人就业质量，不断健全残疾人就业服务体系，改进残疾人就业服务，提高农村残疾人劳动技能和增收能力。加大对残疾人就业创业典型的宣传力度，创新按比例就业形式，加强残疾人就业支持保障，全力推动残疾人就业创业工作再上新台阶。[1] 在乡村振兴战略施行和政府购买服务中，优先安排符合条件的农村残疾人及家庭成员从事公益性岗位和社会服务类岗位。探索建立残疾人就业辅导员制度，为农村残疾人选取得力的帮扶责任人，提高帮扶的针对性和有效性，并关注和重视疫情影响下的残疾人就业服务和高校残疾人毕业生的就业帮扶。[2]

建立多元主体参与框架，形成残疾人就业促进的治理体系。在残疾人家庭增收问题上，政府、企业、社会组织等多主体发挥着不同且不可或缺的作

---

[1] 中国残疾人联合会：《全国政协专题调研残疾人就业创业工作》，2022 年 7 月 4 日，https://www.cdpf.org.cn/xwzx/clyw2/e60f213aae764940940059fb197338c7.htm。

[2] 程凯：《坚持精准扶贫精准脱贫基本方略 着力解决因残致贫问题》，《行政管理改革》2018年第 7 期。

用，建立以政府引导为原则、以社会支持为基础、以企业吸纳为重点、以社区支撑为补充的多元主体服务框架，各主体合理定位角色、分配任务，各尽所长，促进农村残疾人家庭增收。政府发挥引导作用，统筹规划、整合资源，以政府购买等多种形式提供服务，在农村建立以县残疾人公共服务中心为龙头、乡镇残疾人服务站为主体、村残疾人服务员为基础的乡村残疾人公共服务网络。[①] 社会组织发挥支持效能，大力扶持枢纽型社会组织与农村社会企业，带动农村残疾人及其家庭就业创收。放宽社会组织合法准入，为社会组织服务残疾人及其家庭提供政策支持。针对当地残疾人整体特征，开办专业性企业，有针对性地解决残疾人就业、家庭增收、康复照护等需求。企业吸纳农村残疾劳动力，按政策要求落实残疾人按比例就业，不虚假挂靠；完善无障碍就业物理环境，按照政策要求按时按量在就业场所完善电梯、指示灯、文字标识等设备，开展员工基本知识培训、融合相处技巧培训等，构建残疾人就业友好环境；搭建推进健康器官互补就业与专产专营就业。农村社区发挥支撑作用，村委会是服务村民最直接的抓手，充分发挥党建引领村委会服务残疾人家庭的功能，以村民志愿者为主要力量，深入了解残疾人家庭真实需求，建立残疾人服务台账，及时更新，链接政策资源、社会组织服务、企事业单位就业岗位等，打通残疾人就业增收的"最后一公里"。同时，还需要探索建立第三次分配机制，即通过个人收入转移和个人自愿缴纳、捐献等非强制方式进行再一次分配，由社会机制主导资源配置，通过社会救助、民间捐赠、慈善事业、志愿者行动等开展残疾人服务，并注重培育第三次分配所需的利他主义文化，增强第三次分配的可持续性，建立起残疾人共同富裕的社会化发展模式。[②]

（四）加大政策扶持力度，创造残疾人就业增收机遇

政府主动作为，政策适度倾斜。让农村残疾人更好地享受资产收益，优

---

① 孙健、邓彩霞：《我国残疾人公共服务体系：问题与完善》，《国家行政学院学报》2011 年第 1 期。

② 付鹏伟、葛忠明：《残疾人共同富裕的三重逻辑》，《残疾人研究》2022 年第 2 期。

先配置农村残疾人家庭，适当提高折股量化和资产收益配置比例。[①] 首先，加大乡村振兴中农村残疾人创业政府扶持力度。政府主导，推动残疾人创办的企业与广告媒介精准对接，实现深度融合，提升残疾人创办的企业的知名度和影响力；提升残疾人创业者广告创意、设计、策划水平，形成品牌效应，进一步加快提高社会认可度和市场影响力；深入农村残疾人企业开展商标法律知识宣传培训，努力扶持残疾人企业，帮助残疾人结合自己企业的特点制订品牌发展规划，加快培育以商标品牌为核心的竞争新优势。[②]

其次，加强经济发展制度设计，创造残疾人家庭增收机遇。发展壮大新型农村集体经济，在坚持农民土地承包权益不变的前提下，推进适度规模经营，提高集体经济比重，适应农业农村现代化发展，确保农村残疾人共享发展成果，实现共同富裕的目标。依托网络媒体平台，多渠道宣传方针政策，通过举办经验交流会、观摩会或者印发学习资料等，推介宣传集体经济发展的典型案例；加强队伍建设，政府发挥好政策导向作用，产学研结合、畅通人才输送渠道、加大人才返乡补贴力度；探索以规模农业为基础的产业链、价值链拓展，做强、做大、做优新型集体经济的股份经济合作社，立足村庄的区位条件、资产资源条件以及特色文化底蕴，充分挖掘特色优势，因地制宜发展兴村产业，科学选择多元化发展路径，实现产业发展、集体经济壮大、农民致富的良性互动。[③] 大力促进残疾人家庭收入与县域经济、农村集体经济挂钩，以全面的经济发展推动残疾人家庭增收创收，让残疾人能把握机遇从乡村振兴中受益。

（五）健全完善农村残疾人社会保障制度，提高保障性收入

残疾人共同富裕的基本路径是各方面的"去障碍"，主要着力点是夯实

---

① 程凯：《坚持精准扶贫精准脱贫基本方略 着力解决因残致贫问题》，《行政管理改革》2018年第7期。

② 王琴、郑晓坤：《扶持残疾人自主就业创业 巩固拓展脱贫攻坚成果——以吉林省为例》，《中国特殊教育》2021年第11期。

③ 舒展、曾耀岚：《发展新型农村集体经济：现实困境与可能路径》，《哈尔滨工业大学学报》（社会科学版）2022年第5期。

对残疾人各方面的基本保障、扩大残疾人公共服务覆盖面、提高基本公共服务均等化水平，以及加强残疾人能力建设等。[①]

首先，强化农村残疾人社会保障政策的需求导向，实现政策精准落地。来自残疾人社会保障的收入对残疾人家庭的总收入有较大贡献，且收入越低的家庭对残疾人社会保障收入的依赖程度越高。因此，提高残疾人社会保障收入，是增加残疾人家庭收入、增强全社会分配公平性的有效手段。[②] 残疾人异质性较强，城乡差异、地区差异较大，统一的残疾人社会保障政策难以满足不同残疾人的个性需求，所以，针对不同地区、不同文化背景的农村残疾人应有不同的政策对应，这要求残疾人社会保障政策以残疾人现实需求为导向，自下而上形成，精准服务残疾人。第一，扩大残疾人参与。残疾人政策不能脱离残疾人及相关主体，残疾人社会保障政策要从残疾人群体中来，到残疾人群体中去。在政策制定前，应秉持科学、广泛的意见采纳办法，充分调查残疾人需求，听取残疾人意见，为政策形成奠定基础。政策落实过程中，应设立监督机制，一方面监督政策落实的方法手段是否合理，另一方面形成畅通的反馈机制，将残疾人的意见建议、政策适用问题及时向上反馈，成立专门的整改小组，为政策完善提供支持。第二，强化政策制定"自下而上"机制。注重残疾人社会组织的建设与作用发挥，建设残疾人自组织。社会组织是政府与社会、制度制定者与制度对象群体间的中介与桥梁，通过社会组织，残疾人的真实需求可以直接传递给政府，这不仅能够提高需求确定的精准度与制度推行效率，而且能够改变残疾人作为被动的福利接受者的身份，成为自己命运的把握者、社会保障的参与者。[③] 第三，提供精准化服务。本着"谁需要，提供给谁""需要什么，提供什么"的态

---

① 关信平：《当前我国推动残疾人共同富裕的社会政策主要议题》，《残疾人研究》2022 年第 2 期。

② 齐心、冯善伟、张梦欣、段玉珊：《中国残疾人社会保障现状及对策建议》，《残疾人研究》2020 年第 3 期。

③ 刘婧娇：《从国家本位到需要本位：中国残疾人社会保障的目标定位转向》，《社会科学战线》2018 年第 7 期。

度与原则，① 在促进残疾人家庭增收过程中，应推动政策以需求为导向。在促进残疾人家庭增收的过程中，精准化的服务应具体地针对残疾人家庭，残疾人家庭关于增收的整体需求是残疾人家庭增收政策制定与实施的主要依据。精准识别残疾人家庭经济相对困难的整体原因，根据家庭成员的不同的情况分析个人困境以及个人可能提升收入的路径，具体问题具体分析，有针对性地促进残疾人家庭增收。

其次，合理调整经济性补贴与救助，加大对农村残疾人的补贴救助的政策倾斜，降低残疾人家庭支出负担。一是合理完善农村兜底性补助制度。2020 年，脱贫攻坚战顺利打赢，我国在世界上首次实现绝对贫困的消除，但相对贫困、返贫问题依旧存在，尤其是农村残疾人家庭经济状况并不乐观，为此，兜底性保障补助制度仍须加力。完善农村相对贫困残疾人健康扶贫、低保兜底、特困人员供养等保障性政策，加强保障性增收政策研究。加大建档立卡家庭、重度残疾人的医疗救助保障力度，进一步减轻家庭医疗费用负担，为其看病就医提供便利服务，合理加大补贴力度，确保符合条件的建档立卡残疾人全部纳入"新农合"和农村最低生活保障范围，实现"应保尽保"。二是全面落实困难残疾人生活补贴制度和重度残疾人护理补贴制度，并随着物价和实际支出情况建立动态调整机制。② 残疾人"两项补贴"针对困难残疾人提供生活补贴，针对重度残疾人提供护理补贴，主要针对家庭贫困以及残疾程度较高的残疾人。但是，每月 100 元或 150 元的补贴，对残疾人家庭生活的改善杯水车薪。困难残疾人和重度残疾人的生活水平比残疾程度较轻的残疾人低许多，劳动力受束缚、医疗康复支出高、家庭收入水平低等问题并不能通过残疾人"两项补贴"得到解决或缓解，农村残疾人的这种状况尤其严重。所以，应进一步加大社会保障和转移支付在第二次分配中的比重，完善多层次的残疾人社会保障制度，不断提高残疾人社会保障

---

① 刘婧娇：《从国家本位到需要本位：中国残疾人社会保障的目标定位转向》，《社会科学战线》2018 年第 7 期。

② 程凯：《坚持精准扶贫精准脱贫基本方略 着力解决因残致贫问题》，《行政管理改革》2018 年第 7 期。

和福利水平。① 要合理提高残疾人"两项补贴"，依据当地经济发展水平、全国经济发展水平，适当提高农村残疾人"两项补贴"；依据实地调查情况，适当将补贴力度向农村残疾人倾斜，多措并举保证农村残疾人的基本生活。

（六）促进公共服务均等化，完善农村残疾人社会服务体系

1. 加快推进城乡基本公共服务均等化

农村残疾人的贫困问题曾是脱贫攻坚战中最难啃的"硬骨头"，在全面脱贫之后，一些深度贫困地区和边远地区的农村重度残疾人处境依旧艰难，衣食住行十分节俭，有病无法看、个人卫生无法打理等情况依旧存在。农村重残重病家庭支出多、收入少，家庭照顾往往还要捆绑 1~2 个劳动力。② 相比于城镇残疾人家庭，如何解决农村困难残疾人家庭的生计问题、提高家庭收入能力和水平，是今后促进残疾人家庭增收、推动农村残疾人事业发展必须回答的问题。残疾人家庭收入、公共服务获取难度等存在较大的城乡差异，缩小城乡差距，推动残疾人基本公共服务均等化是残疾人家庭增收全局性发展的重要举措。一是合理盘活农村闲置资源。一方面整理规划村集体用房或乡村闲置农房等闲置资源，另一方面充分利用乡村养老机构、福利设施、医疗机构等现有服务机构，通过政府补贴、购买服务、设置公益性岗位等综合措施，为有需求的残疾人提供集中托养和日间照料服务，缓解家庭照顾压力，并为残疾人或其主要照顾者创设公益性岗位，为其家庭创收增收。二是充分发挥农村社会关系网络作用，发展残疾人邻里互助。在睦邻友好、守望相助的中华乡土文明传统下，邻里互助是农村社会关系的重要纽带。加强睦邻友好互助的引导宣传，通过开发照护性公益岗位，引入竞争和利益联结机制，广泛开展邻里照护服务，降低家庭照料护理支出成本，释放家庭劳

---

① 程凯：《促进残疾人事业全面发展 扎实推进残疾人共同富裕》，《残疾人研究》2022 年第 2 期。
② 程凯：《坚持精准扶贫精准脱贫基本方略 着力解决因残致贫问题》，《行政管理改革》2018 年第 7 期。

动力，提升农村残疾人生活品质。① 三是建立城乡统一的劳动力市场，统一城乡就业政策体系，制定公共就业服务发展规划、服务标准和相关措施，营造公平的就业环境。要加强对农民的职业技能培训，提高农民的职业竞争力。同时，要整合农村各类教育资源，将农村劳动力培训的重点放在即将进入劳动力市场的初、高中毕业生上，逐步扩大农村职业高中的数量和规模，形成基础教育、职业教育和培训相结合的农村教育体系。探索建立权威统一的公共就业服务网站和农民工就业管理与服务的"就业信息卡"制度，在网站上实现数据的收集、整理、分析和发布，并纳入农民工的管理与服务，构建反映城乡劳动力变动情况的综合信息交换平台，实现跨地区、跨城乡公共就业服务的有效衔接，使不同群体的居民在公共就业服务领域享有同等的待遇。四是完善公共就业服务均等化的政策法规体系，出台公共就业服务工作的绩效管理政策，建立合理、可行的绩效评估指标体系。我国公共就业服务绩效评估指标的设置，在求职者方面，应该包括求职者的登记数量，特别是各类就业弱势群体的登记数量；用人单位方面，应包括各类职位空缺的登记数量，持续时间等；匹配规模方面，应包括匹配的总数量，特别是要把各类就业弱势群体求职者的匹配数量单独列出；匹配成本方面，主要是每一次成功匹配所需要的工作人员数量、所需花费的管理费用等；匹配质量方面，可以开展雇主满意度、求职者满意度调查，作为评估服务质量的指标。②

2. 积极探索农村残疾人托养照护服务体系

农村残疾人的托养照护服务需求因人而异，应当从现实需求与经济状况两个角度定位残疾人的托养照护服务需求，对托养对象进行精准界定。应建立科学统一的需求评估机制并培养成熟的评估员队伍，准确预测服务需求类型、程度和数量，提升托养服务的精准性和适用性。因地制宜，根据地区差

---

① 程凯：《坚持精准扶贫精准脱贫基本方略 着力解决因残致贫问题》，《行政管理改革》2018年第7期。
② 胡绍英：《发达国家和地区公共就业服务绩效评估的经验及对我国的启示》，《开发研究》2008年第1期。

异、文化差异、服务对象差异、服务基础差异等，加强本地政策调研论证，结合本地农村残疾人家庭托养照护服务的需求紧迫性、需求数量、覆盖范围等，通过弱弱互助、强弱互助、干群互助等多种形式护理特殊贫困人员，提供生活照料、生产照顾、病情照看、精神慰藉服务，减轻因病致贫群众的生活负担，带动社会力量扶残助残，在农村集体生活和劳动生产中帮助残疾人改善经济条件，改善家庭关系和社会关系，提升生活尊严和自我价值感，探索照护、工疗、农疗、娱疗相结合的服务供给机制，重点解决农村残疾人托养照护服务难题。在开发公益岗位、培育护理员队伍的过程中，保障残疾人的健康安全，解放其家庭劳动力，让部分残疾人可以通过参加护理工作获得固定收入。

3. 强化农村残疾人康复服务

农村残疾群体的康复需求与康复服务供给的矛盾日益突出，康复人才资源匮乏，基层农村社区缺乏多专业合作的康复服务人员和服务机制。基层组织需要加强专业康复工作团队的引进与合作。专业的康复工作团队应该包括物理治疗师、作业治疗师、言语治疗师、假肢与矫形器师、康复护理人员、心理治疗师、特殊教育教师、社会工作者等。应当扩充康复资源，提升康复教育和培训水平，细化康复服务的各项功能，提升专业康复人员的服务能力，使我国康复服务真正惠及残疾人。[1] 人才引进应当注重全面性，在做好主要健康照顾、管理和组织工作的同时，兼顾健康教育与咨询服务。[2]

应当充分发挥农村家庭签约医生的网格作用，大力推进农村家庭签约医生的推广签约。已签约残疾人大多认同家庭医生服务能减少疾病发生、能提高就医便捷性和降低医疗费用支出，说明家庭医生签约服务的开展对残疾人就医确有帮助。基层医疗卫生机构应努力提高残疾人的家庭医生服务签约率，实现残疾人群家庭医生服务签约应签尽签；加大家庭医生签约服务的宣

---

① 何侃、肖敏、张跃、张立松：《〈世界残疾报告〉及对我国残疾人康复服务的启示》，《中国康复理论与实践》2012年第12期。

② 胥玉萍、吴青、曹益萍：《家庭医生责任制下社区护士的岗位职责需求研究》，《中国全科医学》2016年第22期。

传力度；加强基层医疗卫生机构与社区和街道的合作，全方位促进残疾人健康；注重基层医疗卫生机构自身服务能力的提高，尤其是服务态度和技术水平，努力在残疾居民中形成值得信赖的口碑，树立良好形象，强化残疾居民对家庭医生的信任，促使更多的残疾人签约和使用家庭医生服务，为残疾人健康提供良好保障。[1] 另外，在培养家庭医生的过程中，还需要让家庭医生积累更多的残疾患者接访经验。[2]

---

[1] 乔牧天、吕鑫、刘丹萍：《成都市某农村地区残疾人签约家庭医生服务的影响因素研究》，《现代预防医学》2022 年第 8 期。

[2] 刘宇春、蔡澍、杜雪平、张志娟、丁静、丁兰：《家庭医生团队成员和残疾人对残疾人签约服务效果评价的质性研究》，《中国全科医学》2021 年第 10 期。

心智障碍群体特殊职业教育与就业衔接困境及对策研究

高宸陆*

摘　要：　本文聚焦心智障碍群体在接受特殊职业教育后的就业路径探索，概括了心智障碍群体特殊职业教育现状和心智障碍群体特殊职业教育面临的挑战，并以 C 市 Y 特殊儿童训练中心辅助性就业的成功案例为基础，提出系统对策，强调通过多元协同机制和精准政策设计，构建起以能力提升为核心、以支持性就业为导向的职业教育与就业融合发展体系。本文旨在为推动心智障碍群体更加充分和体面地就业提供理论支持与实践参考，并呼吁社会各界共同营造包容、公平的融合发展环境，助力心智障碍者实现有尊严的社会融入。

关键词：　心智障碍群体　特殊职业教育　残疾人就业

一　相关概念界定

（一）心智障碍者

根据美国智能缺陷协会给出的定义，心智障碍是指发展期间（自受胎至满十八岁），智力功能明显低于正常水平，同时伴随有适应性行为（人赖以生存的适应外界环境的能力）方面的缺陷。智力发育落后、脑性瘫痪并

---

* 高宸陆，南京特殊教育师范学院讲师，研究方向为残疾人事业管理、无障碍管理、国际贸易、残疾人就业。

伴有智力障碍、21-三体综合征（小儿唐氏综合征）人群、孤独症谱系障碍（自闭症）等不同类型的人群，统称为心智障碍者。他们在沟通表达、学习能力和社会互动方面存在不同程度的功能性障碍，主要体现为智力障碍、情绪障碍、社会交往障碍和行为障碍。[①] 心智障碍者之间的差异很大，程度有轻度、中度、重度、极重度之分别，即使是同一类型的心智障碍也会有不同程度之分别，所以在教育及照顾上会有不同的需要，不能一概而论。

（二）职业

在专业教材中对职业的定义是这样的：人们在社会生活中所从事的以获得物质报酬作为自己主要生活来源并能满足自己精神需求的，在社会分工中具有专门技能的工作。对于普通人而言，选择一份自己喜爱的职业，通过工作和服务为自己带来合理的报酬，让自己有更好的生活，这是一件再正常不过的事情。职业，即个人所从事的服务于社会并作为主要生活来源的工作，是人们从事的相对稳定的、有收入的、专门类别的社会劳动，是人们生活方式、经济状况、文化水平、行为模式、思想情操的综合反映，也是一个人的权利、义务，从而也是一个人社会地位的一般表征。不同的职业，通常意味着不同的发展机会与空间，也决定了不同的生活方式。然而对于心智障碍者和他们的家庭来说，这是一个遥不可及的概念。

（三）特殊职业教育

特殊教育主要研究特殊教育基本理论、专业知识和康复技术，该专业需要理解和尊重特殊儿童，具备心理辅导能力及手语表达技能，也需要具有一定的特殊儿童行为矫正能力以及对特殊儿童进行心理辅导和治疗的专业技能，例如听力语言康复、孤独症儿童教育康复，该专业旨在帮助特殊儿童回归主流社会。特殊职业教育就是针对特殊人群，包括心智障碍群体的职业教

[①] 张朝、于宗富、黄晓玲、王玲、方俊明：《听觉统合治疗孤独症儿童 20 例疗效分析》，《中国妇幼保健》2011 年第 14 期。

育，有学者认为特殊职业教育是职业教育的重要组成部分，即特殊职业教育是面向残疾人所进行的职业教育或职业培训；也有学者认为特殊职业教育是特殊教育的分支，更加凸显教育对象所学内容的"职业性"。要回答特殊职业教育"是什么"，就要明确特殊职业教育与特殊教育之间的关系、特殊职业教育与全纳教育之间的关系。心智障碍群体特殊职业教育应当从心智障碍者的身心特点出发，开展特色的职业教育培训，以提高心智障碍者的就业能力和职业发展能力为目标，帮助他们尽可能独立，同时更好地融入社会、实现自我价值。

二 心智障碍群体特殊职业教育现状

据财新网 2021 年的报道，我国心智障碍者人数接近 2000 万人，但成年心智障碍者的就业率不足 2%。[①] 在这一背景下，依托特殊教育学校自身的优势，不断推动心智障碍者实现就业，成为特殊教育学校教育的重要目标。近年来，心智障碍者家庭越来越希望通过引领孩子不断成长，减少其对家庭的依赖。唯有就业才能使心智障碍者融入正常社会生活，因此心智障碍群体的群体就业需求在不断增长，但社会对心智障碍者的劳动能力缺乏认可，社会普遍认为心智障碍者的认知能力较其他障碍类型人士更低，有刻板行为和沟通障碍等，这种偏见导致大量适龄心智障碍青年难以就业。

2021 年 12 月 31 日由教育部、国家发展改革委、民政部、财政部、人力资源和社会保障部、国家卫生健康委、中国残联制定，经国务院同意，国务院办公厅转发的《"十四五"特殊教育发展提升行动计划》（以下简称《行动计划》）指出，要推进融合教育，全面提高特殊教育质量，推动职业教育和特殊教育融合。支持特殊教育学校职教部（班）和职业学校特教部（班）开设适应残疾学生学习特点和市场需求的专业，积极探索设置面向智

[①] 黄蕙昭：《中国 2000 万心智障碍者真实就业率仅 2% 能否打开职场大门？》，财新网，2021 年 3 月 30 日，https://www.caixin.com/2021-03-30/101682265.html? originReferrer=caixin-search_pc。

力残疾、多重残疾和孤独症等残疾学生的专业，同步促进残疾人的康复与职业技能提升，让残疾学生有一技之长，为将来就业创业奠定基础。探索开展面向残疾学生的"学历证书+若干职业技能等级证书"制度试点，将证书培训内容有机融入专业培养方案，优化课程设置和教学内容，提高残疾学生培养的灵活性、适应性、针对性。支持各种职业教育培训机构加强残疾学生职业技能培训，积极开展残疾学生生涯规划和就业指导，切实做好残疾学生教育与就业衔接工作。对面向残疾学生开放的职业教育实习实训基地提供支持。[1] 相比于普通学生，心智障碍者在职业化道路上面临着更多的困难及不确定性。

心智障碍者受教育程度的提升为心智障碍者就业提供了更多的可能性。教育为心智障碍者创造了更多的就业机会，高等教育尤其是高等职业教育促进了心智障碍者的有效就业，职业教育提升了心智障碍者的就业竞争力，使其更好地适应当代社会的工作环境和需求，提高了心智障碍者的就业率。近年来，心智障碍者就业帮扶快速发展，帮扶需求已经趋于饱和，但职业技能培训仍处于心智障碍者就业帮扶需求的第一位。职业技能培训有助于心智障碍者拓展人际关系、扩大社会关系网络，增加其就业成功的机会。职业教育有助于增强心智障碍者的社会融入感，实现个人价值和社会价值。为了能够实现心智障碍青年长期稳定就业，全国各地特殊教育学校依托地区资源积极探索有效的职业教育模式，不断促进心智障碍青年的职业化发展。特殊教育学校经过多年的探索实践，逐渐形成了较为系统的、可实操的心智障碍人士就业支持模式。

三　心智障碍群体特殊职业教育面临的挑战

心智障碍群体特殊职业教育面临着各种困难与挑战，近年来，特殊教育

---

[1] 《国务院办公厅关于转发教育部等部门"十四五"特殊教育发展提升行动计划的通知》，中国政府网，2021 年 12 月 31 日，https://www.gov.cn/zhengce/content/2022 - 01/25/content_5670341.htm。

学校中的职业教育已经成为解决心智障碍群体就业难题不可缺少的重要环节。同时，对于职业教育学校自身而言，大力发展心智障碍群体特殊职业教育，有助于增强心智障碍群体社会参与感，也有助于社会的和谐发展。然而，在实际教学和培训过程中，心智障碍群体特殊职业教育面临着各种各样的困难和挑战。现阶段，心智障碍者在走出校园之后，与社会之间仍有一定距离，需要继续训练。如何推动部分有意向、有能力、有发展空间的心智障碍者顺利就业，成为特殊教育学校必须思考的重要问题。

目前心智障碍者的就业支持模式主要是支持性就业服务。支持性就业服务要发挥作用，除了心智障碍者自身努力的因素外，还需要一定的外界支持，包括家庭、学校、社区、工作环境、社会观念结构、社会福利政策等。[①] 心智障碍者就业问题是实现社会融合的最佳途径之一，但实际上心智障碍学生就业十分困难。政府、家庭、学校、企业、慈善、社工和社会各种资源之间缺乏沟通，仅有的沟通也质量较差。心智障碍者的家长对其能否就业缺少信心；用人单位对心智障碍者自身的能力存在认知上的偏见，认为其无法胜任工作；政府的相关政策无法对接纳心智障碍者就业的单位提供经济补贴或者税收减免等，用人单位自身也不愿意承担针对心智障碍者的专门培训成本。

在个体层面，心智障碍者能力有限，导致无法就业或就业后无法稳定从业；在外界环境层面，为心智障碍者提供就业岗位的企业或社会组织较少，没有完善的、可持续的支持性就业服务体系；在社会层面，政府为心智障碍群体就业提供的配套政策不健全，社会对心智障碍者支持性就业的接纳度不够。面对如此多的问题，单靠一方的力量很难在短时间内促成心智障碍群体就业形势的转变。

四　C市Y特殊儿童训练中心辅助性就业模式分析

心智障碍青少年在完成义务教育或中等职业教育后，往往因心智年龄与

---

①　苏敏：《社会生态系统视角下自闭症者支持性就业分析——以深圳市自闭症者就业为例》，《智库时代》2018年第36期。

生理年龄不匹配、缺乏职业培训，而难以达到从业要求，这造成了心智障碍群体难以就业的困境。针对此问题，一部分学者总结了美国通过支持性就业，使心智障碍群体在生活质量、就业方向、取得经济效益等方面所带来的成果，主张借鉴美国模式；① 另一部分学者根据特殊教育学校的实践探索，呼吁以就业为目标，以学校为依托，统筹家庭、学校、社会等多方资源，从职业能力评估、职业品质培养、校企合作发展和支持性就业指导四个角度出发，帮助心智障碍群体实现就业。② 受相关研究启发，C 市 Y 特殊儿童训练中心探索了辅助性就业模式，取得了良好的效果，以下对 C 市 Y 特殊儿童训练中心特殊职业教育辅助性就业模式进行分析。

（一）特殊儿童训练中心简介

C 市 Y 特殊儿童训练中心（以下简称"中心"）成立于 2010 年 6 月，是在 C 市 K 区民政局注册登记、由 K 区心智障碍者联合会作为业务主管单位的一家民办非企业单位。中心专门为年龄在 12~25 岁的心智障碍人士提供托养服务、康复训练、心智障碍者辅助性就业等服务。中心自成立以来，共接收了 200 余名心智障碍人士。中心主要以"养护+特殊职业教育+就业"的服务方式来帮助心智障碍者。

（二）中心心智障碍群体服务内容

中心根据学生的年龄结构和能力体现进行分组教学，目前中心开设了少年儿童组（12~14 岁）和青少年组（15~25 岁）。考虑到心智障碍群体未来的就业目标，青少年组以学员的特长和爱好为出发点，让学员自主选择喜欢的项目，为学员提供辅助性就业的教学方法，例如串珠工艺品制作、手工香薰皂制作、陶土手办制作、钻石画粘贴制作的教学，通过这些适合学员的手

---

① 杜林、李伦、雷江华：《美国残疾人支持性就业的发展及对我国的启示》，《中国特殊教育》2013 年第 9 期。

② 周翟：《以就业为导向的特殊职业教育实践探索——以 L 特殊教育学校心智障碍青年就业支持模式为例》，《绥化学院学报》2023 年第 1 期。

工制作来帮助学员掌握一门技能，鼓励学员参与劳动，为今后找到一份工作奠定基础。

K 区心智障碍者联合会在中心设立了 K 区心智障碍者辅助性就业基地，为大龄心智障碍人士提供职业技能培训等服务，也提供一些半成品加工工作来让他们获得一些报酬。这些辅助性就业促进措施不仅为心智障碍人士今后的就业打下了良好的基础，也为他们的家庭带来了希望。

自 2017 年以来，有社会组织在深圳、杭州、青海、山东等地先后成立了心智障碍人士洗车服务行，帮助心智障碍人士顺利就业。中心负责人在实地参观学习后，将这一有效的就业模式带回了 C 市。职业能力的评估对心智障碍者职业选择和就业安置起着至关重要的作用。① 经过中心对心智障碍学生肢体运动能力、生活自理能力、语言沟通能力和职业适应能力等的评估，有 6 名心智障碍者进入洗车行业。就业辅导员在开展洗车职业技能培训的同时，也对他们进行了康复服务训练，进行职业规范培训、社会基础认知培训、日常生活技能培训、体能素质训练等，以这种就业与康复相结合的方式，为心智障碍者培养全方位的就业能力。2017 年底，中心成立汽车服务有限公司，将教学和就业有效地结合起来，使心智障碍人士在获得就业能力后，能直接进入就业场所，扬长避短、团队作业、分工协作，实现就业目标。"心智障碍人士洗车服务就业项目"使得中心的"养护+特殊职业教育+就业"服务模式成功落地，为心智障碍群体在未成年时的教育学习和成年后的就业探索出一条有效的路径。

通过中心多角度、多渠道、多方面的评估与跟进，就业支持项目服务模式已经充分成熟、形成系统。在此过程中，中心查摆问题、不断研讨，不断发现问题、解决问题，充分运用职业素养评估与培育，调动政府、家庭、学校、企业、慈善、社工和社会等各方面的资源，实现了"社会组织—社工—社区—社会企业—社团"五社联动，服务于心智障碍群体的就业。

---

① 周姊毓：《职业能力评估在残疾人支持性就业中的应用》，《现代特殊教育》2017 年第 4 期。

（三）中心心智障碍群体就业取得的成效及参考价值

中心以心智障碍群体的年龄、能力、兴趣、就业目标为基础，因材施教，推动实现"因人定岗""快乐就业"，将特殊职业教育与就业相融合。中心积极对接资源，在政府机关和当地残联的支持下，有效对接企业和社会组织成立洗车服务行，通过特殊职业教育、转折衔接、职业规划、就业指导，形成了辅助性就业的良性循环系统。在此模式中，心智障碍群体通过自身的努力和劳动获得劳动报酬，能够享有平等、被认可、被尊重的职业体验。

中心结合了心智障碍群体养护、特殊职业教育、特殊群体就业的特点，挑战了心智障碍群体特殊职业教育困难的问题。中心整合了教学资源，运用生活化的教学方式，配备专业心智障碍者就业辅导员，将理论知识与实际操作相结合，为心智障碍者做好转折衔接和职业规划。中心与企业联合，最终帮助心智障碍者克服生活中的挑战，完成就业，提高自身的生活能力和生活质量，实现自我价值。

目前，中心已经帮助 100 余名心智障碍学生实现就业，今后会帮助更多的心智障碍学生走向就业。这在一定程度上帮助心智障碍群体的家庭减轻了经济压力，并缓解了心智障碍群体照护者的精神压力。在很多家庭看来，心智障碍儿童接受特殊教育并不意味着他们能够很好地回归社会，只有能够解决生计、独立生活才是真正回归社会的标志，走向社会正是他们努力的方向。

中心的案例为心智障碍群体特殊职业教育及支持性就业服务提供了以下可供参考的经验。

在学校层面，可将职业素质和技能培养融入学校教育。将理论知识与社会实践相结合，形成可操作、可推广、可复制的教育模式。应让学生与社会真正地进行融合，以就业为目标导向，完善教育内容和教学导向，辅助学生提升就业能力。在家庭层面，以就业为导向的各类培训中心同样要求家长参与其中、为家长做就业培训，根据每个家庭的特殊性，以实际情况为基础，提供个性化家庭支持计划和线上家庭支持。在企业和社会层面，有关部门应当提供就业平台、积极整合就业岗位、筛选匹配就业资源、组建就业支持志愿者团队等，以多元支持力量促进心智障碍群体的就业和发展，逐步拓宽就业支持服务的覆盖面。有必要从就业渠道和心智障碍者特征出发，在政策、资源和培训等方面保障就业，有效执行发展措施。应当加强企业和其他组织的社会责任，针对心智障碍者的现有能力，结合工作中的实际需求开发适合心智障碍者的岗位，实现定向招聘。有必要关注精神、智力和重度肢体残疾人等就业困难残疾人，助力辅助性就业向前发展。

心智障碍群体就业不仅仅是特殊教育学校的任务，也不仅仅是某个家庭的难题，而是整个社会要面对的问题。心智障碍群体需要社会的关爱，所以社会工作和慈善事业也同样扮演着重要的角色，心智障碍者就业之路上存在着各种各样的障碍，比如用人单位缺少与心智障碍者技能相关的岗位、心智障碍者缺少适应社会发展的相关能力等。越来越多的社会组织在国家政策引导下，开展公益创投项目，为心智障碍者提供各项就业促进服务。许多组织通过开展个案管理、组建治疗性小组等方式，发现心智障碍家庭的特殊性困难和真正的需求，面向有需要的心智障碍家庭提供看护照顾、能力提升、家长社交、照护者压力舒缓等服务，推动心智障碍家庭自助互助、营造了良好康复照护环境。

五　对策建议

就业是民生之本。《"十四五"残疾人保障和发展规划》提出，到2025年，多形式的残疾人就业支持体系基本形成，残疾人实现较为充分较高质量的就业。针对心智障碍群体特殊职业教育所面临的挑战，本文提出如下建议。

（一）优化特殊职业教育资源配置，提升教育服务能力

面对当前特殊职业教育在资源配置上的不均衡问题，尤其是中西部地区

和基层城乡学校的教育基础薄弱、师资匮乏、课程滞后等现状，应当以系统性改革推动特殊教育公平、优质与高效发展。一方面，国家与地方政府应健全特殊教育财政保障机制，明确将特殊职业教育纳入地方教育发展整体规划，推动设立"残疾人教育专项资金"和"融合教育建设专项"，加大中西部、农村及欠发达地区特殊教育资源投入比例。另一方面，要建立以"教育需求评估+生均经费拨付+绩效考核挂钩"为基础的教育资源动态分配制度，精准支持资源短缺地区实现职业教育基本能力提升。此外，特殊教育学校应进一步明确自身在职业教育体系中的定位，从传统的"养护型"向"发展型""技能型"转变，积极与社区、街道、残联等单位共建共享实训平台，通过"校社合作""校地联动""校企共建"机制共同打造实践教学场景，打破校园与社会之间的边界，提升教育对接就业的能力。特殊教育学校还应加强生活技能课程与职业技能课程的衔接，探索"基础能力+岗位技能+就业指导"一体化课程框架，推动教材开发、课程标准制定与教学组织模式改革，真正实现以就业为导向的教育供给改革。

（二）加强师资队伍建设与教学能力支持体系

当前特殊职业教育师资队伍存在"数量不足、素质参差、发展受限"的突出问题，必须加快构建一支专业化、职业化、复合型的特殊教育人才队伍。一方面，高等院校应扩展特殊教育本科和研究生层次培养规模，在已有特殊教育专业基础上增设"特殊职业教育方向"，引入康复治疗、心理干预、职业教育等跨学科课程模块，为特殊教育教师构建复合型知识结构。鼓励师范类高校与应用技术类高校联合培养"双师型"教师，建立"校企联合实习基地""特殊教育实训中心"，开展现场教学能力训练与职业技能融合训练。另一方面，在职教师应建立终身研修制度，依托国家教师发展机构、省级研修平台和市县级师训基地，形成"集中培训+线上学习+实地督导"三位一体的专业提升体系。引入岗位导师制，鼓励经验丰富的特教骨干教师担任"教研指导员""课程开发导师"，带动青年教师快速成长。同时，针对教学支持系统薄弱问题，应引进心理咨询师、康复治疗师、社会工作者等专业人员作为协同教学支持角色，构建"教学—康复—生活"一体化的综合育人机制。此外，应修订特教教师职称评聘与考核体系，将学生进步率、就业去向、课程成果等指标纳入评价内容，推动"以学生为本"的教师发展导向。

（三）健全家庭支持体系，构建家校社联动机制

家庭长期承担心智障碍者生活照护与教育责任，面临多重压力与支持匮乏问题。因此，必须将家庭作为职业教育支持体系的重要环节，进行系统介入与持续赋能。首先，地方政府应以家庭照护现状调查为基础，推动建立"家庭照护等级认定制度"，对中重度残疾人家庭提供差异化经济补助与服务配套，包括托养券、喘息服务补贴、生活服务包等，切实减轻家庭负担。其次，特殊教育学校应将"家校合作"纳入日常教育管理，通过建立"家庭支持中心"、设立"家长成长课堂"、推动"家庭参与式课程开发"等措施，增强家庭对学生职业教育过程的知情权与参与权。再次，社区服务组织应依托街道办、残联站点建设"心智障碍家庭支持服务站"，联合社会工作者、心理咨询师开展家庭成员心理干预、生活支持培训、个案管理等服务，提升家庭整体应对能力。通过建立"家校社"协同信息平台，实现学生教育过程、生活照护、就业需求三位一体的信息流通机制，提高服务整合效率与个性化程度。最后，建议探索"家长互助联盟""照护同伴支持机制"等非正式网络，发挥家庭内部资源的互补作用，形成良性的家庭支持生态系统。

（四）推动多元化就业路径探索，完善支持性就业服务体系

心智障碍群体就业存在路径受限、岗位匮乏、就业后缺乏持续支持等问题。对此，需建立多元融合的支持性就业模式。一方面，应构建覆盖职业能力测评、实训安排、实习推荐、岗位对接、就业追踪等的全周期就业支持服务链条。引入"就业辅导员"制度，组建由学校教师、社会组织人员、企业带教导师共同构成的就业服务团队，为学生提供个性化职业规划、模拟面

试、实岗适应与后续跟踪服务。另一方面，政府应出台"融合就业岗位目录"，鼓励企业开发适合心智障碍者的岗位种类，如助理性、协作性、流程重复性较强的工作，并提供用工成本补贴、工位改造支持与企业培训服务。针对不同能力水平的心智障碍者，可探索"辅助性就业—支持性就业—社会化就业"的递进路径，通过社区小工坊、辅助生产线、家庭手工业等形式拓展就业边界。数字经济背景下，还可开发远程标注、内容审核、线上客服等低门槛在线就业岗位，提升就业可达性。同时，应完善社会保险政策，简化心智障碍者参保流程、补贴机制与维权机制，增强其就业稳定性与法定保障。

（五）完善顶层制度设计，推动政策落地与社会氛围建设

心智障碍者特殊职业教育发展面临政策缺位、制度笼统与落实乏力等问题。对此，应从国家政策体系设计出发，推动顶层统筹与制度完善。第一，建议将"残疾人职业教育"纳入国家教育事业发展规划与"融合教育国家标准"体系，明确发展目标、阶段任务、责任单位与考核标准；同时推动《残疾人教育条例》《职业教育法》《义务教育法》等法律的修订与衔接，为特殊职业教育提供坚实法治保障。第二，建立部际联动协调机制，由教育部牵头，联合残联、人社部、民政部、财政部等设立"融合职业教育推进协调组"，推动信息互通、项目共建与绩效共享，避免政策重叠或真空。第三，推动各地制定"融合就业专项行动方案"，明确政府责任主体、财政投入比例、实施时间表与指标体系，并通过第三方评估机构开展跟踪评估与政策反馈。第四，强化公众宣传与认知转化，通过主流媒体、网络平台、校园宣传等多种渠道讲述心智障碍者就业成功案例，提升公众理解力与接受度。第五，鼓励建立"融合友好型企业""无障碍就业社区"等社会荣誉机制，塑造示范典型，推动更多社会主体参与特殊职业教育生态建设，从而实现教育公平、就业公平与社会包容的多维共赢。

六　总结

心智障碍群体的职业教育与就业衔接问题，是衡量社会公平与教育质量的重要指标。本文围绕该群体的教育现状与就业困境，简要概括了当前特殊职业教育存在的主要问题和挑战。并从五个维度提出了对策建议：一是优化特殊职业教育资源配置，提升教育服务能力；二是加强师资队伍建设与教学能力支持体系；三是健全家庭支持体系，构建家校社联动机制；四是推动多元化就业路径探索，完善支持性就业服务体系；五是完善顶层制度设计，推动政策落地与社会氛围建设。

未来的研究应进一步聚焦微观机制层面的深入剖析，如不同类型心智障碍者在就业适配过程中的差异化支持策略，以及支持性就业模式在不同地区、不同企业中的可持续运行机制。同时，也需要更多关于就业结果评估与成本效益分析的数据支持，推进融合就业制度从"试点示范"走向"政策常态"。更重要的是，只有全社会真正树立"能力导向、差异包容"的理念，心智障碍者才能不再被视为"特殊的负担"，而是被看作可以通过合理支持实现自主生活和创造社会价值的普通成员。真正的融合，不仅是制度的融合，更是理念与文化的融合。

激发残疾人就业创业内生驱动力研究[*]

陈 文[**]

摘　要： 近年来，我国残疾人就业情况产生了显著、可喜的变化，残疾人就业水平持续提升。残疾人的生活条件和职业发展条件比以往任何时期都更好，但具有劳动能力却无就业创业意愿的残疾人依然存在。残疾人自身就业创业驱动力不足已经成为阻碍残疾人就业创业的关键因素。本文立足江苏残疾人就业创业实践，以具有就业创业能力的残疾人为研究对象，采用扎根理论和案例研究相结合的方法，揭示了残疾人就业创业内生驱动力的结构内涵，具体包括自尊自强精神、社会责任承担、社会融合渴望和生命意义追寻等四个维度；揭示了残疾人就业创业内生驱动力的形成机制，即残疾人在满足自主独立需求、社会归属需求和事业胜任需求的基础上，通过自身对社会规范的认同的中介作用，形成就业创业内生驱动力，社会支持和就业创业资源的可获得性调节了残疾人就业创业内生驱动力的形成。据此，本文明确了残疾人就业创业内驱力培育的重点，为促进残疾人充分更高质量就业提供了理论借鉴。

关键词： 残疾人　就业创业　内生驱动力

---

　*　［基金项目］本文系 2022 年度江苏共享发展研究基地第一批开放基金项目"激发残疾人就业创业内生驱动力研究"（立项号：22GXJD03）的研究成果。
**　陈文，南京特殊教育师范学院讲师，研究方向为残疾人权益保障、创新创业与思想政治教育。

一　基本情况

就业是最基本的民生。实现残疾人更加充分更高质量就业是巩固拓展脱贫攻坚成果、促进残疾人全面发展和共同富裕的根本保证。党的二十大报告明确指出，"强化就业优先政策，健全就业促进机制，促进高质量充分就业"，为促进残疾人就业提供了根本遵循。

江苏全面贯彻党的二十大精神，深入实施就业优先战略，落实残疾人就业创业扶持政策，广泛开展残疾人职业技能培训，推动残疾人通过按比例就业、集中就业、自主创业、灵活就业、辅助性就业等多种形式就业。江苏还拓展残疾人新就业形态，扩大残疾人在云客服、云审核及网络直播等领域的就业规模。对通过市场渠道难以实现就业的残疾人，优先安排公益性岗位；大力发展残疾人辅助性就业；深化拓展培训服务内容，开展就业技能、岗位技能提升、创业能力、互联网新业态、"非遗"传承、盲人按摩、中高技能、辅助性就业、用人单位和就业服务人员培训；提升残疾人就业服务能力，保障残疾人平等就业权益。《江苏省促进残疾人就业三年行动方案（2022—2024 年）》提出到 2024 年，全省净增残疾人就业 5 万人，组织开展残疾人职业技能培训 7 万人次。2022 年江苏省实名制培训残疾人 25629 名，新增残疾人实名制就业 42303 名，就业年龄段持证残疾人就业率首次超过 50%。[①] 南京、南通、无锡、苏州等地残疾人依托短视频平台、残疾人之家和残疾人创业基地等平台的就业创业项目实现了更高质量、更加充分就业。

然而，在残疾人"两项补贴"动态调整和核查机制不断健全、残疾人就业服务持续加强、社会助残服务不断丰富、江苏残疾人就业的社会融入渠道更加通畅、残疾人生活与生产条件持续改善的基础上，系统、有效提升残疾人就业创业意愿依然是残疾人就业服务发展的关键。近年来，江苏坚持就

---

① 金亦炜：《江苏就业年龄段持证残疾人就业率首次超过 50%》，"交汇点客户端"百家号，2023 年 2 月 8 日，https://baijiahao.baidu.com/s？id=1757231365450159802&wfr=spider&for=pc。

业赋能与扶志扶智相结合，以"智志双扶"激发残疾人就业增收的内生动力。事实上，江苏省残疾人就业创业工作的重点对象往往是具有就业创业意愿的残疾人，对于就业创业意愿较弱的残疾人的就业服务也难以找到直接、有效的工作抓手。如何充分、有效激发具有劳动能力的残疾人的就业创业内驱力，是江苏健全残疾人就业促进机制、促进残疾人高质量充分就业需要研究的重要课题。此外，就业创业过程中，残疾人往往需要面临比健全人更大的挑战与压力。因此，残疾人就业创业内驱力的系统理论研究不仅有利于揭示残疾人就业创业规律、促进残疾人就业机制完善，而且对健全江苏就业创业促进机制有重要借鉴意义。

近年来，国内外学者系统分析了残疾人就业的重要性与必要性、特殊性和发展现状，广泛探索了数字经济下残疾人就业的新机遇与新挑战。残疾人就业既需政治、管理与法律保障[①]，也需残疾预防、康复和社会保障服务等伦理化途径支持[②]。残疾人就业具有复杂性、特殊性和差异性等特点，人力资本、社会资本、性别等残疾人自身特征[③]，经济形势、就业政策和环境障碍等环境因素都影响残疾人就业的可能性[④]。近年来，我国政府、残联出台了残疾人就业创业系列相关政策，有力促进和保障了残疾人就业创业，但在第二个百年奋斗目标新征程上，我国残疾人就业依然面临发展不平衡、不充分的问题[⑤]。具有就业意愿和就业能力的残疾人就业依然面临结构性矛盾。

---

① 解垩：《残疾与劳动力市场——中国城镇男性的证据》，《管理世界》2011年第4期；贺东山、马跃如、余卫明：《试论残疾人就业法律保护机制的改进——以〈美国残疾人法〉为借鉴》，《中南大学学报》（社会科学版）2016年第3期。

② 廖慧卿、岳经纶：《就业模式、工作场所特征与残障者就业偏好——来自Z市福利企业的经验研究》，《中山大学学报》（哲学社会科学版）2015年第6期。

③ 赖德胜、廖娟、刘伟：《我国残疾人就业及其影响因素分析》，《中国人民大学学报》2008年第1期。

④ 关信平：《论残疾问题的实质及残疾人去障碍公共行动》，《残疾人研究》2017年第1期；黄晨熹、周榕、胡清泉：《社会组织吸纳残障人士就业问题及对策研究》，《福建论坛》（人文社会科学版）2018年第2期；黄震、杨立雄、廖娟副、顾莉莉：《促进按比例安排残疾人就业笔谈》，《残疾人研究》2019年第2期。

⑤ 肖日葵、郝玉玲：《残疾人社会保障策略优化：弥合收入支持与就业融入的结构性张力》，《南京社会科学》2022年第2期。

让拥有知识和技能的残疾人更好发挥出优势，提升他们的就业质量，成为当前和今后一个时期残疾人就业工作的新方向。在数字产业与数字经济快速发展的背景下，数字技术助推数字型就业稳步发展[1]，为残疾人就业提供了优势视角和新机遇[2]，一些残疾人在政府、社会各界关心和支持下，通过掌握数字技能、跨越数字鸿沟，抓住了数字经济发展带来的就业创业机遇。这些发展进步为继续推进残疾人就业创业服务奠定了坚实的理论、物质、制度和技术等基础。

着眼于残疾人全面发展与全社会共同富裕目标的实现，我国在残疾人就业创业领域采取的"增量式"庇护性支持方式固然在特定时期内缓解了残疾人就业难题，但仅把残疾人视为弱势群体、过于强调就业保护与保障则在一定程度上忽视了残疾人主观能动性的发挥、自主就业创业能力的养成，也不利于提高社会对残疾人职业环境的关注度。当前，残疾人生活和职业发展的条件比以往任何时期都更好，但制约残疾人就业创业意愿生成的因素依然存在。作为社会潜在人力资源，具有劳动能力却无就业创业意愿的残疾人依然存在。如何提升这类残疾人的就业创业意愿，如何鼓励、支持和引导这些有就业能力的残疾人走出家门、在社会广阔舞台上创造自我价值和实现精神共同富裕，备受残疾人就业理论界与实务界关注，残疾人就业创业研究亟须在残疾人发展的内驱力研究方面取得突破。

本文聚焦共同富裕视角下残疾人就业创业内驱力的识别与培育，以具有就业创业能力的残疾人为研究对象，采用扎根理论和案例研究相结合的方法，立足残疾人就业创业的独特性分析，借鉴个体职业发展内生驱动力相关概念界定，廓清了残疾人就业创业内生驱动力内涵结构，为系统提升残疾人

① 张成刚：《就业发展的未来趋势，新就业形态的概念及影响分析》，《中国人力资源开发》2016 年第 19 期。
② 何巧源：《"互联网+"时代下民族地区残疾人就业援助研究》，《残疾人研究》2018 年第 2 期；王晓峰、赵腾腾：《互联网影响残疾人就业的作用机制研究》，《人口学刊》2021 年第 1 期。

就业创业内生驱动力提供理论指导。

本文以南京市栖霞区、秦淮区、江宁区和江北新区残联系统为联络对象，通过联系街道社区残疾人用工企事业单位和创业驻地，对就业创业的残疾人和残疾人主管人员进行了深度访谈、调查研究。本文在系统梳理相关研究文献的基础上，明确了残疾人就业创业内生驱动力的内涵，即残疾人在满足自我心理需求基础上，决定获取就业创业社会支持与资源的心理准备状态。在系统梳理和分析就业创业残疾人访谈资料和残疾人用工企事业单位主管人员访谈资料的基础上，本文找到了残疾人就业创业内生驱动力的结构内涵，具体包括自尊自强精神、社会责任承担、社会融合渴望和生命意义追寻等四个维度；揭示了残疾人就业创业内生驱动力的形成机制，即残疾人在满足自主独立需求、社会归属需求和事业胜任需求的基础上，通过自身对社会规范的认同的中介作用，形成就业创业内生驱动力，社会支持和就业创业资源的可获得性调节了残疾人就业创业内生驱动力的形成。

二 研究内容与方法

结合研究目的，本文采用了质性研究方法，探索残疾人就业创业内生驱动力的内涵界定及其形成机理。本文基于个体发展内生驱动力的系统结构，梳理和分析了以劳动者职业发展驱动力、创业呼唤和职业发展成功观等为主题的文献，结合对残疾人就业创业过程的独特性解析，廓清残疾人就业创业内生驱动力的多样化内涵；依据对具有就业能力、已参与就业创业活动的残疾人访谈数据的扎根理论分析，借鉴个体职业发展内驱力等相关概念，探索残疾人就业创业内生驱动力的内涵结构及其生成过程。

在此基础上，本文依据研究中残疾人就业创业内生驱动力生成过程模型提示的线索，基于计划行为理论和自我效能理论和职业身份理论等理论分析，构建了残疾人就业创业驱动力的激发模型；通过开展残疾人就业创业内生驱动力及其影响因素的结构访谈和调查，对残疾人就业创业内生驱动力的激发模型进行检验；结合共同富裕视角下残疾人就业创业以及残疾人事业发展的特点与趋势，依据本文的结论提出残疾人就业创业内生驱动力有效激发策略及政策建议。

结合研究内容，本文采用的研究方法包括以下三种。

文献研究法。文献研究法是系统分析特定主题现有知识，把握知识进展与发展前沿，并寻找理论基础与研究工具的方法。该方法对于梳理相关主题现有研究成果和深入挖掘特定概念范畴具有重要应用价值。本文通过文献研究清晰界定残疾人就业创业内生驱动力的概念内涵与外延，并探索残疾人就业创业内驱力的影响因素，为后续研究奠定基础。

扎根理论研究方法。扎根理论是从文字、图像、视频、声音等信息载体中系统收集经验资料，建构新理论的质性研究方法。[①] 扎根理论基于实用主义和象征性交互，直接来自实践；其所形成的中间理论能够结合理论与实践，较好地指导人们的实践活动；其应用方式灵活，在理论建构与理论发展等方面具有显著优势和广泛应用前景。基于"扎根精神"，按照不同的认识论和操作程序，扎根理论研究可区分为经典扎根、程序扎根和建构扎根三大流派。依据研究目的，本文采用程序扎根理论方法，通过扎根理论研究构建残疾人就业创业内生驱动力的结构维度及其形成机理模型。

案例研究方法。案例研究通过回答特定研究对象"是什么"和"如何"的问题来解释行为背后的机制。揭示出行为过程背后隐含的机制，有助于理解现象的因果逻辑。同时，案例研究所涉及的概念和相关前期研究较少，适合使用定性研究方法进行深入探索。在多种类型的案例研究方法中，嵌入式案例研究往往可以聚焦同一个组织的多个分析单元，有利于加深对同类事件的理解，捕捉和追踪事件中涌现的问题和现象。结合研究目的，本文采用嵌套式多案例研究方法，通过对残疾人就业单位或创业平台的多案例研究，检验残疾人就业创业内生驱动力的结构维度及其形成机理。

---

① Strauss A. L., Corbin J. M., *Basics of Qualitative Research*: *Techniques and Procedures for Developing Grounded Theory* (*second edition*) (Thousand Oaks: Sage Publications, Inc., 1998).

三　研究过程

本文重点完成了下列工作。

2022 年 9 月至 10 月，全面完成了相关文献研究。借助文献资源平台，搜索、整理、筛选和系统分析了以残疾人就业、残疾人创业、残疾人发展能力、残疾人动机、人的发展自驱力等为主题的经典文献 73 篇，初步理解了残疾人就业创业自驱力的核心影响因素，即残疾人自我心理需求的满足和残疾人家庭、社会对残疾人就业创业的关心和支持；揭示了残疾人就业创业自驱力的基本构成因素，包括自尊心、家庭经济压力和社会排斥规避等内容，为后续开展相关研究提供了坚实理论基础。

2022 年 10 月至 11 月，设计出残疾人就业创业自驱力相关访谈提纲、伦理与数据保密承诺书，为开展数据收集工作创造了条件。伦理与数据保密承诺书着重陈述了本文研究的目的、相关数据模糊处理过程、信息保密责任承诺。访谈提纲设计了就业创业残疾人的人口统计学数据、当前就业创业情况、第一次就业创业以及岗位变化情况、当初参与就业创业的初衷等方面的内容。

2022 年 11 月至 2023 年 5 月，基本完成残疾人就业创业典型人物和残疾人用工企事业单位负责人的线下访谈。充分挖掘、协调残疾人就业创业研究领域的社区、街道资源，深入南京市栖霞区、江宁区、浦口区、秦淮区的下辖街道，与残联工作系统密切合作。依据地方残联系统的推荐，与这些辖区内就业创业的残疾人典型人物进行了面对面的访谈。截至本文成稿，已完成访谈 32 位（见表 1），形成访谈文本资料 6.3 万字。在参与访谈的 32 位就业创业的残疾人样本中，残障类型多样，男性占比较高。其中，肢体障碍、听力障碍、视力障碍和智力障碍的残疾人分别占比约为 56.25%、15.63%、18.75% 和 9.38%，男性占 56.25%，女性占 43.75%，"80 后"28.13%、"90 后"21.88%，在一定程度上代表了我国就业创业残疾人的总体情况。

表 1 残疾人就业创业内驱力访谈样本基本情况

序号	性别	出生年份	残障类型	残障水平	就业状态
1	男	1988	肢体障碍	三级	创业
2	男	1969	肢体障碍	三级	就业
3	女	1970	视力障碍	三级	就业
4	女	1976	肢体障碍	三级	就业
5	男	1970	肢体障碍	二级	就业
6	女	1975	肢体障碍	三级	就业
7	男	1998	听力障碍	二级	就业
8	女	1976	肢体障碍	三级	就业
9	女	1978	肢体障碍	二级	就业
10	女	1984	肢体障碍	二级	就业
11	女	1973	视力障碍	三级	就业
12	女	1984	视力障碍	四级	就业
13	女	1997	听力障碍	二级	就业
14	男	1992	听力障碍	二级	就业
15	男	1998	听力障碍	三级	创业
16	男	1979	视力障碍	三级	就业
17	男	1965	视力障碍	三级	就业
18	女	1991	肢体障碍	三级	就业
19	男	1974	视力障碍	三级	就业
20	男	1987	肢体障碍	四级	就业
21	男	1969	肢体障碍	三级	就业
22	男	1985	肢体障碍	三级	就业
23	女	1984	听力障碍	四级	就业
24	男	1990	肢体障碍	三级	就业
25	女	1988	肢体障碍	三级	就业
26	女	1993	肢体障碍	三级	就业
27	男	1984	肢体障碍	三级	就业
28	男	1977	肢体障碍	三级	就业

续表

序号	性别	出生年份	残障类型	残障水平	就业状态
29	男	1978	智力障碍	三级	就业
30	男	1977	智力障碍	四级	就业
31	男	1973	肢体障碍	三级	就业
32	女	1982	智力障碍	四级	就业
33	男	1967	无障碍		董事长
34	男	1966	无障碍		副总经理
35	女	1977	无障碍		总经理
36	男	1981	无障碍		人力资源总监
37	男	1971	无障碍		总经理

2023 年 5 月至 6 月，借助 NVivo 11.0 质性文本编码软件，系统分析 32 位就业创业残疾人典型的访谈数据，初步廓清了残疾人就业创业内生驱动力的内涵、核心因素及其影响因素，形成残疾人就业创业内生驱动力内涵结构及其形成机理模型，在检验确认理论模型已经达到理论饱和后，借助自我决定理论和社会认同理论对模型进行了理论阐释。在此基础上，通过对 5 位残疾人集中就业企事业单位的人事部门负责人（每个单位 1 人）访谈资料、新闻报道资料的整理和分析，验证了残疾人就业创业内生驱动力结构及其形成机理的模型。

四　研究结果分析

（一）残疾人就业创业内驱力概念界定

内驱力是指个体在需要的基础上产生的一种内部唤醒状态或紧张状态，表现为推动有机体活动以满足其需要的内部动力。结合心理学对内驱力的一般性解释，机体的心理需要产生了内驱力，内驱力则激起了有机体的认知与行为意愿。结合就业创业领域分析，人们参与就业创业存在三种心理倾向，即谋生、事业发展和内心召唤。其中，前两类倾向将就业创业视为谋生或获取权力和威望的工具，内心召唤则希望从就业创业中获得生命的意义和找寻自身的价值感，强调对生命意义、价值的内在感知和认同。

残疾人就业创业内驱力是残疾人心理动能的重要表现形式，是残疾人通过就业创业实现自我职业发展的动力源泉。因此，可以借鉴个体职业发展内驱力的一般性因素分析和揭示残疾人就业创业内驱力内涵。残疾人就业创业内驱力蕴含残疾人追求就业创业成功的心理动能，既有个体满足自主性需要、满足社会归属需要和满足就业创业胜任需要的心理倾向，也有将社会成员就业创业使命、责任内化后对就业创业行为的指向性，还有对消磨无聊生活等无动机目标的追求。

从具体构成要素看，残疾人就业创业内驱力的构成要素，既有健全人就业创业内驱力的一般性因素，也有残疾人自身独特的就业创业驱动要素。一般性因素突出表现为认可就业创业对于个体成长和事业发展的重要意义、承担家庭经济责任、追寻职业乐趣与体验生命意义等。残疾人独特的就业创业驱动因素则主要体现为渴望社会参与、主宰自我人生和展现自我价值等。因此，残疾人就业创业内驱力形成于残疾人与家庭、社会的互动过程中，指引残疾人寻求就业创业资源和从事具体工作。

从影响作用机理看，残疾人就业创业内驱力通过影响残疾人就业创业态度和动机而影响残疾人就业创业意愿与行为。结合自我决定理论和对现有相关文献的分析，残疾人就业创业内驱力作为重要的心理动能，影响残疾人就业创业意愿；借鉴计划行为理论对个体行为的解释，残疾人就业创业态度中介了残疾人就业创业内驱力对残疾人就业创业意愿与行为的影响作用。

总体上看，残疾人就业创业内驱力是残疾人基于就业创业自主性，基于社会归属需求和就业创业胜任需求的满足，内化就业创业社会规范、形成就业创业态度、指向就业创业意愿与行为的心理动能。

（二）残疾人就业创业内驱力的结构维度分析

依据对就业创业残疾人和残疾人用工企事业单位负责人的访谈资料的经

典扎根理论分析，结合自我决定理论对人类自主性、关系和胜任等心理需求的分析可以发现，残疾人就业创业内驱力包括自尊自强精神、社会责任承担、社会融合渴望和生命意义追寻四个维度。

残疾人就业创业内驱力包含残疾人的自尊自强精神。残疾人需要面对健全人不曾遇到的生活与发展障碍，残疾人参与就业创业首先需要自我悦纳，满足自尊的需要，坚信残疾人在事业发展方面等不比健全人差，努力克服自身的缺陷，积极创造条件，实现自食其力，不放弃对自我精彩人生的追寻。这种精神能有力地驱动残疾人从事职业技能学习、进行职业探索与形成就业创业意愿。

残疾人就业创业内驱力包含残疾人的社会责任承担。社会由众多个体组成，个体在追求自身利益之外，还需友善对待"他者"和周遭环境，并在与之进行的关联及互动中提升各方的安全感与和谐水平，构建稳定秩序。社会责任与社会权利共生共存。残疾人作为家庭、社会的一员，既备受家庭成员和社会的关心、支持和帮助，也努力去通过就业创业缓解家庭经济压力，通过帮助他人积极回报社会，展现残疾人的使命与责任担当。

残疾人就业创业内驱力包含残疾人的社会融合渴望。具有就业创业能力的残疾人是家庭、社会责任承担的潜在力量。家庭和社会对具有就业创业能力的残疾人参与就业创业有一定期待，具有就业创业能力的残疾人直接面临家庭与社会压力。基于对外部社会规范的顺从与心理整合，残疾人会积极规避不参与就业创业可能导致的社会排斥、社会惩罚等不利后果。同时，访谈数据分析结果表明，由于自身的不足或缺陷，残疾人渴望与人交流，渴望通过参与就业创业提升自身社会归属感和满足获得社会认可的需要，从而走出自我封闭或与社会公众相对隔离的阴影，更好地与社会其他成员融合发展。

残疾人就业创业内驱力包含残疾人的生命意义追寻。获得意义感是生命个体采取某种态度和从事具体行为的重要心理倾向。残疾人访谈数据分析表明，除为了避免无聊的生活和消磨时间以外，残疾人也希望通过就业创业获得成就感、事业感、自我满足感，对自我精神世界满足的需求促使残疾人认同就业创业，积极参与就业创业活动，追寻生命意义，努力收获饱满人生。

总体上看，本文揭示的残疾人就业创业内驱力结构既反映了社会责任承担和生命意义追寻等社会健全人就业创业驱动力的一般性因素，也体现了残疾人的自尊自强精神，体现了残疾人在认同就业创业社会规范的基础上，对融入社会、参与社会分工协作的强烈愿望。

（三）残疾人就业创业内驱力的形成机理分析

依据对就业创业残疾人和残疾人用工企事业单位负责人的访谈资料的经典扎根理论分析，结合自我决定理论，本文发现，残疾人就业创业内驱力的形成，始于残疾人的自我悦纳，在满足自主独立需求、社会归属需求和事业胜任需求的基础上，通过残疾人自身对社会规范的认同的中介作用，最终形成就业创业内驱力。同时，社会支持和就业创业资源的可获得性调节了由残疾人心理需求满足至残疾人就业创业内生驱动力形成的全过程。

残疾人就业创业内驱力始于自我悦纳。对自我的认识和接纳不仅是生命个体心理健康的显著标志，也是残疾人形成或恢复社会互动能力的首要条件。这种自我悦纳既包括对自身优点与缺点的接受，也包括对自身的无条件接受，甚至还有对自身价值的肯定。依据对就业创业残疾人访谈数据的分析，受社会比较与社会身份认同等因素影响，残疾人在与社会其他群体的比较过程中，曾普遍面临因自我不足或缺陷而产生的不自信，甚至花费了大量时间、精力来艰难克服或协调心底的自卑，接受自身的残障状态，进而在接纳自我的基础上，努力根据自身残障状况去重新认识就业创业活动，重新树立恰当的就业创业目标。残疾人就业创业内驱力离不开残疾人对自我残障状态与各方面社会功能的客观认识，也离不开自我悦纳。只有在满足生存需求的基础上，残疾人才有余力追求自尊。

残疾人心理需求的满足是残疾人认同就业创业和形成就业创业意愿的关键。人的基本需求是对心理成长和心理健康至关重要的"营养素"，心理需求的满足是个体发展的基础。这些需求体现为对自主性、胜任和关系的需要。残疾人就业创业内驱力的形成也需立足于这三种心理需要的满足。残疾人就业创业，既能以符合自己愿望的方式感受独立性并展示自己具有独立行动的能力，也能在与其状态相匹配的挑战中获得对外部环境的掌握感，还能通过展示自身对社会的重要性来感受家庭、社会成员对残疾人的关心和支持。在心理需求得到满足的基础上，残疾人努力去掌握就业创业技能、感知就业创业的意义与价值。对意义感、成就感、事业感的追求，是残疾人调整就业创业投入或脱离程度的依据。

残疾人对就业创业社会规范的认同显著增强其就业创业意愿。社会规范是社会成员共有的行为规则和标准，是文化价值或理想的体现，也是规定人们在给定的社会环境和情势下应该与不应该做什么的规则。社会规范可以内化成个人意识，即使没有外部的奖励，个体也会遵从。社会规范对人们的社会行为起着调节、选择、评价、稳定与过滤作用，限定人与人的关系。社会规范形成后，其作用效果受一系列因素制约。这些因素主要包括个体的心理状态（如安全感、归属感与独特感需要）和外部环境（如权力位置、惩罚机制）。就业创业残疾人访谈的结果表明，就业创业残疾人在形成工作意愿前普遍认同就业创业对社会成员的意义，即通过参与社会劳动去体验劳动乐趣、实现劳动意义和获得劳动回报（物质回报、社会认可和精神满足）。对就业创业社会规范的认同越深，残疾人渴望就业创业的意愿越强烈。

社会支持显著影响残疾人就业创业内驱力的生成过程。作为社会弱势群体，残疾人就业创业时往往面临比健全人更多的困难和更大的压力。通过社会支持为残疾人提供其就业创业必需的各种精神和物质资源，是帮助残疾人摆脱就业创业的不利处境的重要方式。就业创业残疾人和残疾人用工企业事业单位负责人的访谈资料显示，社会支持在残疾人就业创业内驱力的形成过程中发挥了重要作用。一方面，来自家庭成员的情感支持是残疾人走出心底自卑、迈向社会，通过就业创业承担家庭与社会责任，感受生命价值的重要条件；另一方面，来自政府和社会的支持，如就业创业机会创造、直接的社会福利保障、就业岗位推介与创业资源支持等，既保障了残疾人就业创业的安全感，也拓展了残疾人通过就业创业迈向更加幸福、饱满人生的空间。这些社会支持既影响了残疾人心理需求的满足情况，也影响了残疾人对就业创业社会规范的认同。在安全感不足的情形下，即使存在丰富的、可获得的就业创业机会，残疾人依然难以形成强烈的就业创业意愿，甚至出现就业创业脱离或退缩行为。

总体上看，残疾人就业创业的内驱力始于自我悦纳，通过自我心理需求满足和就业创业社会规范认同的连续中介作用而最终形成。同时，来自家庭、政府和社会的支持，通过影响残疾人心理需求满足和对就业创业规范认同的方式影响残疾人就业创业内驱力的形成。基于研究结果，本文得出了残疾人就业创业内驱力结构维度及其形成机理模型，如图 1 所示。

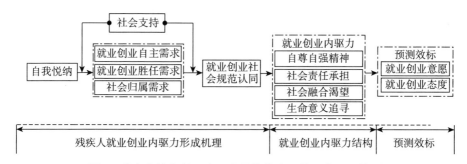

图1　残疾人就业创业内驱力结构维度及其形成机理模型

五　研究结论与讨论

本文研究结果表明，残疾人就业创业内驱力是残疾人基于就业创业自主性、社会归属和就业创业胜任需求的满足，内化就业创业社会规范，形成就业创业态度，指向就业创业意愿与行为的心理动能，具有丰富的内涵。从残疾人就业创业内驱力的内部结构看，主要包括自尊自强精神、社会责任承担、社会融合渴望和生命意义追寻四个维度。从残疾人就业创业内驱力的形成过程看，残疾人就业创业内驱力始于残疾人的自我悦纳，在满足自主独立需求、社会归属需求和事业胜任需求的基础上，通过残疾人对社会规范的认同的中介作用，最终形成就业创业内驱力。同时，社会支持和就业创业资源的可获得性调节了由残疾人心理需求满足至残疾人就业创业内生驱动力形成的全过程。这些研究发现丰富和拓展了残疾人就业创业理论，也为健全人就业创业内驱力的提升提供了参考借鉴。

一方面，对残疾人就业创业内驱力内涵结构的研究深化了对残疾人就业动机的认识。长期以来，对于健全人就业创业内驱力的探索停留于对内部驱动因素和外部驱动因素的分析，对健全人就业创业动机的探讨多停留于笼统意义上的就业动机的分析。残疾人就业创业既有健全人追求事业成功、获取人生意义等就业创业驱动力一般性的特点，也具有残疾人的独特性。这些独特性突出体现为残疾人在生理功能、心理资本和就业创业技能等方面的相对弱势地位，表现为残疾人就业创业需要克服更多的困难与其自身残障状态。残疾人就业创业内驱力更倾向于残疾人社会功能重建、恢复和适宜的人生意义追求。这些独特性使得残疾人就业创业的内部驱动力更加强调残疾人自身需求的满足和自我意义的获取，尤其关注自尊自强和社会融合，这为创新残疾人就业创业服务提供了方向指引。

另一方面，对残疾人就业创业内驱力形成机理的研究拓展了对残疾人心理能量扩增的认识。近年来，残疾人社会保障政策持续创新，残疾人就业创业服务持续优化，残疾人平等参与就业创业的渠道和条件更加优越。在数字经济快速发展的情形下，残疾人就业创业面临更多新机遇和新挑战。本文揭示的残疾人就业创业内驱力的形成机理凸显了残疾人自我悦纳和心理需求满足的重要性，这也在一定程度上呼应了职业能力构建与康复的必要性。通过多种有效方式鼓励、引导残疾人走出家门，融入社区、融入残疾人大家庭，是培育残疾人就业创业内驱力的先决条件。同时，残疾人对社会成员就业创业社会规范的认同的中介作用，则蕴含着全社会崇尚劳动、崇尚就业创业氛围对促进残疾人形成就业创业内驱力的重要性。此外，社会支持对残疾人就业创业内驱力形成过程的影响作用，进一步验证了家庭、社会、政府对残疾人就业创业支持的重要性。从当前残疾人就业创业社会支持的重点和难点看，具备就业意愿的残疾人是当下残疾人就业服务的重点对象。尽管不具备就业意愿的残疾人往往未被残疾人就业相关数据统计和残疾人就业服务关注，他们对具备就业意愿的残疾人的社会支持依然影响着具有就业创业能力却尚未形成就业创业意愿的残疾人的就业创业内驱力，这为持续优化残疾人就业创业服务提供了新思路。

六　残疾人就业创业内驱力培育政策建议

依据研究结论，结合残疾人就业相关理论，本文认为残疾人就业创业内驱力的培育应重点从以下七个方面进行考虑。

第一，高度重视残疾人的心理健康和精神状况，积极开展残疾人心理健康筛查与心理援助服务。针对先天残障的残疾人，定期开展心理健康评价，不定期开展残障家庭走访，帮助残疾人所在家庭成员构建积极的残障观，切实落实好残疾人家庭关怀措施，通过多种康复措施帮助残疾人建立和巩固自尊自信；对于因突发事件致残的残疾人，逐步建立医疗卫生服务机构与残联常态化沟通协作机制，增强残疾人心理援助服务工作的主动性和前瞻性，及时将后天伤残的残疾人纳入康复、心理能量赋予和精神关照等服务范围，确保他们能及时获得援助、尽早走出心理阴影，提高残疾人自我悦纳水平。

第二，高度关注崇尚劳动、崇尚奋斗的价值宣传，积极开展残疾人自尊自强精神宣传教育，营造残疾人勇于追求人生意义的社会氛围。充分挖掘残障文化内涵，充分阐释社会主义核心价值观，利用劳动节、残疾人日等重大时间节点，广泛开展残障文化宣传，营造全社会崇尚劳动、崇尚奋斗的价值观念。进一步提升居民社区的网格员等基层社会工作一线工作人员的文化宣传能力，提高文化建设的针对性、有效性，挖掘基层残疾人就业创业先进典型，将崇尚劳动和崇尚奋斗观念融入基层社会治理全过程。有必要将自尊自强精神教育纳入社区日常管理与服务，努力让就业创业成为具有就业能力的社区居民的价值自觉。

第三，全面关注残疾人心理需求满足状况。充分发挥残疾人之家、残疾人就业创业培训基地等平台在促进残疾人职业能力建设、职业技能提升方面的作用，努力激发和培育残疾人就业创业自主性需求、就业创业胜任需求和社会融入需求，进而促使残疾人从内心深处认同就业创业。定期开展残疾人就业创业心理需求状况调查，及时识别和诊断就业创业自主需求、胜任需求、社会归属需求不足的情况，采取有效措施提振残疾人心理需求。

第四，全面加强无障碍立法，持续强化无障碍文化宣传，积极构建有利于残疾人就业创业的社会环境。既要从依法治国的视角，观照残疾人事业发展和残疾人权益保障，形成促进残疾人事业发展的组织保证、人才保证、资源保证和制度保证，也要不断加强无障碍文化宣传和无障碍环境管理，积极扫除不利于残疾人走出家门、融入社会的物理环境障碍和文化观念障碍。

第五，持续构建残疾人社会关爱体系，逐步将政府、企事业单位和社会各界对残疾人的关爱常态化、制度化。残障群体是社会的弱势群体。从人的自由全面发展视角出发，构建残疾人社会关爱体系，是强化残疾人社会精神支持与物质帮助的重要内容，也是促使残疾人积极发挥自身优势，通过就业创业获取生命意义的必要条件。

第六，逐步将残疾人就业创业内驱力列入相关服务工作指标，系统、动态开展残疾人就业创业内驱力评价，持续创新残疾人就业创业服务。在广泛开展残疾人就业创业能力评价和残疾人就业岗位开拓的基础上，逐步开展残疾人就业创业内驱力评价，适时将残疾人就业创业内驱力培育（自尊自强精神弘扬、社会责任感培养、社会融合价值引领、生命意义构建）纳入残疾人就业创业教育培训计划，全面构建残疾人就业创业前端内驱力培育、中端就业创业服务和后端职业发展追踪的全链条关爱与服务体系。持续创新服务方式方法，及时检验残疾人就业创业内驱力培育与残疾人服务的有效性。

第七，创新残疾人社会保障政策，结合残疾人就业创业的特点，持续完善适宜残疾人就业创业的社会保障体系。康复救助和最低收入保障等残疾人社会保障不仅要为残疾人追求美好幸福生活提供兜底，也须兼顾残疾人就业市场的动态性和不确定性，适时构建适宜残疾人特点的失业保险制度、收入保障制度、残疾人个体收入监测制度、残疾人就业创业能力监测与职业技能培训制度等，确保残疾人在物质生活有兜底的基础上乐于、勇于接受市场挑战，主动开展职业技能学习、自觉追求能创造更高价值的岗位或创业机会。

七　研究的不足与后续研究展望

本文的研究还存在如下薄弱环节。

一是本文虽达成了研究目标，却未能充分开展理论检验。本文通过文献研究、扎根理论研究和案例研究，构建了残疾人就业创业内驱力的结构维度及其形成机理模型，并结合相关理论进行了分析和阐释。然而，受就业创业残疾人样本规模小、就业创业残疾人多从事一线生产工作、言语沟通不顺畅等因素影响，大规模实证研究所需的样本采集存在较大困难，仅通过多案例研究检验理论，这在一定程度上影响了本文提出的残疾人就业创业内驱力理论的科学性。

二是研究结果未能全面引领残疾人就业水平提升。按照本文的理论创新性和学术贡献预期，本文有关残疾人就业创业内生驱动力的研究不仅要解决绝大多数残疾人就业创业的动力问题，而且应当引领残疾人高质量充分就业事业。事实上，相比于健全人的高质量充分就业，残疾人就业水平整体较低。在新征程上，着眼于全社会共同富裕，充分实现残疾人高质量充分就业，需要把残疾人就业视为专门领域，专门构建残疾人高质量充分就业理论，进一步增强研究结果对残疾人就业实践的针对性指导价值。

三是本文的研究未能充分融入残联业务。囿于业务领域的差异性，本文的研究结果与全面、充分融入残联就业服务日常业务之间还存在一定差距。后续还须加强与残疾人就业创业实际工作者的交流合作，努力增强残疾人就业创业相关理论研究对实务工作的指导性和引领性。

一方面，后续可以继续拓展与江苏省残联系统的沟通协作，在开发残疾人就业创业内驱力测量工具的基础上，系统开展江苏省残疾人就业创业内驱力调查研究，既检验本文提出的理论模型，也为全面掌握江苏省残疾人就业创业意愿现状及其阻滞因素水平、增强本文政策建议的科学性提供数据支撑；另一方面，可以依托残疾人事业发展中心等相关平台，聚合关心残疾人就业创业的理论研究人员和残疾人就业创业服务实务专家，以实践问题为导向，合力开展理论研究，确保研究成果能够得到系统转化应用，以前瞻性的理论研究赋能残疾人就业创业服务高质量发展。

第二篇　残疾人社会服务篇

江苏省残疾人社区养老服务能力提升路径研究

杨会良*　冀秋燕**

摘　要： 随着我国住房体制改革，城市社区的异质性和复杂性不断增加。不同类型的社区在软件、硬件等资源方面存在较大差异。江苏省是全国老龄化程度较高的省份，残疾老年人数量超过50万人，迫切需要加强社区养老的分类治理。本文以分类治理为逻辑，根据城市行政区划和当地居民的共识，将调研对象分为11类社区，分析各类社区残疾人养老供需情况，为优化社区残疾人养老服务提供精准建议。

关键词： 残疾人社区养老　资源禀赋　分类治理　社区异质性设施

---

* 杨会良，南京特殊教育师范学院管理学院（无障碍管理学院）院长、教授、博士研究生导师，江苏共享发展研究基地、江苏无障碍管理研究中心首席专家，研究方向为公共管理、残疾人事业发展与公共政策、教育经济与管理、无障碍管理。

** 冀秋燕，天津财经大学讲师，研究方向为公共管理、教育经济与管理。

在人口老龄化日益加剧和现代家庭小型化的背景下，养老问题成为一个社会热点话题。根据《2023 年中国残疾人事业统计年鉴》，2022 年，江苏省残疾居民参加城乡社会养老保险人数为 126.2 万人，享受养老保险的残疾人为 57.7 万人，其中重度残疾人为 26.6 万人；江苏省提供托养服务的机构合计 379 个，其中提供寄宿制托养服务的机构 12 个，提供日间照料托养服务的机构 272 个，提供综合托养服务的机构 66 个；获得日间照料托养服务的残疾人 4287 人，获得居家托养服务的残疾人 6928 人，获得托养服务的残疾人 11708 人，获得寄宿制托养服务的残疾人 493 人。江苏省现有残疾人养老服务远远不能满足残疾人养老需求。残疾老年人因兼具老年人和残疾人的弱势特征，除具有一般老年人的医养需求外，还具有残疾康复的特殊需求。[①] 残疾老年人及家庭大多经济困难、出行不便，他们的日常生活局限于社区。无论是目前还是未来，社区养老模式的需求比例都很高，并且未来需求更大，社区有必要提供便捷的、高质量的、专业化的、医养康养结合的残疾人养老服务。

一　社区资源禀赋对残疾人社区养老服务的影响

根据资源依赖理论，社会实践活动与社会环境相互依存、相互影响。残疾人社区养老服务是以居家为基础、社区为依托、机构为支撑的资源整合型养老模式，强调积极动员社区的各种资源与力量，实现养老在地化。社区既是提供养老服务的基础环境，又是各项资源整合的平台。[②] 与非残疾人相比，残疾人可以参与活动的地理范围偏小，面临着更大的时空限制，这使得残疾人的文体休闲活动集中于房屋和社区范围。[③] 不同社区具有不同的景观

---

① 姚思圆：《苏州市残疾人养老模式研究》，硕士学位论文，苏州大学，2020。
② 詹婧、赵越：《身体健康状况、社区社会资本与单位制社区老年人主观幸福感》，《人口与经济》2018 年第 3 期。
③ 陈铭、李纤雪、杨磊、范李兴、李星：《残疾人参与视角下的社区生活圈文体设施配置优化路径——以武汉市经开区为例》，载《人民城市，规划赋能——2023 中国城市规划年会论文集（07 城市设计）》，2023。

风貌、社群组织、社区居民、政治资源、文化资源、社会资源、商业资源等资源环境特性，从而形成了社区内不同的残疾人养老服务需求与供给模式。社区残疾人养老服务应该以社区资源禀赋为基础，因地制宜地确定服务内容、服务形式及发展策略。

以分类治理为逻辑，本文根据城市行政区划和当地居民的共识，将调研对象按城区分为老城区新老社区、新城区新老社区两大类，再细分为 11 种社区类型，在每种社区中选取 2~3 个作为调研对象，总结不同类型社区资源禀赋特性，得出不同类型社区发展社区养老服务的路径。

（一）新老城区新老社区资源禀赋特点与治理

1. 老城区老旧社区资源禀赋特点与治理

老城区老旧社区通常位于城市的中心区域，修建时间一般在 20 年以上，人口老龄化通常比较严重，公共基础设施落后，配套设施不齐，生活环境较差，社区内的无障碍设施较少，适老化改造不足，社区养老服务压力较大。在软资源方面，这些社区通常具有较丰富的社会资源、政治资源与商业资源，社区能够较容易地获得政策支持及与社会福利机构合作的机会。具体而言，老城区老旧社区可分为以下三类。

（1）以老旧单位房为主的社区

居民多为原同一单位的同事，退休后经济收入相对稳定，彼此之间相互熟悉和信任，人际交往较为密切，多数大型单位有自己的医疗机构，社区社会资本丰富。原单位在退休职工的养老福利方面发挥着重要作用，有效补充了社区养老。随着单位的搬迁没落，原来由单位管理的家属楼、家属院向社区制管理转变，居住者从"单位人"变成"社区居民"，除部分效益好的单位外，单位对退休职工在经济困难、失能、独居、高龄等方面的福利照顾力度逐渐减弱，转为常态化、制度化工作。建议发挥单位的主导作用，激活同事关系、互助文化、公共人物、集体产业等内生性资源，在整合社区内生性互助养老服务资源、志愿养老服务和医疗资源的同时，通过集体购买的方式解决残疾老年人长期照护问题。

（2）老城区以老旧商品房为主的社区

由于突破了单位限制，居民来源多样，工作单位、经济收入水平、文化习俗比较复杂，居民人际交往与互动合作较少，缺乏信任。低端商品房社区的物业服务内容较少，有些社区甚至没有物业，由居委会组织提供卫生和治安服务。高端商品房社区的物业服务相对较规范，但服务内容仍比较有限。由于物业服务不完善、人际关系不密切，社区养老服务需要由社区主导，充分依托社区养老服务资源，利用社区社会资源和商业资源优势，发展志愿性和低偿性相结合的嵌入型社区残疾人养老服务。同时，应加强社区社会资本培育，鼓励居民之间开展互助服务。

（3）老城区以老旧村改居为主的社区

现在留守在老城区以老旧村改居为主的社区中的一般是老年人及一小部分没有能力搬出的年轻人。经过多年的城市化，这类社区一般仍保留农村原有的村落文化习俗与生活方式，现代城市社区治理模式很难适用。自建房小区通常保留较多村落治理特征，社区工作人员一般由原来的村民担任，文化水平较低，管理能力不足，社区治理落后。这类社区外来人口较多，人员情况复杂，彼此熟悉信任的邻里关系仅见于本地居民之间，房租成为本地居民的主要经济来源。在事业资源方面，相比于老城区其他类型的社区，这类社区与医院、康养等资源距离较远。建议加强民政、人社和残联等政府资源的介入，积极推进闲置房产资源开发利用，努力盘活社区及周边的存量土地、存量设施，利用区位优势，鼓励和支持医疗等社会资源嵌入，组织低龄老人、轻度残疾人和社区物业年轻人开展社区有偿全托养老服务，既满足当地残疾老年人的养老服务需求，又解决当地年轻人的就业问题。

2. 老城区新社区资源禀赋特点与治理

老城区新社区是指以老城区更新重建的新小区为主的社区。老城区新社区与上述老旧社区位于城市的同一区域，但建设时间较晚，在基础设施、常住人口特征、社会资本等方面与老旧社区具有较大差异，这类社区建设时一般将养老服务用房作为必备社区设施纳入共建配套方案，拥有齐全的基础设施。

（1）老城区以全新单位房为主的社区

这类社区以行政事业单位、大型企业等为职工建设或集体购置的小区为主。在软资源方面，社区中的居住者多为有固定职业的中青年。居住者同属一个工作单位，彼此之间较为熟悉。社区养老服务的主要服务对象是退休职工及在职职工的父母亲属，主要服务需求是为老、托老服务，对服务质量要求较高。行政事业单位、大型企业的工会通过组织多样的活动、慰问帮扶等在社区养老服务中心发挥重要作用。单位应组织职工开展内生型互助式或志愿性服务，并与社区积极配合或寻求政府的帮助，吸纳整合区域内康养、家政、文化等服务资源，丰富社区残疾人养老服务内容，提升残疾老年人生活满意度。对有需求的残疾老年人，可通过单位集中采购或自建自营的方式购买专业的上门服务或托老服务。

（2）老城区以全新商品房为主的社区

这类社区一般是在地理位置优越的地方拆迁新建形成的。在软资源方面，居住者多为城市中的中高收入在职人员，来源广泛，邻里间交流互动较少，老龄化程度较低，思想观念先进开放，追求高品质健康生活。在社区商业资源方面，社区周边商业发达，医养健康、家政服务、文化娱乐等资源较丰富。物业公司服务管理规范、内容全面。建议发挥物业公司的主导作用，创建平台，吸纳周边助老、康养、医疗、文化娱乐、家政服务等商业资源，开展高质量的嵌入型居家上门服务、日间残疾人托老服务。

（3）老城区以全新村改居小区为主的社区

这类社区一般为城市扩张或项目建设占地而新建的安置房小区。在软资源方面，拆迁集中安置的居民，彼此之间较为熟悉，具有互帮互助精神，但排外严重。"农转非"过渡中，居民就业困难，多数家庭利用区位优势，通过房屋出租维持收入，房屋出租率高，人口来源复杂，社会治安维护困难，物业管理水平较低。社区内部没有有力的社区养老服务力量，因此民政、人社、残联等行政管理部门应加强行政介入，协助建立社区治理体系。根据居民意愿，可组织低龄老人、轻度残疾人及社区物业年轻人开展有偿性居家上门服务或日间托老服务，缓解残疾人养老压力，增加居民收入。

3. 新城区老旧社区资源特点与治理

新城区由老城区周边的区或镇开发而成。新城区老旧社区多为拆建困难或规划尚未覆盖的区域。新城区老旧社区与老城区老旧社区在建筑结构、基础设施、人口年龄结构等方面具有共性，不同之处在于不具备区位优势，可以利用和合作的各类事业资源相对较少。根据《"十四五"国家老龄事业发展和养老服务体系规划》，新建城区、新建居住区配套建设养老服务设施达标率应达到100%。这类社区需要政府部门和社区的介入，激活区域商业业态，吸纳各类服务资源嵌入社区养老服务。

（1）新城区以老旧商品房为主的社区

这类社区中进城务工的小商小贩聚集，居民来源复杂、收入较低，对社区的认可度与归属感较低，社区治理能力有限。社区的年轻人迁出较多，留守的老年人收入相对较低，因此这类社区老龄化相对严重，对社区养老服务的需求较为紧迫，社区周边的医疗机构、为老服务社会组织等资源不足。居民在社区中居住年份较久，邻里信任水平较高，但社区治理水平较低，难以组织居民开展正式的社区活动，发展社区互助养老、志愿服务等须以提升社区治理水平为前提。建议加强民政、人社、残联等相关部门的介入，整合激活区域内医疗康养、休闲娱乐等资源，改造空置房屋，开办有能力提供残疾人养老服务的互助型或有偿型小型养老院。

（2）新城区以老旧村改居为主的社区

这类社区以村民自建房为主，缺少社区整体规划，公共基础设施建设不足，但存在较多的闲置房屋。在软资源方面，这类社区多见于新城区城乡接合地带。由于虹吸效应，社区内的年轻人多外出谋生，留守老人较多，空巢化较为严重。这类社区一般延续着传统的农村生活方式和治理模式，以家庭养老为主，邻里互助为辅。建议由社区主导，对闲置的校舍、厂房、村部等加以改造，开展村级邻里互助点建设，集合有需要的残疾老年人，开办互助互惠的"幸福院"，为有需要的残疾老年人提供日托、助餐、保健、生活照料、文化娱乐等互助养老服务。

4. 新城区新社区资源特点与治理

新城区的新社区与老城区的新社区一样，兴建于近些年，二者的空间设计都较为科学合理，社区内的无障碍设施较为完善，社区食堂、社区活动中心、社区保健室等养老服务配套设施与社区同步规划、同步建设、同步验收、同步交付，主要差异是新城区的配套资源较差，社区治理水平还有待提高。

（1）新城区以全新商品房为主的社区

社区人口主要为外迁人员，来源复杂，老龄化程度不高，但随迁老人较多。社区行政管理、医疗保健、教育培训等事业发展相对落后，社会资本不足，社区治理水平不高，对残疾人养老服务的介入较少。社区物业管理水平一般较高，服务内容全面，是这类社区进行社区治理的重要中介组织。因此，在提升社区治理能力过程中，要明确社区残疾人养老服务发展在社区治理中的地位，以物业为主导，依托社区现有为老服务资源，发展内生型互助式或志愿性服务，发展日间残疾人托老服务或居家上门服务。同时应积极引进保健康复、家政服务、文化教育等社会资源，为社区残疾老年人提供异地保险、本地交友等服务，丰富服务内容。

（2）新城区以全新单位房为主的社区

这类社区一般配套有食堂、活动中心、保健室等为老服务基础设施。软资源方面，与新城区其他社区类型一样，行政管理、医养服务等事业发展相对落后。应在单位组织下，发挥新建社区的资源优势与以单位房为主的社区的人力资源优势，发展内生型互助式或志愿性服务。针对残疾老年人，可建设家庭床位，也可通过集中采购或自建自营开展集中残疾人托老或上门服务。在社区发展过程中应注重对医疗、康养、家政、文化娱乐等资源的吸纳，丰富残疾老年人生活。

（3）新城区以全新村改居为主的社区

这类社区是城市化进程中政府为失地农民修建的安置社区。在硬件资源方面，容积率相对较高，公共基础设施相对不足。在软资源方面，居住者多为"村改居"的原村民和进城务工的租户，老龄人口占比较小，主要依靠传统家庭养老，对社区养老服务的需求不大。这种新建社区是农村社区向城市社区转变的过渡形式，社区居民面临生活方式、社会身份、就业等多方面的转变，容易产生焦虑感、陌生感和不适应感，易激发社会矛盾。社区居委会除承担原村委会的主要职能外，还需履行社区服务义务，社区治理压力较大。社区商业资源方面，百货、餐饮等生活服务业态发展较好，但是医疗康养和法律咨询等专业性服务不足。由于这类社区的自治能力较弱，行政部门应主动介入，可开设养老服务专业培训班，支持居民加入或提供残疾老年人专业护理服务和家庭喘息服务等，在满足社区内外的残疾老年人养老服务需求的同时也解决部分就业问题。

二　社区残疾人养老服务分类治理的相关对策建议

在综合考虑城市社区资源禀赋、社会资源等各方面背景及现实环境基础上，本文针对统筹推进不同类型社区残疾人养老服务提出的对策建议如下。

（一）完善社区异质性设施的布局规划

根据城市社区残疾人养老服务的异质性、不同的资源禀赋，需要从大局上进行规划布局，更好地对城市的养老服务进行提升，同时兼顾不同社区的个体性差异。从城市养老服务的基本配置方面而言，规划布局需要做到为新老城区的社区居民提供日间照料、健康管理、文体活动、日常应急等服务，并鼓励社区间文体娱乐、医疗卫生等功能设施的共建共享。针对 11 种不同类型城市社区的养老服务情况，需要在尊重原有社区情况的背景下，更加细致合理地规划发展布局，调整发展规划层次，更好地提升服务效率和质量。例如，针对新城区全新商品房社区，可以在建设初期，规划好嵌入式的机构，建成品牌化、规模化、标准化的养老服务机构，成为辐射周边的残疾人社区养老样板。对于新老城区新商品房社区而言，标准化服务能更充分地体现在与残疾老年人日常生活密切相关的公共服务设施建设上，公共设施与家庭空间可以实现无障碍衔接。嵌入式养老服务设施的建设，社区周边医疗卫生、养老健康服务等资源的布局，都有利于更好地为社区残疾老年人提供一站式综合为老服务。

老城区的建设同样需要全盘分析可行性及必要性。可以利用原有设施、企业机构等资源，整合完善需要配置的基础设施，引导社会更好地流转出可以为社区残疾老年人提供日间照料、上门服务、全托服务的互补项目。在社区闲置房产资源改造利用方面，各地应抓住老旧小区改造等城市更新政策机遇，积极推进闲置房产资源开发利用，努力盘活社区及周边的存量土地、存量物业、存量设施，解决残疾老年人居家社区养老服务所需场地空间不足的问题。具备条件且闲置的办公用房、宾馆、医院、疗养院、商业设施等，可以改造为残疾老年人养老服务设施。有关部门应当简化办事程序，及时办理相关手续，并加强监督管理。闲置房产资源改造应符合无障碍环境建设、消防安全、环境保护、卫生防疫等要求，符合残疾人养老服务用途规范。

（二）提高社区残疾人养老资源的专业化

建议在优化社区养老资源规划和管理的基础上，对养老资源存量进行分析，通过购置租赁、设施更新置换、社会资本建设等方式，精准建设相关配套设施，以避免重建、复建等资源性浪费。残疾人养老服务落地的关键在于具体实施服务的"人"。残疾人养老服务人才分为医疗康复人员、技术性人员、养老服务型人员以及各领域的志愿者。要优化残疾人养老护理人员培训大纲课程，将居家照料、家庭护理、社区康复等内容规划为残疾人养老护理人员培训必修课程，重点培训老年医学、残疾人康复、医疗护理、心理健康等方面的专业知识。通过政府购买服务等方式，为社区残疾老年人养老服务机构管理人员、社会工作者、志愿者提供职业培训，将上门服务、政府购买服务的项目通过服务者标准化、专业化的服务提供给残疾老年人，从而提升服务质量和用户体验，提高社区残疾老年人养老的满意度。

（三）拓宽相关监管部门边界的责任化

由于养老服务涉及部门及管理监管部门多，各部门的责任意识都需要增强，不能变成"管理部门多，多部门不管"。政府应当明确残疾老年人养老的管理主体和职能机构，制定统一的政策标准并试点建设，建立残疾老年人养老服务的经费保障机制，做好各类社区中残疾老年人养老服务事业发展的路径保障，及时协调解决各类社区在残疾老年人养老服务工作中遇到的难点、痛点问题，提高社会参与意愿。作为社区养老服务的引导者，政府部门应当形成协商参与、共同治理的工作协同机制，增强推进合力。

在全社会、各级各部门的重视及综合治理下，城市社区残疾老年人养老服务将为残疾老年人提高生活质量、更好地在"身边、家边、周边"获取养老服务作出贡献，推动形成良好的老龄化社会养老氛围。

新时代农村残疾人服务政策措施落实情况调查报告[*]

涂平荣[**]

摘　要：　为深入了解新时代农村残疾人服务政策措施落实情况，真实了解农村残疾人对基本生活保障、康复医疗、教育、环境设施、就业等基本公共服务与政策权益的看法，更好地推进有关农村残疾人基本生活保障、康复医疗、教育、环境设施、就业等基本公共服务与政策权益的措施得到有效落实，本文采用问卷调查的方式调查了来自江苏、江西等多个省份的农村残疾人，通过了解农村残疾人对自身相关政策法规的认知状况、相关政策措施的执行状况与相关政策执行的效果评价三个方面并进行数据分析，本文发现新时代我国农村残疾人服务政策措施实施已取得一些可喜的成绩，但由于各种主观与客观原因，农村残疾人公共服务政策措施落实过程中存在的问题也不少，建议创新宣传教育形式，进一步扩大农村残疾人服务政策制度宣传教育的力度与范围；强化残疾人服务政策制度的执行力度，切实保障农村残疾人基本民生；全面优化残疾人权益保障环境，建成农村残疾人权益保障矩阵；加快农村残疾人服务体系建设，加强农村残疾人教育与管理。

＊　［基金项目］本文系“十四五”残疾人事业规划前期研究重点课题暨 2019 年度中国残联课题“新时代农村残疾人服务政策措施落实的实效路径研究”（立项号：19&ZC）成果之一。
＊＊　涂平荣，南京特殊教育师范学院江苏共享发展研究基地研究员、习近平新时代中国特色社会主义思想研究中心主任、教授、硕士研究生导师，研究方向为伦理学、公共管理。

关键词：　农村残疾人　残疾人服务政策　调查问卷

一　引言

截至 2006 年，我国有 6225 万农村残疾人，① 作为弱势群体，他们的生存与发展状况不仅事关我国残疾人事业发展程度与质量，而且事关农村全面小康社会的建成。党的十八大以来，党中央、国务院始终关注残疾人与残疾人事业发展。农村残疾人作为弱势地区的弱势群体，他们的基本生活与公共服务需求状况、残疾预防与康复状况、教育与环境设施改善状况、就业与权益保障状况等，不仅关系到我国残疾人事业的发展，也关系到农村全面小康社会的建成。党的十八大以来，习近平总书记多次强调，"残疾人是一个特殊困难的群体，需要格外关心、格外关注"；"中国梦，是民族梦、国家梦，是每一个中国人的梦，也是每一个残疾人朋友的梦"；"对残疾人等特殊群体要采取特殊帮扶政策"；"要保障妇女基本医疗卫生服务，特别是要关注农村妇女、残疾妇女、流动妇女、中老年妇女、少数族裔妇女的健康需求"；"2020 年全面建成小康社会，残疾人一个也不能少"；"残疾人也可以活出精彩的人生"；要努力实现残疾人"人人享有康复服务"。党的十九大提出："发展残疾人事业，加强残疾康复服务。"党的十九届四中全会也明确提出要"健全残疾人帮扶制度"。2019 年、2020 年，国家陆续出台了一系列有关残疾人权益保障和残疾人事业发展的政策措施，特别是针对农村残疾人权益保障和农村残疾人事业发展出台了一系列专门的政策措施。如中共中央、国务院《关于坚持农业农村优先发展做好"三农"工作的若干意见》提出了"加强和改善农村残疾人服务"；《国家职业教育改革实施方案》指

---

① 《中国发布第二次全国残疾人抽样调查主要数据公报》，中国政府网，2007 年 5 月 28 日，https://www.gov.cn/jrzg/2007-05/28/content_628517.htm。

出要"加大对民族地区、贫困地区和残疾人职业教育的政策、金融支持力度";2019 年国务院《关于落实〈政府工作报告〉重点工作部门分工的意见》指出要提升残疾预防和康复服务水平、保障残疾人合法权益;中共中央办公厅、国务院办公厅印发的《关于加强和改进乡村治理的指导意见》指出要加强对残疾人的关爱服务,把扶残助残纳入村规民约;国务院《关于促进乡村产业振兴的指导意见》提出,"鼓励地方按规定对吸纳贫困家庭劳动力、农村残疾人就业的农业企业给予相关补贴,落实相关税收优惠政策";国务院《关于进一步做好稳就业工作的意见》指出,"实施农民工、高校毕业生、退役军人、建档立卡贫困人口、残疾人等重点群体专项培训计划"。这些政策法规与措施的出台,饱含了党和国家对农村残疾人的关心、关爱与支持。

此外,我国还将残疾人事业发展、民生福祉改善融入国家发展战略,特别是将农村残疾人事业发展纳入了全面建成小康社会战略目标、区域协调发展战略、乡村振兴战略、健康中国战略等重大战略规划,农村残疾人事业发展取得了良好效果。农村基层的基本公共服务全面纳入了国家的基本公共服务体系。近年来,农村残疾人事业发展明显向好,党和国家对农村贫困、重度、未成年和老年等特殊残疾人群体在基本生活保障、康复、无障碍环境建设、文化体育、教育、就业等方面的保障力度不断加大,社会各界扶残助残的活动与义举越来越多,农村残疾人康复条件、受教育状况、文体活动条件、就业状况等均得到了显著的改善。"建档立卡的农村贫困残疾人数量从 700 多万减少到 2019 年底的 48 万,2019 年度净减少120 万,贫困残疾人'两不愁三保障'基本落实,自我脱贫自我发展的意识和能力明显增强。"① 截至 2019 年底,我国农村残疾人就业政策与服务体系更加完善、职业教育与培训力度逐渐增大、就业人数稳步提升。2019 年,我国农村持证残疾人新增就业 26.9 万人,10.4 万户农村贫困残疾人家庭完成了危房改造,11.5 万名农村残疾人受益,50.9 万人次农村残疾人接受了

---

① 陈劲松:《助残脱贫 决胜小康》,《人民日报海外版》2020 年 5 月 19 日。

实用技术培训。[①]

受城乡二元结构、国际经济持续低迷、国内经济下行压力增大的影响，农村残疾人相关政策法规措施落实情况、实施效果还有待进一步改善。我国农村残疾人的生存、生活与发展状况，既关系到我国农村残疾人事业发展状况与发展水平，也关系到农村全面小康社会的建成与乡村振兴战略的实施效果。

二 调查情况及分析

（一）调查目的与对象

1. 调查目的

为深入了解新时代农村残疾人服务政策措施落实情况，真实了解农村残疾人对基本生活保障、康复医疗、教育、环境设施、就业等基本公共服务与政策权益的看法，更好地推进有关农村残疾人基本生活保障、康复医疗、教育、环境设施、就业等基本公共服务与政策权益的措施得到有效落实，本文设计了问卷（网络问卷与部分纸质问卷同步进行），对新时代农村残疾人服务政策措施落实情况进行调查，为更好地落实农村残疾人基本公共服务与政策措施提供决策依据。

2. 调查对象

本次调查对象为农村残疾人（部分不具备填写条件的农村残疾人由其监护人或委托他人代理填写）。调查对象的基本情况如下。

（1）区域来源

调查对象的区域来源包括江苏（占比 30.41%）、江西（占比 17.57%）、安徽（占比 5.41%）、广西（占比 4.73%）、山西（占比 4.05%）、河南

---

① 中国残疾人联合会：《2019 年残疾人事业发展统计公报》，2020 年 3 月 31 日，https://www.cdpf.org.cn/zwgk/zccx/tjgb/0aeb930262974effaddfc41a45ceef58.htm。

（占比 3.38%）、甘肃（占比 3.38%）、四川（占比 2.7%）、新疆（占比
2.7%）、山东（占比 2.7%）、云南（占比 2.03%）、广东（占比 2.03%）
等多个省份。各省的调查对象比例详情见图 1。

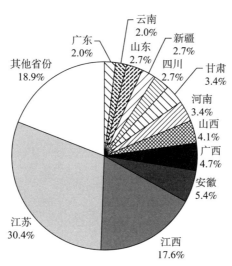

图 1　调查对象区域来源

（2）性别结构

男性占 48.65%，女性占 51.35%。

（3）年龄结构

未满 18 周岁占 4.73%，18～30 周岁占 57.43%，31～50 周岁占
20.15%，51 周岁及以上占 17.69%。

（4）婚姻状况

未婚占 75.68%，已婚占 17.57%，离婚占 4.72%，丧偶占 2.03%。

（5）受教育情况

文盲占 4.73%，小学占 15.54%，初中占 18.92%，高中、中专、技校
等占 7.43%，大专占 16.22%，本科占 37.16%。

（6）子女情况

无子女占 66.22%，有 1 个子女占 9.46%，有 2 个子女占 14.19%，有 3
个子女占 6.08%，有 4 个及以上子女占 4.04%。

（7）自理能力状况

完全自理占 53.38%，部分自理占 43.24%，不能自理占 3.38%。

（8）劳动能力状况

有完全劳动能力占 41.89%，有部分劳动能力 51.35%，无劳动能力占 6.76%。

（9）职业情况

未就业占 51.35%，体制内单位工作人员占 4.73%，企业员工占 5.41%，个体户占 5.41%，自主创业占 6.76%，残疾人特殊职业企业就业占 10.14%，离退休人员占 0.68%，其他占 15.52%。

（10）主要收入来源状况

家庭供养占 48.65%，有劳动收入占 29.73%，亲友资助占 1.35%，离退休金占 1.35%，低保收入占 12.84%，其他占 6.08%。

（11）月平均收入状况

无收入占 41.22%，有 1000 元及以下收入占 27.7%，1000～2000 元占 16.89%，2000～3000 元占 8.78%，3000～4000 元占 2.7%，4000 元以上占 2.7%。

（12）残疾类型状况

视力残疾占 23.65%，听力残疾占 12.84%，言语残疾占 1.35%，智力残疾占 4.73%，肢体残疾占 42.57%，精神残疾占 6.76%，多重残疾占 8.11%。

（13）残疾等级状况

一级占 25%，二级占 23.65%，三级占 17.57%，四级占 7.43%，不详占 26.35%。

（14）残疾证状况

有残疾人证占 65.54%，无残疾人证占 34.46%。

（15）现有住房的无障碍设施配备情况

现有住房配有相关的无障碍设施的占 22.97%，无相关的无障碍设施的占 77.03%。

3. 调查方法

（1）问卷法

受自筹经费、时间等因素制约，大面积、大范围地实地发放问卷与当面访谈存在困难，风险大、成本高，本文的问卷调查以网络问卷为主，本文的实地访谈与纸质问卷调查于 2020 年 7 月在江西省宜春市进行。本文的纸质问卷共向宜春市的农村残疾人发放了 30 份，回收的 30 份问卷中，有 4 份未填写完整，有效问卷 26 份，有效问卷率为 86.67%。为了统计方便，本文将 26 份有效的纸质问卷选项内容如实填入了网络问卷。网络问卷发布历时近两个月，截至 2020 年 7 月 30 日，有效填答人数为 148 人。

（2）实地访谈法

本文的实地访谈与纸质问卷调查于 2020 年 7 月在江西省宜春市进行，在向宜春市的农村残疾人发放 30 份纸质问卷的过程中，本文研究团队也同时进行了一些实地访谈，倾听了一些农村残疾人对残疾人公共服务与相关政策法规措施执行、落实情况的看法及建议。

4. 调查内容的数据分析

（1）政策法规认知状况的数据分析

关于对《残疾人保障法》《残疾人教育条例》《残疾预防和残疾人康复条例》《残疾人就业条例》《关于加快发展残疾人托养服务的意见》《无障碍环境建设条例》《民政部 财政部 国家卫生健康委员会 国务院扶贫办 中国残疾人联合会关于在脱贫攻坚中做好贫困重度残疾人照护服务工作的通知》等文件及党的十八大、十九大关于残疾人事业发展的论述的了解情况的回答：不太了解占 38.51%，比较了解占 29.05%，不了解占 18.92%，非常了解占 8.78%，不关心占 4.73%。数据显示，回答"不太了解"的受访者最多，且比重过大；回答"非常了解"的受访者比重过低，表明上述政策法规的宣传力度、广度均不够，没有在广大农村残疾人中普及。

对"是否经常关注残疾人相关政策法规"的回答：经常关注占 17.57%，有时关注占 42.57%，很少关注占 25.68%，不关注占 14.19%。回答"经常关注"的受访者比重过低，表明农村残疾人对自身权益认识模糊或缺乏认识，关注度不够，加强广大农村残疾人教育与残疾人相关政策法规措施宣传形势严峻、任务艰巨。

对"了解与残疾人相关的政策法规的渠道有哪些"（该题目可多选）的回答：社区宣传占40.54%，广播电视、网络信息占63.51%，村级与乡镇干部告知占37.16%，残联等有关单位人员上门宣传占27.7%，亲人、亲戚朋友告知占39.86%。数据显示，农村残疾人了解自身"普惠"与"特惠"的相关政策法规措施的渠道以广播电视、网络信息为主，社区宣传和亲人、亲戚朋友告知占约四成，表明广播电视、网络信息已经进入了多数农村残疾人的生活，农村残疾人获取相关政策法规信息来源多元化，广播电视、网络平台发挥的作用最大，残疾人亲人亲戚、乡村干部、残联工作人员也发挥了重要作用。

对"是否知道残疾人可有生活补贴、救助补贴"的回答：非常了解占12.16%，比较了解占39.86%，不关心占5.41%，不太了解占35.14%，不了解占7.43%。数据显示，农村残疾人对自身的生活补贴、救助补贴等"特惠"相关政策法规措施"比较了解"的比例相对较高，"非常了解"的比例过低，"不太了解"与"不了解"合占42.57%。这表明农村残疾人对自身"特惠"的相关政策法规认知不足，自身加强认知与外部的宣传教育仍然形势严峻、任务艰巨。

对"接受教育的方式或途径"的回答：在普通教育学校占64.86%，在特殊教育学校占19.59%，接受送教上门教育占1.35%，通过远程教育等接受教育占4.05%，父母或家庭成员教育占4.07%，没有接受教育占6.08%。数据显示，农村残疾人在普通教育学校接受教育的比例高达64.86%，在特殊教育学校仅占19.59%，表明农村残疾人接受特殊教育的比例亟待提高。

对"接受过下列哪些康复医疗项目"（该题目可多选）的回答：通过医疗保险接受康复医疗占45.27%，运动疗法占23.65%，偏瘫肢体综合训练占4.05%，截瘫综合训练占4.05%，作业疗法占5.41%，认知知觉功能障碍训练占8.11%，言语训练占9.46%，吞咽功能障碍训练占3.38%，日常生活能力评定占31.08%。数据显示，农村残疾人通过医疗保险接受康复医疗的比例较高，其次是运动疗法，其他途径比例较小，表明农村残疾人接受康复医疗项目的比例亟待提高、方式亟待多元化。

对"使用过哪些无障碍设施"（该题目可多选）的回答：使用过无障碍通道（路）或人行天桥的占 50%，使用过楼梯轮椅通道的占 19.59%，使用过残疾人专用洗手间（厕所）或有扶手的厕所蹲位的占 36.49%，使用过盲文标识和音响提示的占 6.76%，使用过通信、信息交流等其他生活相关的残疾人专用设施的占 25%。数据显示，农村残疾人应该享有的无障碍环境基础较差，类型较少，表明我国残疾人无障碍环境建设亟待推进，有待为残疾人生活与出行提供更多便利。

对"您获取就业信息的渠道有哪些"（该题目可多选）的回答：没有任何渠道的占 29.05%，政府分配、安置的占 18.92%，村里与乡镇的就业服务站占 18.24%，亲戚、熟人介绍的占 29.73%，就业中介占 8.78%，报纸、互联网占 18.92%，其他占 21.62%。数据显示，农村残疾人获取就业信息，靠亲戚、熟人介绍的最多；政府分配、安置，村里与乡镇的就业服务站，报纸、互联网在农村残疾人获取就业信息时都发挥了作用，三者基本持平。应注意到，仍然有 29.05%农村残疾人没有任何渠道获取就业信息，表明残疾人就业信息获取工作任务依然艰巨。

对"您是否知道残疾人就业创业有特殊渠道与补助"的回答：非常了解占 6.08%，比较了解占 21.62%，不关心占 5.41%，不太了解占 43.24%，不了解占 23.65%。数据显示，农村残疾人对自身就业创业有特殊渠道与补助，回答"不太了解"和"不了解"的农村残疾人比例过高，表明绝大多数农村残疾人对自身就业创业有特殊渠道与补助的政策了解太少、认知太浅。

对"您认为现行残疾人相关政策法规是否科学合理"的回答：非常合理占 12.16%，比较合理占 28.38%，一般占 43.92%；不合理占 10.14%，非常不合理占 5.41%。数据显示农村残疾人对现行残疾人相关政策法规的认可度还有待提升。

对"您认为政府相关部门关于残疾人的政策、制度法规发挥了多大的作用"的回答：非常大占25.68%，偶尔有作用占27.7%，作用一般占36.49%，没有作用占10.14%。数据显示农村残疾人对现行残疾人相关政策法规的认可度还有待提升。

（2）政策措施执行状况的数据分析

对"您的残疾人生活补贴（最低生活保障金）是否发放到位"的回答：收到了占50%，没收到占16.89%，不知道这回事占22.97%，偶尔收到占10.14%。数据显示农村残疾人生活补贴（最低生活保障金）制度的执行远未到位，力度有待加强。

对"您在接受教育的过程中遇到过哪些困难"（该题目可多选）的回答：身体障碍占43.92%，资金匮乏占43.24%，缺乏专门师资占30.41%，没学校接受占20.95%。数据显示，农村残疾人在接受教育的过程中遇到的资金匮乏、身体障碍、缺乏专门师资、没学校接受等这些问题比较突出。表明农村残疾人接受教育的政策执行的瓶颈因素依然较多，特殊教育的投资力度与康复医疗力度仍亟待加大。

对"您在康复医疗过程中遇到过哪些困难"（该题目可多选）的回答：没接受过康复医疗占45.95%，身体障碍占29.73%，缺乏专门的指导或培训人员占27.7%，语言沟通困难占20.95%。数据显示，农村残疾人在接受康复医疗的过程中遇到的身体障碍、缺乏指导培训人员等问题比较突出，没接受过康复医疗的比例过高。这些数据表明农村残疾人接受康复医疗的政策执行的难度大、瓶颈因素多，问题尤为严重。

对"您在使用无障碍设施过程中遇到过哪些困难"（该题目可多选）的回答：上下公交车不便占45.95%，公共卫生间使用不便占27.70%，无法使用过街天桥或地下通道占27.03%，残疾人专用设施被破坏、占用或根本没有占37.84%，大部分建筑、公共设施都有台阶，同时配备轮椅缓坡的很少占33.78%。数据显示，农村残疾人在使用残疾人无障碍设施过程中遇到的困难较多，问题比较突出。现有的残疾人无障碍设施损坏、缺失问题严重，无法满足残疾人出行需要。

对"您在找工作的过程中，遇到过哪些困难"（该题目可多选）的回答：就业歧视占 45.27%，伤残程度、工作能力与工作类型不匹配占 41.89%，学历低、缺乏一技之长占 39.86%，就业信息来源渠道单一占 28.38%，其他占 21.62%。数据显示，农村残疾人在找工作的过程中，遇到过的困难较多，就业歧视尤为严重，问题特别突出。这表明现有的残疾人就业政策执行力度不够、未能有效保障残疾人的就业权益。

对"您所在地公共文化服务场所有无残疾人无障碍设施与服务"的回答：有占 39.19%，没有占 27.03%，不知道占 27.03%，不关心占 6.76%。数据显示，农村公共文化服务场所的残疾人无障碍环境建设仍不完善。

对"您所在地有无残疾人参与文体活动的场地"的回答：有占 28.38%，没有占 35.81%，不知道占 31.08%，不关心占 4.73%。数据显示，现有的残疾人公共文体活动场地严重不足，这是残疾人公共文化服务政策执行难的重要原因。

对"您所在地电视台有无专门的残疾人文化节目"的回答：有占 19.59%，没有占 37.16%，不知道占 38.51%，不关心占 4.73%。数据显示，现有的电视台较少开设专门的残疾人文化节目，这方面还有待加强。

对"您所在地有无专门的残疾人文化产品店"的回答：有占 15.54%，没有占 35.14%，不知道占 43.24%，不关心占 6.08%。数据显示，农村残疾人文化用品店较少，这方面还有待加强。

对"您享受或参与过哪些残疾人公共文化服务"（该题目可多选）的回答：盲文图书馆占 22.97%，盲人阅览室占 20.95%，残疾人文化活动专用场地占 26.35%，残疾人专设电视台文体节目占 12.16%，残疾人专题广播电台节目占 10.14%，残疾人文化产品店占 10.81%，残疾人文艺团体占 13.51%，残疾人艺术会演占 17.57%，其他占 45.95%。数据显示，农村残疾人专有的精神文化场所与设施存在"全而小"的问题，比例过低，农村残疾人基本公共文化服务工作还有待加强。

对"您参加过公共文化活动最多的地方是哪里"的回答：图书馆占 33.78%，文化馆占 8.11%，博物馆占 6.76%，影剧院占 8.78%，其他占 42.57%。数据显示，农村残疾人参加过公共文化活动最多的地方是图书馆，文化馆、博物馆、影剧院的比例相对较低。这表明为农村残疾人提供公共文化活动的场所还需要丰富。

（3）政策执行效果评价的数据分析

对"您认为现行残疾人公共服务政策制度存在最主要问题是什么"（该题目可多选）的回答：政策制度过时占 21.62%，政策制度宣传不到位占 41.89%，政策制度不能落实占 52.7%，政策制度扶持力度不够占 56.76%，其他占 19.59%。数据显示，农村残疾人认为现行残疾人政策制度扶持力度不够的比例最高，政策制度不能落实其次，政策制度宣传不到位、政策制度过时等情况也存在。这为我们完善农村残疾人政策制度明确了方向，提供了决策依据。

对"您认为影响残疾人政策制度执行的主要因素有哪些"（该题目可多选）的回答：政策制度本身不够有针对性占 37.16%，残疾人服务公共基础设施不完善占 39.86%，残疾人公共产品与服务匮乏占 40.54%，保障资金不到位占 39.19%，公共服务管理者不重视占 33.78%，第三方参与不足占 21.62%，维权成本高占 15.54%，自身残疾障碍占 25.68%，监督反馈机制不健全占 25.68%，外界的歧视占 30.41%。数据显示，农村残疾人认为，在影响农村残疾人政策制度执行的主要因素中，影响最大的因素依次是残疾人公共产品与服务匮乏、残疾人服务公共基础设施不完善、保障资金不到位、政策制度本身不够有针对性、公共服务管理者不重视、外界的歧视。这些数据表明外界影响因素大于内在影响因素，为我们完善农村残疾人政策制度提供了思路，明确了方向，分清了主次，提供了决策依据。

对"您对现有的无障碍设施服务是否满意"的回答：很不满意占 8.11%，不太满意占 25.68%，一般或说不清占 41.89%，比较满意占 18.24%，很满意占 6.08%。数据显示：问卷中的农村残疾人对现有的无障碍设施服务满意度很低。这表明我们的无障碍设施供给数量与质量均有待提高。

对"您对现有的残疾人教育政策及形式是否满意"的回答：很不满意

占 7.43%，不太满意占 15.54%，一般或说不清占 42.57%，比较满意占 29.05%，很满意占 5.41%。数据显示，农村残疾人对现有的残疾人教育政策及形式满意度不高。这表明我们的残疾人教育政策与形式均有待改进。

对"您认为政府部门对残疾人公共服务问题的重视程度如何"的回答：非常重视占 13.51%，重视占 43.92%，不重视 24.32%，敷衍了事占 18.24%。数据显示，政府部门对残疾人公共服务问题的重视程度还不够，后续工作中对残疾人公共服务问题的重视程度要加深，力度要加大，工作要改进。

对"您对现有的残疾人康复医疗政策及形式是否满意"的回答：很不满意占 6.76%，不太满意占 20.27%，一般或说不清占 43.24%，比较满意占 25%，很满意占 4.73%。数据显示，农村残疾人对现有的残疾人康复医疗政策及形式满意度不高。这表明我们的残疾人康复医疗政策与形式均有待改进。

对"您对现有的残疾人就业政策制度及形式是否满意"的回答：很不满意占 9.46%，不太满意占 22.3%，一般或说不清占 37.16%，比较满意占 24.32%，很满意占 6.76%。数据显示，农村残疾人对现有的残疾人就业政策制度及形式满意度不高。这表明我们的残疾人就业政策与形式均有待改进。

对"您认为地方财政对残疾人公共服务政策制度的投入如何"的回答：非常充足占 6.08%，较充足占 25%，一般或说不清占 45.95%，不充足占 14.86%，很不充足占 8.11%。数据显示，农村残疾人对地方财政对残疾人公共服务政策制度的投入的认知度与关注度不够。这表明政府部门对残疾人的财政投入应尽可能让受惠人知晓，财政投入的力度也应加大。

对"您认为残疾人公共服务政策制度执行情况是否公平"的回答：很不公平占 6.76%，不太公平占 19.59%，一般或说不清占 44.59%，比较公平占 22.97%，很公平占 6.08%。数据显示，农村残疾人对残疾人公共服务政策制度执行情况公平与否的认知度与关注度不够。这表明残疾人公共服务政策制度的执行情况还有待进一步公开透明、让受惠人知晓，同时加强监督与管理。

对"您对残疾人公共服务政策制度执行的相关工作人员的评价如何"的回答：很不满意占 9.46%，不太满意 13.51%，一般或说不清占 44.59%，比较满意占 26.35%，很满意占 6.08%。数据显示，农村残疾人对残疾人公共服务政策制度执行的相关工作人员满意度还不高。这表明残疾人公共服务相关工作人员工作的方式方法还有待改进，工作质量还有待提升。

对"您认为当地残疾人公共服务政策制度执行落实到位情况如何"的回答：非常到位占 8.11%，比较到位 20.27%，一般或说不清占 39.86%，有些不到位占 21.62%，敷衍了事占 10.14%。数据显示，农村残疾人对当地残疾人公共服务政策制度执行落实到位情况认可度不高。这表明当地残疾人公共服务政策制度执行落实工作形势严峻、任务艰巨。

三　调查中发现的主要问题及分析

（一）农村残疾人对与自身相关的服务政策法规认知状况总体不佳

通过对调查问卷的数据分析，本文发现农村残疾人对与自身相关的服务政策法规的总体认知状况不佳。在是否了解《残疾人保障法》《残疾人教育条例》《残疾预防和残疾人康复条例》《残疾人就业条例》《关于加快发展残疾人托养服务的意见》《无障碍环境建设条例》《民政部 财政部 国家卫生健康委员会 国务院扶贫办 中国残疾人联合会关于在脱贫攻坚中做好贫困重度残疾人照护服务工作的通知》等文件及党的十八大、十九大关于残疾人事业发展的论述这一问题的回答中，"不太了解"占 38.51%，"不了解"占 18.92%。25.68%的农村残疾人"很少关注"残疾人相关政策法规，14.19%的农村残疾人选择"不关注"，17.57%的农村残疾人选择"经常关注"。农村残疾人对自身的生活补贴、救助补贴等"特惠"相关政策法规了解不充分，"不太了解"与"不了解"合占 42.57%。在普通教育学校接受教育的农村残疾人比例高达 64.86%，而在特殊教育学校接受教育的比重仅占 19.59%；应该享有与使用的无障碍基础设施、可以接受的康复医疗项目的比例与类型均较少，表明农村残疾人对自身权益认识模糊或缺乏认识，关注度不够，对自身享有的就业创业特殊渠道与补助政策了解太少、认知太浅，对现行残疾人相关政策法规的认可度与满意度均不高，依据这些数据，某种程度上可以从侧面推断出农村残疾人对与自身相关的服务政策法规的总体认知状况不佳。

（二）农村残疾人相关政策措施执行力度与广度不够

通过对调查问卷的数据分析，本文发现农村残疾人生活补贴（最低生活保障金）发放到位的比例仅为 50%，"偶尔收到"的比例为 10.14%，"没收到"的比例为 16.89%，"不知道这回事"的比例为 22.97%。这表明农村残疾人生活补贴制度的执行远未到位，亟待加强。农村残疾人在接受教育的过程中遇到的资金匮乏、身体障碍、缺乏专门师资、没有学校接受等问题比较突出；没有接受过康复医疗的人数比例高达 45.95%。农村残疾人在使用无障碍设施过程中遇到的困难较多，数据表明现有的残疾人无障碍设施损坏、缺失问题严重，无法满足残疾人出行需要。农村残疾人在找工作的过程中，遇到过的困难较多，就业歧视占 45.27%，尤为严重；调查数据表明现有的残疾人就业政策执行力度不够、未能有效保障残疾人的就业权益。农村残疾人参与文体活动的场地、电视台专门的残疾人文化节目、精神文化场所与设施、能参与的公共文化活动方式与场地等方面的数据均显示相关政策措施执行的力度不够、效果不佳，也显示出农村残疾人的公共服务存在覆盖面窄、覆盖率低、服务体系不完善、保障力度不够等问题。

（三）农村残疾人对自身相关政策执行效果评价不高

通过对调查问卷的数据分析，本文发现农村残疾人认为现行残疾人政策制度扶持力度不够的比例最高，其次是政策制度不能落实，再次是政策制度宣传不到位，占 41.89%%；影响农村残疾人政策制度执行的主要因素中，残疾人公共产品与服务匮乏占 40.54%，残疾人服务公共基础设施不完善占 39.86%，保障资金不到位占 39.19%，政策制度本身不够有针对性占 37.16%，公共服务管理者不重视占 33.78%，这些主要因素的比例反映出农村残疾人对相关政策执行效果评价不高。农村残疾人对现有的无障碍设施服务满意度不高，"很满意"仅占 6.08%，"不太满意"占 25.68%，"很不满意"占 8.11；对于残疾人教育政策及形式，"很满意"仅占 5.41%，"不太满意"占 15.54%，"很不满意"占 7.43%；关于政府部门对残疾人公共服务问题的重视程度，选择"非常重视"的仅占 13.51%，比例过低，选择"不重视"的占 24.32%，选择"敷衍了事"的占 18.24%；对残疾人康复医疗政策及形式，选择"很满意"的仅占 4.73%，选择"不太满意"的占 20.27%，选择"很不满意"的占 6.76%；对现有的残疾人就业政策制度及形式，选择"很满意"的仅占 6.76%，选择"不太满意"的占 22.3%，选择"很不满意"的占 9.46%；关于地方财政对残疾人公共服务政策制度的投入，选择"非常充足"的仅占 6.08%，选择"不充足"的占 14.86%，选择"很不充足"的占 8.11%；关于残疾人公共服务政策制度执行情况，选择"很公平"的仅占 6.08%，而选择"不太公平"的占 19.59%，选择"很不公平"的占 6.76%；对残疾人公共服务政策制度执行的相关工作人员，选择"很满意"的仅占 6.08%，选择"不太满意"的占 13.51%，选择"很不满意"的占 9.46%；对当地残疾人公共服务政策制度执行落实到位情况，选择"非常到位"的仅占 8.11%，而选择"敷衍了事"的占 10.14%，选择"有些不到位"的占 21.62%。这些数据均反映出农村残疾人对自身相关政策执行效果评价不高。

四　对策与建议

新时代我国农村残疾人服务政策措施实施以来已取得一些可喜的成绩，如农村残疾人公共服务政策制定的宣传工作取得了一定进步，宣传渠道与途径更加多元，农村残疾人公共服务政策措施落实的基础设施有明显改善，康复医疗条件、特殊教育教学硬件设施条件、残疾人就业信息平台搭建与就业培训机构建设情况、残疾人权益维护平台与机构建设情况等均有明显改善。但由于各种主观与客观原因，农村残疾人公共服务政策措施落实过程中存在的问题也不少，农村残疾人对与自身相关的服务政策法规总体的认知状况不佳、相关政策措施执行力度与广度不够、农村残疾人对自身相关政策执行效果评价不高等现实问题亟待解决。为进一步提升新时代农村残疾人服务政策措施实施的实效性，切实保障与维护农村残疾人合法权益，为农村残疾人创造公平公正参与社会生活与自身发展的条件，共享社会主义制度的优越性与改革发展的红利，各级党委、政府要齐抓共管，采取有效措施，充分调动一切力量，推进新时代农村残疾人事业迈上新台阶。为此，本文提出以下对策建议。

（一）创新宣传教育形式，进一步加强农村残疾人服务政策制度宣传教育

1. 切合农村残疾人实际，创新农村残疾人服务政策制度宣传教育形式

农村残疾人生活在农村，又是残疾人，具备农村人与残疾人的双重特征。农村残疾人服务政策制度宣传教育形式要切合农村人与残疾人的特点与实际，有针对性、有目的性地开展相关的宣传教育工作。农村交通相对落后，现场宣传教育的时间与经济运行成本也相对较高，而网络、广播、电视、微信、QQ等多种媒介的宣传教育作用可跨越时空限制，有效降低宣传教育成本。宣传工作中，需要有些会手语、懂土话等的专业人士借助网络、广播、电视、微信、QQ等多种媒介去充当农村残疾人服务政策的宣传教育专员，而且要采取农村残疾人喜闻乐见的多种形式，让农村残疾人喜欢听或看、听得懂或看得见、弄得明，这样才能取得更好的效果。

2. 加大力度、提高强度，全方位多渠道宣传教育农村残疾人服务政策制度

问卷中显示的不少农村残疾人对与自身权益相关的政策制度不了解、不知道、不关心等情况，也暴露了我们对农村残疾人服务政策制度宣传教育的力度不够、宣传教育对象的范围不广的问题，因此，我们应该充分、广泛利

用网络、广播、电视、报刊等多种媒介，并发挥农村残疾人亲人、亲属等近距离人员的作用，加大农村残疾人服务政策制度的宣传教育与贯彻落实力度，全方位多渠道宣传教育农村残疾人服务政策制度，同时大力宣传现代残疾人观，呼吁、弘扬、提倡、鼓励与支持社会各界各尽所能，营造护残帮残助残的良好社会氛围。

（二）强化残疾人服务政策制度的执行力度，切实保障农村残疾人基本民生

当前农村残疾人服务政策制度执行的力度不够、刚性不强，损害了农村残疾人正当合法权益，加上我国农村残疾人基数大，残疾人事业发展底子薄、基础差、起步晚，残疾人权益保障面窄力弱，残疾人服务政策制度在农村的执行效果与落实程度不尽如人意。因此，强化残疾人服务政策制度的执行，切实保障农村残疾人基本民生势在必行。

1. 强化残疾人服务政策制度的执行力度

残疾人事业发展属于社会公共事业，是党委、政府的基本工作职能，各级党委、政府应将农村残疾人事业纳入当地基本公共服务与社会保障体系优先发展，并纳入当地年度工作计划与年终考核指标，依法依规增加残疾人事业发展的人力、物力投入，实现当地残疾人事业与经济社会协调发展，各级残工委、残联部门要协调好各级各类部门与社会力量，切实保障残疾人基本生活需求、康复医疗、教育、就业、权益保障等方面的政策制度得到有效贯彻与全面落实。同时要组建一支专业化、职业化、人性化的农村残疾人服务与权益保障执法监管工作队伍，有效落实农村残疾人服务政策措施，有力保障农村残疾人合法权益，尽心尽力服务好农村残疾人。

2. 切实保障农村残疾人基本民生

针对问卷中显示出的政策制度自身需要完善的问题，相关部门应全面谋划、精心布局，建长效机制、补眼前短板、兜基本底线，完善农村残疾人普惠政策制度与专项特惠制度，切实保障农村残疾人基本生活需求的满足。一是在完善农村贫困残疾人生活补贴制度与残疾儿童免费抢救型康复医疗救助

制度基础上，优先加快建立健全农村重度残疾人护理补贴制度与贫困残疾人适配基本型辅助器具补贴制度，优先、重点满足农村贫困残疾人的基本需求。二是加快健全农村残疾人基本公共服务体系，在农村残疾人康复医疗、教育、就业、托养、无障碍环境建设、公共文体设施与活动、维权等事关农村残疾人切身利益和生活需求的方面作出制度性安排，补上残疾人基本公共服务的短板。

（三）全面优化残疾人权益保障环境，建设农村残疾人权益保障矩阵

进入新时代，农村残疾人的各种权益保障虽然取得了诸多成效，但与农村残疾人权益诉求之间仍然存在偏差。偏差的实质是供需矛盾，农村残疾人在权益群体、权益环境、权益内容和权益效能上是存在内部差异的。因此，要解决农村残疾人权益保障的供需矛盾，除了要改善农村残疾人生活质量，还应以残疾人自身需求为中心，在农村残疾人权益保障社会环境创建上下功夫，助推权益保障物质支撑与社会需求相匹配。

1. 全面优化残疾人权益保障环境

全面优化残疾人权益保障环境，要从推动物理性无障碍环境和社会性无障碍环境建设双轨并行开始，在全社会积极倡导与践行爱残、助残活动，精心营造尊重、关心、爱护与帮助农村残疾人的社会氛围，使农村残疾人时时处处感受到国家、社会与家庭的温暖。积极推动农村残疾人及其家庭的无障碍改造。从制度设计着手，针对农村残疾人对康复医疗、教育、就业、无障碍环境建设等领域的相关政策制度不够了解、不太认可，或说不清、不关心等问题，进一步细化与农村残疾人直接相关的政策制度与法规，因地、因人制宜开展关涉残疾人切身利益的权益保障知识和政策的宣传和普及活动，鼓励民众自觉宣传和讨论，充分保障农村残疾人对关系自身权益的政策法规的知情权。针对农村残疾人家庭无障碍改造程度不高、社会投入不足以及社会认同不高等问题，农村基层干部应将农村残疾人的基本权益保障作为农村民生保障事业的头等大事，坚决不让一个农村残疾人掉队。

2. 建设农村残疾人权益保障矩阵

要建立以为农村残疾人服务为核心，党委领导，政府主导，社会公众、残疾人组织和农村残疾人充分参与的权益保障矩阵，发挥各方协同作用的合力。进一步明晰政府在农村残疾人权益保障中的定位，发挥基层组织的桥梁和枢纽作用，打破以往政府"孤军奋战"的单线型权益保障结构，在全社会建立网状残疾人权益保护结构体系。在农村残疾人康复医疗、教育、就业等权益保障方面，有必要引入多元主体。以政府为主导的单线型权益保障结构在制度和政策上能给予农村残疾人就业一定的保障，事实也证明其的确取得了一定成效，但是这种"庇护式"就业模式一旦离开政府的支持，便会进入权益保障的"死胡同"。

（四）加快农村残疾人服务体系建设，加强农村残疾人教育与管理

农村残疾人服务政策制度执行效果不佳、服务对象评价不高，除了与当前农村残疾人服务体系不完善有关，与农村残疾人自身素质也有关联。为了加快农村残疾人服务体系建设，加强农村残疾人的教育与管理势在必行。

1. 加快农村残疾人服务体系建设

首先，政府要加大对农村残疾人公共服务的基础设施建设与资金的投入力度，建立健全或增容扩量残疾人公共服务的特惠资金与设施场所，扩大和提高服务设置的类型与数量质量，提高公共服务档次，切实增加服务内容，为农村残疾人提供优质的服务。

其次，各职能部门要统一认识，积极配合，特别是残工委、残联要积极协调，推进各服务机构的精细化管理，建立健全残疾人事业发展监管机制与工作绩效的考核及奖惩机制。

最后，要加大对农村残疾人服务人才的培养力度，努力培养一支德才兼备、廉洁奉公、敬业奉献的高素质管理队伍与一批无私奉献、充满爱心、精益求精的专业技术人才投身于残疾人事业。鼓励各级各类服务机构培养、选拔、引进与使用一批又一批一专多能的农村残疾人工作业务骨干，并从生活上、工作上、政治上全面关心与爱护他们，切实提高他们福利待遇，促进农

村残疾人服务体系建设持续、健康、有序发展。

2. 加强农村残疾人教育与管理

首先，要积极引导、教育农村残疾人勇敢地面对现实，抛弃自卑自孤、自怨自艾、自暴自弃等心理，树立自尊、自爱、自信、自立、自强等精神，帮助农村残疾人树立正确的世界观、人生观、价值观、残疾人观，帮助他们主动融入社会、拥抱社会，在力所能及的范围内回报与奉献社会。

其次，大力宣传与弘扬残疾人先进事迹与模范行为，激励农村残疾人向身残志坚的成功人士、先进人物与典型事例看齐，帮助残疾人树立生活与事业发展目标，发扬乐观进取精神，不断超越自我。鼓励农村残疾人自尊自爱、自立自强，依据自身情况，积极投身康复医疗、教育、就业的实践洪流，争先创优，成为有用之材。

最后，加强对农村残疾人的道德教育与法治教育，采用农村残疾人喜闻乐见的形式，通过鲜活的故事与典型事例，引导、教育与帮助农村残疾人树立正确道德观与法治观，学会新时代社会主义道德常识与法律基础知识，特别是与自身相关的法律常识，学会运用法律武器，维护自身的合法权益，这有利于从实施对象的角度提高农村残疾人服务政策制度贯彻落实的实效性。

附录：调查问卷

新时代农村残疾人服务政策措施落实情况问卷调查

尊敬的先生/女士：

您好！

为深入了解新时代农村残疾人服务政策措施落实情况，真实了解农村残疾人对自身基本生活保障、康复医疗、教育、环境设施、就业等基本公共服务与政策权益的看法，更好地推进农村残疾人基本生活保障、康复医疗、教育、环境设施、就业等公共服务与政策权益的有效落实，由南京特殊教育师范学院涂平荣教授主持的"十四五"残疾人事业规划前期研究重点课题暨2019 年度中国残联课题"新时代农村残疾人服务政策措施落实的实效路径研究"（立项号：19&ZC）课题组，拟对农村残疾人服务政策措施落实情况进行调查，特设计此问卷并恳请您抽空帮忙填写（不具备填写条件的朋友可由其监护人或委托他人代理填写）。本次调查采用不记名的方式进行，选项没有对错之分，填报数据仅供本课题研究用途。调查表中的题目，如无特殊说明，均为单项选择题。选项请直接在每小题的选择项 A、B、C、D、E 等字母上打"√"，衷心感谢您的支持与配合！

一 基本情况（请直接在每小题的选择项 A、B、C、D、E 等字母上打"√"）

1. 您的性别：A. 男　B. 女

2. 您的年龄：A. 未满 18 周岁　B. 18～30 周岁　C. 31～50 周岁　D. 51 周岁及以上

3. 您的婚姻状况：A. 未婚　B. 已婚　C. 离婚　D. 再婚　E. 丧偶

4. 您的受教育情况：A. 文盲　B. 小学　C. 初中　D. 高中、中专、技校等　E. 大专　F. 本科　G. 硕士研究生　H. 博士研究生

5. 您的子女情况：A. 无　B. 1 个　C. 2 个　D. 3 个　E. 4 个及以上

6. 您是否有自理能力：A. 完全自理　B. 部分自理　C. 不能自理

7. 您是否有劳动能力：A. 有完全劳动能力　B. 有部分劳动能力　C. 无劳动能力

8. 您的职业情况：A. 未就业　B. 体制内单位工作人员　C. 企业员工　D. 个体户　E. 自主创业　F. 残疾人特殊职业企业就业　G. 离退休人员　H. 其他

9. 您目前的主要收入来源是：A. 家庭供养　B. 劳动收入　C. 亲友资助　D. 离退休金　E. 低保收入　F. 其他

10. 您每月的平均收入：A. 无收入　B. 1000 元及以下　C. 1000～2000 元　D. 2000～3000 元　E. 3000～4000 元　F. 4000 元以上

11. 您的残疾类型属于：A. 视力残疾　B. 听力残疾　C. 言语残疾　D. 智力残疾　E. 肢体残疾　F. 精神残疾　G. 多重残疾

12. 您的残疾等级：A. 一级　B. 二级　C. 三级　D. 四级　E. 不详

13. 您是否有残疾人证：A. 有　B. 无

14. 您家里还有其他残疾人吗？A. 无　B. 有，请标注数量（填数字：

　）、残疾类型（参照第11题填字母：　）及等级（参照第12题填字

母：　）

15. 您家现有住房是否配有相关的无障碍设施？A. 有　B. 无

二　农村残疾人服务政策措施认知、执行与效果情况
（一）政策法规认知状况

16. 您了解《残疾人保障法》《残疾人教育条例》《残疾预防和残疾人
康复条例》《残疾人就业条例》《关于加快发展残疾人托养服务的意见》
《无障碍环境建设条例》《民政部 财政部 国家卫生健康委员会 国务院扶贫
办 中国残疾人联合会关于在脱贫攻坚中做好贫困重度残疾人照护服务工作
的通知》等文件及党的十八大、十九大关于残疾人事业发展的论述吗？

A. 非常了解　　　B. 比较了解　　　C. 不关心　　　D. 不太了解

E. 不了解

17. 您是否经常关注残疾人相关政策法规？

A. 经常关注　　　B. 有时关注　　　C. 很少关注　　　D. 不关注

18. 您了解与残疾人相关的政策法规的渠道有哪些？（可多选）

A. 社区宣传

B. 广播电视、网络信息

C. 村级与乡镇干部告知

D. 残联等有关单位人员上门宣传

E. 亲人、亲戚朋友告知

19. 您知道残疾人可有生活补贴、救助补贴吗？

A. 非常了解　　　B. 比较了解　　　C. 不关心　　　D. 不太了解

E. 不了解

20. 您接受教育的方式或途径是什么？

A. 在普通教育学校　　　　　　　B. 在特殊教育学校

C. 接受送教上门教育   D. 通过远程教育等接受教育

E. 父母或家庭成员教育   F. 没有接受教育

21. 您接受过下列哪些康复医疗项目？（可多选）

A. 通过医疗保险接受康复医疗   B. 运动疗法

C. 偏瘫肢体综合训练   D. 脑瘫肢体综合训练

E. 截瘫综合训练   F. 作业疗法

G. 认知知觉功能障碍训练   H. 言语训练

I. 吞咽功能障碍训练   J. 日常生活能力评定

22. 您使用过哪些无障碍设施？（可多选）

A. 无障碍通道（路）或人行天桥

B. 楼梯轮椅通道

C. 残疾人专用洗手间（厕所）或有扶手的厕所蹲位

D. 车站码头等公共场所残疾人专座

E. 盲文标识和音响提示

F. 通信、信息交流等其他生活相关的残疾人专用设施。

23. 您获取就业信息的渠道有哪些？（可多选）

A. 没有任何渠道   B. 政府分配、安置

C. 村里与乡镇的就业服务站   D. 亲戚、熟人介绍

E. 就业中介   F. 报纸、互联网

G. 其他

24. 您是否知道残疾人就业创业有特殊渠道与补助？

A. 非常了解   B. 比较了解   C. 不关心   D. 不太了解

E. 不了解

25. 您认为现行残疾人相关政策法规是否科学合理？

A. 非常合理   B. 比较合理

C. 一般或不清楚   D. 比较不合理

E. 非常不合理

26. 您认为政府相关部门关于残疾人的政策、制度法规发挥了多大的作用？

  A. 非常大   B. 偶尔有作用 C. 作用一般 D. 没有作用

（二）政策措施执行情况

27. 您的残疾人生活补贴（最低生活保障金）是否发放到位？

  A. 收到了   B. 没收到

  C. 不知道这回事   D. 偶尔收到

28. 您在接受教育的过程中遇到过哪些困难？（可多选）

  A. 资金匮乏   B. 身体障碍

  C. 没学校接受   D. 缺乏专门师资

29. 您在康复医疗过程中遇到过哪些困难？（可多选）

  A. 没接受过康复医疗   B. 身体障碍

  C. 语言沟通困难   D. 缺乏专门的指导或培训人员

30. 您在使用无障碍设施过程中遇到过哪些困难？（可多选）

  A. 上下公交车不便

  B. 公共卫生间使用不便

  C. 无法使用过街天桥或地下通道

  D. 残疾人专用设施被破坏、占用或根本没有

  E. 大部分建筑、公共设施都有台阶，同时配备轮椅缓坡的很少

31. 您在找工作的过程中，遇到过哪些困难？（可多选）

  A. 就业歧视

  B. 伤残程度、工作能力与工作类型不匹配

  C. 学历低、缺乏一技之长

  D. 就业信息来源渠道单一

  E. 其他

32. 您所在地公共文化服务场所有无残疾人无障碍设施与服务？

  A. 有   B. 没有   C. 不知道   D. 不关心

33. 您所在地有无残疾人参与文体活动的场地？

A. 有   B. 没有   C. 不知道   D. 不关心

34. 您所在地电视台有无专门的残疾人文化节目？

A. 有   B. 没有   C. 不知道   D. 不关心

35. 您所在地有无专门的残疾人文化产品店？

A. 有   B. 没有   C. 不知道   D. 不关心

36. 您享受或参与过哪些残疾人公共文化服务？（可多选）

A. 盲文图书馆   B. 盲人阅览室

C. 残疾人文化活动专用场地   D. 残疾人专设电视台文体节目

E. 残疾人专题广播电台节目   F. 残疾人文化产品店

G. 残疾人文艺团体   H. 残疾人艺术会演

I. 其他

37. 您了解国家关于残疾人政策制度的途径有哪些？（可多选）

A. 村干部上门宣讲   B. 看电视

C. 读书报   D. 听广播

E. 上网   F. 残联工作人员上门讲解

G. 家人或亲戚朋友告知

38. 您参加过公共文化活动最多的地方是哪里？

A. 图书馆   B. 文化馆   C. 博物馆   D. 影剧院

E. 其他

（三）政策执行效果评价

39. 您认为现行残疾人公共服务政策制度存在最主要问题是什么？（可多选）

A. 政策制度过时   B. 政策制度宣传不到位

C. 政策制度不能落实   D. 政策制度扶持力度不够

E. 其他

40. 您认为影响残疾人政策制度执行的主要因素有哪些？（可多选）

A. 政策制度本身不够有针对性

B. 残疾人服务公共基础设施不完善

C. 残疾人公共产品与服务匮乏

D. 保障资金不到位

E. 公共服务管理者不重视

F. 第三方参与不足

G. 维权成本高

H. 自身残疾障碍

I. 监督反馈机制不健全

J. 外界的歧视

41. 您对现有的无障碍设施与服务是否满意？

A. 很不满意 　　　　　　　B. 不太满意

C. 一般或说不清 　　　　　D. 比较满意

E. 很满意

42. 您对现有的残疾人教育政策及形式是否满意？

A. 很不满意 　　　　　　　B. 不太满意

C. 一般或说不清 　　　　　D. 比较满意

E. 很满意

43. 您认为政府部门对残疾人公共服务问题的重视程度如何？

A. 非常重视 　　　　　　　B. 重视

C. 不重视 　　　　　　　　D. 敷衍了事

44. 您对现有的残疾人康复医疗政策及形式是否满意？

A. 很不满意 　　　　　　　B. 不太满意

C. 一般或说不清 　　　　　D. 比较满意

E. 很满意

45. 您对现有的残疾人就业政策制度及形式是否满意？

A. 很不满意 　　　　　　　B. 不太满意

C. 一般或说不清 　　　　　D. 比较满意

E. 很满意

46. 您认为地方财政对残疾人公共服务政策制度的投入如何？

A. 非常充足 　　　　　　　　　　B. 较充足

C. 一般或说不清 　　　　　　　　D. 不充足

E. 很不充足

47. 您认为残疾人公共服务政策制度执行情况是否公平？

A. 很不公平 　　　　　　　　　　B. 不太公平

C. 一般或说不清 　　　　　　　　D. 比较公平

E. 很公平

48. 您对残疾人公共服务政策制度执行的相关工作人员的评价如何？

A. 很不满意 　　　　　　　　　　B. 不太满意

C. 一般或说不清 　　　　　　　　D. 比较满意

E. 很满意

49. 您认为当地残疾人公共服务政策制度执行落实到位情况如何？

A. 非常到位 　　　　　　　　　　B. 比较到位

C. 一般或说不清 　　　　　　　　D. 有些不到位

E. 敷衍了事

50. 您对提高残疾人政策制度执行的实效有什么意见或建议？

助力残障：公益文创发展路径及其启示[*]

常晓茗[**]

摘 要： 公益文创产品，是"公益"与"文创"两个概念的交集，是面向消费市场的实体商品。但公益文创不是公益与文创的简单叠加，而是通过产品设计体现公益价值，或使文创产品的最终收益导向公益项目，或两者并行，将公益元素与文创产品及其销售行为进行有机融合，形成一体化的产品研发、销售、项目全链条，其最终目标是实现经济、文化、公益传播、价值辐射等综合性效应，既让消费者得到文化体验，又确保消费者获得对应的产品功能。

关键词： 公益文创 文创产业 文创助残

一 调研背景

党的二十大提出，坚持以人民为中心的发展思想。维护人民根本利益，增进民生福祉，不断实现发展为了人民、发展依靠人民、发展成果由人民共享，让现代化建设成果更多更公平惠及全体人民。繁荣发展文化事业和文化产业，坚持把社会效益放在首位、社会效益和经济效益相统一。

公益文创产品，是"公益"与"文创"两个概念的交集，是面向消费

* ［基金项目］本文系 2022 年度江苏共享发展研究基地第一批开放基金课题"公益文创产品发展路径研究"（立项号：22GXJD05）的研究成果。

** 常晓茗，南京艺术学院传媒学院在读博士研究生，南京特殊教育师范学院副教授，研究方向为残障文化权利。

市场的实体商品。文创产品，即文化创意产品，主要呈现在工艺设计、影视动漫、娱乐表演、广告宣传、软件与计算机、服务、旅游等领域，在智能化、虚拟现实技术、人机交互繁荣发展的第四次工业革命的时代背景下，文创产品的需求也发生着对应变化，新媒介应用和数字化技术为文创的发展注入新的生机。

公益文创以公益为目的，以公益活动面向的特色文化为设计元素，以设计为公益活动提供支持，并通过公益文创产品的商业化行为，为公益目标人群或地区提供经济发展、产业扶持等。所以公益仍是最终目的，文创设计产品只是具体的表现形式或阶段性的结果。① 公益文创项目通过搭建社会参与的文创平台，融合政府机构、帮扶地区、公益组织、企业品牌、非物质文化遗产代表性传承人、设计力量等多方资源共同展开创新深入合作，推出特色公益文创产品，并通过品牌化、规模化、生态化的发展，促进当地经济产业发展和人民稳定就业。②

公益文创不是公益与文创的简单叠加，而是通过产品设计体现公益价值，或使文创产品的最终收益导向公益项目，或两者并行，将公益元素与文创产品及其销售行为进行有机融合，形成一体化的产品研发、销售、项目全链条，其最终目标是实现经济、文化、公益传播、价值辐射等综合性效应，既让消费者得到文化体验，又确保消费者获得对应的产品功能。但当前公益文创产品设计开发、销售环节等的发展受到不同程度的阻滞，在公益文创产品的设计开发方面，设计简单、受市场欢迎、能够充分引领公益价值风尚的产品设计较为稀缺，文化属性不明显、产品设计文化深度不够；在销售环节，品牌化程度不高使得消费者在公益文创产品选择上没有过多的品牌黏性，产品同质性强使得产品售卖内卷化竞争、市场挖掘不足；消费者购买欲不强，持续购买力不足。

相比于一般的文创产品，公益文创产品更需要创意与地域特色的创新

---

① 布乃峰：《基于用户认知方式的公益文创产品设计研究》，《文化创新比较研究》2022 年第29 期。

② ［美］唐纳德·A. 诺曼：《设计心理学》，梅琼译，中信出版社，2003。

融合，以及多元化的销售传播方式，从而让消费者能够更好地了解公益文创及其意义，达到文创设计支持公益的初衷，更好地实现可持续的公益目的。①

公益文创的本质是以设计实践的创新力量推动公益机构的文化、经济双持续。它为公益主题而设计、为残障群体文化权利而设计、为多元化的文化生态而设计、为可持续的平等环境而设计，为不同生活形态的人创造共同的幸福感。本文以案例研究法为主，结合文创产品制作和销售现状，分析公益文创产品发展路径，并尝试探索数字经济发展过程中，公益文创产品发展的更多可能，寻求在公益文创产品发展过程中实现经济与文化发展的"双赢"路径。

二 公益文创发展的政策环境

文化创意产业是先进生产力的体现，文化"软实力"与经济"硬实力"是文创竞争的决定性因素。当前，国家政策从顶层设计到各地配套措施全面推动文创产业的发展，通过有效的政策助力文创企业发展。在"十三五"规划首次提出"创意文化产业"的概念后，我国在 2021 年公布的"十四五"规划中把文创产业提到了更高的高度，明确指出实施文化产业数字化战略，加快发展新型文化企业、文化业态、文化消费模式，壮大数字创意、网络视听、数字出版、数字娱乐、线上演播等产业。以此为指导，各地相继出台了文创产业规划政策。

比如，上海市推出《上海市促进文化创意产业发展财政扶持资金管理办法》，以上海市促进文化创意产业发展财政扶持资金助力文创企业发展。早在 2017 年，上海市就曾推出《关于加快本市文化创意产业创新发展的若干意见》，指导国际文化大都市的建设。

---

① 布乃峰：《基于用户认知方式的公益文创产品设计研究》，《文化创新比较研究》2022 年第 29 期。

文创产业较为成熟发达的成都，也发布了《成都市数字文化创意产业发展"十四五"规划》，提出要全力打造中国最适宜数字文创发展城市，推出一批形象特色鲜明、吸引力强的数字文创产业园区（基地），推动数字文创产业成为经济社会发展的强大引擎和重要增长极，实现数字文创从"盆地"走向"高地"。2021年，全国31个省区市的发展政策中都曾提及文化产业，政策内容涉及资金、人才、科技等各方面的支持，这有力地推动了各种优秀文化的保护、传承与发展。

早在2016年，江苏省人民政府办公厅印发的《关于做好文化文物单位文化创意产品开发工作的通知》就部署了江苏文化文物单位文化创意产品的开发工作。该通知强调，稳步推进试点示范工作，选择一批有条件的市级博物馆、美术馆、图书馆、文化馆、纪念馆开展试点工作，允许试点单位开办符合发展宗旨、以满足民众文化消费需求为目的的经营性企业，在开发模式、收入分配和激励机制等方面进行探索；创新文化创意产品开发模式，文化文物单位应在确保公益目标、保护好国家文物、做强主业的前提下，依托馆藏资源，结合自身实际，采取合作、授权、知识产权作价入股、独立开发等多种模式进行文化创意产品开发，文化文物事业单位要严格按照分类推进事业单位改革的政策规定，坚持事企分开的原则，将文化创意产品开发与公益服务分开，原则上以企业为主体参与市场竞争，鼓励社会力量以多种形式参与文化创意产品开发，支持文化资源与创意设计、旅游、演艺、影视等相关产业跨界融合；完善文化创意产品营销体系，有条件的文化文物单位应充分利用线上线下平台和展会活动推广产品，鼓励文博单位积极申报"互联网+中华文明行动计划"；强化组织推进和政策保障，各级政府要加强对文化文物单位文化创意产品开发工作的统筹协调，各级文化文物行政部门要牵头组织开展工作，编制、发展改革、教育、财政、人力资源和社会保障、税务等部门要制定相关扶持政策和优惠措施，研究将文化创意产品开发纳入专项建设基金和各级文化产业发展专项资金支持范围，纳入文化产业投融资服务体系支持和服务范围。

三 公益文创产品的设计发展

公益文创产品设计的主题偏好包括传统文化及其基础上的创意国潮，也包括助残、助老、儿童成长、环境保护、节能等公益专题，还包括区域文化及民族特色文化等。

近期较为热门的是博物馆公益文创产品，2022年8月，长沙简牍博物馆副馆长杨亚峰佩戴湖南省地质博物馆的"突破"系列宝石文创，客观分析文创产业的前景。2015年开始实施的《博物馆条例》提出，国家鼓励博物馆挖掘藏品内涵，与文化创意、旅游等产业相结合，开发衍生产品，增强博物馆发展能力；2021年，文化和旅游部、中央宣传部、国家发展改革委等八部门联合印发《关于进一步推动文化文物单位文化创意产品开发的若干措施》，提出要深入挖掘文化文物资源的精神内涵，使文化创意产品成为广大人民群众感悟中华文化、增强文化自信的重要载体。在政策的号召下，各地博物馆积极投身文创产品开发，吹响了产业高速发展的号角。杨亚峰认为"博物馆文创应当兼具艺术性和实用性，既要传播中国故事，又要体现日常审美"。不仅长沙简牍博物馆推出自己的文创产品，全国各大博物馆都有自己的文创项目，更好地对文化进行传播。以文创产品作为实物载体，是一条兼顾经济收益与文化公益传播的有效路径。

2020年，首届华东地区残疾人文创作品展在山东济南举行，900余件精美的残疾人文创作品集体亮相。展览开幕式上同时成立了全国残疾人文创就业联盟，计划3年内带动超过500名残疾文创人才实现就业创业。时任中国残联副主席、副理事长程凯表示，文化艺术是残疾人丰富精神文化生活、参与并融入社会的重要手段，也是残疾人实现就业创业和可持续发展的重要途径；全国残疾人文创就业联盟的成立，是残疾人文创就业工作的一件大事，展览期间发布的《促进残疾人文创就业济南共识》也对促进残疾人在文化产业领域实现稳定就业创业具有引导意义。

公益文创产品的设计具有文化传递功能，作为一种文化符号，公益文化产品在外观上注重使用与公益主题相契合的图案与纹样，综合产品本身的审美属性以及围绕产品所开展项目的公益属性，以无形的公益专题文化为中介，帮助用户在使用产品的过程中获得特定的文化体验，实现文化元素在文创产品设计中的体验与传递。[①]

四　公益文创产品的市场发展

"商业+公益文创"是文化产业发展的新模式。例如，广州市残疾人联合会搭建"百企百艺"公益艺术平台，致力于探索残联搭台、社会组织参与、企业对接、市场化运作的文化产业新模式，助力残障艺术创作者凭借高质量文化产品打造广州文化市场的新浪潮。

在互联网、物联网、大数据、云计算、人工智能、5G 等技术快速发展的背景下，文化创意产业在原有文化资源的基础上，融入新技术，朝智慧化的方向发展。近年来，数字藏品交易产业的兴起推动了数字文化创意产业的发展，对保护、传播传统文化起到了积极作用，更为艺术家、设计师等创作者提供了展示的舞台，进一步激发了文创市场创新活力。数字文创是数字经济与元宇宙发展的产物，是基于区块链技术进行唯一标识的数字化文创产品，涵盖绘画、图片、音频、视频、三维模型等多种内容形式。在保护其数字版权的基础上，数字文创可实现数字化发行、购买、收藏和使用。

2021 年，全国规模以上文化及相关产业企业营业收入达 119064 亿元，比上年增长 16.0%，两年平均增长 8.9%；分业态看，文化新业态特征较为明显的 16 个行业小类实现营业收入 39623 亿元，比上年增长 18.9%，两年平均增长 20.5%，高于全部规模以上文化及相关产业企业 11.6 个百分点。[②]不过，文创产业在我国的发展历史并不算长，文创产品在创意转化深度、商

---

① 〔日〕原研哉：《设计中的设计》，朱锷译，山东人民出版社，2006。
② 《2021 年全国规模以上文化及相关产业企业营业收入增长 16.0%，两年平均增长 8.9%》，中国政府网，2022 年 1 月 30 日，https://www.gov.cn/xinwen/2022-01/30/content_567131 2.htm。

业价值实现、版权保护等方面仍有短板。

五　公益文创优势发展的个案分析

——台湾历史博物馆文化创意产业行销

近年来，台湾历史博物馆转变发展方向，建设以文物知识为核心、研究发展为基础、服务民众与教育学习为重心的专业博物馆。台湾历史博物馆从传统的艺术典藏、教育推广、学术研究与展览活动等功能中，逐步发展出别具特色的博物馆文化创意产业。近年来，台湾历史博物馆通过多元化方式树立博物馆品牌，文创行销策略侧重于重新诠释博物馆典藏的独特之处，开发出能保存文化价值同时满足市场需求的衍生品，通过文创设计产生经济价值并宣传典藏文物，使大众感受与认知品牌的力量。

台湾历史博物馆于2014～2015年推出"琉璃亮点计划"项目，以馆藏著名画家溥心畬的图像为主轴，整合10家民间企业资源、邀请10位设计师设计，并与胜利手工琉璃庇护生产中心（以下简称"胜利琉璃"）合作，开发文创产品。"胜利琉璃"是台湾地区首座小儿麻痹症儿童之家，2008年，为扭转社会对残疾人就业的固有印象，投入琉璃手工制品的生产。台湾历史博物馆协助该团体以"传玻者"为品牌，生产出具有台湾历史博物馆特色的琉璃产品。该项目共设计开发10件台湾历史博物馆文创衍生品，举办了"参与、感动、琉璃亮点：公益文创特展"，其中文创产品"高升如意放大镜坠链"极受欢迎。2014年9月，该产品在台北松山机场文创商店艺文空间展出；2015年5月，该产品又在松山文创园区S2空间展出。该项目旨在让参与活动的企业能回馈社会、让艺术家有创作舞台、让社会团体"胜利琉璃"成长获益，同时推动"公益文创"概念与传播，发挥博物馆的社会价值与公共价值。台湾历史博物馆以公益助力文创，这无疑是博物馆文化创意产业独树一帜的亮点。

台湾历史博物馆首创的"公益文创"计划包含三个架构：文创产业、社会福利文创、产业文创。首先是文创产业，台湾历史博物馆结合博物馆数字典藏，培养大众审美，培育文创消费受众群体，完善文创元素传播渠道。其次是社会福利文创。考虑到社会上许多弱势群体工艺美术团队在技艺、创意能力、财力方面较为不足，台湾历史博物馆肩负社会责任，在文创产品产制流程中协助社会福利团体和弱势群体学习并加入文创行业，提升就业附加价值，以文创产业成就社会福利志业。最后是产业文创。该馆善用企业组织，协助企业培育内部文化，鼓励企业员工参与文创活动，到企业内部推广文创产品，培养潜在消费者。台湾历史博物馆推广典藏文物与教育，赋予历史文物以新生命，提升了社会大众审美水平。该馆与企业合作开发经营，引进更多社会企业资源，一同联结台湾历史博物馆文创与公益事业，增强认同感与参与感。除了协助弱势群体参与文创生产，"公益文创"还发挥了博物馆核心价值、提升了博物馆自身的品牌附加值。[①]

六　公益文创本土发展的优势级案例
——江苏南京短期公益文创系列活动

　　2023 年 5 月，为迎接第 33 个"全国助残日"，由江苏省残疾人福利基金会、南京市残疾人福利基金会指导，夫子庙文旅集团协办，乐平方社会工作服务中心主办的"爱心相伴 勇敢追梦"系列公益活动在夫子庙琵琶街 MO 音公益市集开展。

　　活动形式为打造公益市集爱心基地，活动内容包括公益咖啡角、公益文创市集，爱心义卖等。咖啡角由残障人士咖啡师运营，文创市集借助由残障人士参与提供元素的文创产品，为残障群体就业创业提供多元化的途径，爱心义卖旨在让更多的市民关注公益市集和残障群体、通过购买残障人士的产品鼓励和肯定残障群体的社会参与。残疾人就业产品展销区的展台上展示有由孤独症人士、智力障碍儿童等心智障碍群体创作的文创产品，其中的特色

---

① 案例选取自赵澄《公益文创奏响"双品牌"——台湾历史博物馆文化创意产业行销策略》，《南京艺术学院学报》（美术与设计版）2019 年第 1 期。

端午礼盒引人注目，广受欢迎。在此基础上，南京市残疾人福利基金会与乐平方社会工作服务中心签署战略合作协议，共同发起扶残助残项目，通过打造庇护性就业岗位、组建庇护性就业网络，为残障人士提供培训就业性平台。①

江苏本土公益文创发展的优势在于，江苏人文资源丰富，残障人士权益保障事业一直处于较高水平，助残主题文创产品开发与活动开展条件较好。文创产品具有公益特色和原生特征。通过集中活动，江苏省公益文创产业可以对产品进行集中的提炼与整体性设计，制作出应时应景的实用性产品；通过举办线下公益展览进行线下宣传与销售，江苏省公益文创产业可以将拍卖利润再次投入公益，形成公益与商业的结合，实现项目自身的可持续发展，并推动残障群体就业。

七　公益文创产品发展的路径

1. 深度挖掘传统文化的审美优势

伴随着中国的崛起，中国传统文化在公益文创产品开发和设计中扮演着越来越重要的角色。在积累千年的传统文化和新时代的碰撞中，具象化的公益文化产品，在受到年轻人喜爱的同时，也迸发出前所未有的生命力。三星堆博物馆的"青铜面具"雪糕、武汉的黄鹤楼雪糕、敦煌的"月牙泉"雪糕等文创雪糕层出不穷，让"舌尖上的博物馆""一口一个景点"成为热门话题。这不但实现了博物馆等景点的"打卡""破圈"，增添了其旅游附加值，还通过合作的形式将文化产业拓展到便利店等线下渠道。以雪糕为代表的文创食品只是一个缩影。

从简单的钥匙扣、冰箱贴等初代文创产品，到如今覆盖家居、潮玩、饰品、文具、美妆等消费领域的多样化文创产品，文创产品的业态已经非常丰富。文创口红、考古盲盒、红色文创都是 2021 年的"爆款"。作为文创产

---

① 案例选取自徐媛园《公益咖啡角、公益文创市集……有空来看看！》，扬子晚报网，2023年5月21日，https://www.yangtse.com/zncontent/2961128.html。

品 1.0 时代的奠基者，故宫文创产品早已突破 10000 种，产品收益远超 15 亿元。文创产品的热销与博物馆热相得益彰。2021 年春节时，河南春晚舞蹈节目《唐宫夜宴》爆火，唐朝少女的博物馆奇妙夜之旅收获了数亿播放量、上千万条弹幕，开启了 2021 年的博物馆热潮。2021 年的清明节，三星堆博物馆假期首日游客量突破 1.5 万人，创下历史新高；故宫博物院的门票在假期之前就已售罄；河南博物院的网上搜索量比 2019 年同期增长了 4 倍，成为"网红打卡地"。此后，越来越多专业性强的小众博物馆同样"出圈"，"互联网+"终于开始渗透进这个传统文化气息最浓厚的领域。

文化自信是公益文创发展的持续性内在驱动力，文创产品消费的核心是文化认同。文化创意产业，是在"文化"和"创意"中寻找品牌溢价的空间，生产附带精神层面追求的实用性产品，归根结底是追求精神层面的文化认同。消费者对于文创产品的选择，是对理想生活的情绪投射，是文化的情绪发酵。国潮在这样的背景下崛起，体现了文化自信的力量，而这种文化自信，来源于五千年不曾间断的文明传承。

2. 在时代风向标下利用好数字经济的契机

文博的火爆，离不开博物馆在数字化浪潮中的主动出击，如网络文博公开课、社交平台上的自我展示等"破圈"铺垫，以及虚拟现实、增强现实、人工智能等新技术对于展览体验的改善。文博"出圈"最明显的特点正是博物馆的年轻化与科技化。

2021 年被称为"数字藏品元年"。蚂蚁、腾讯相继推出了数字藏品发行平台鲸探和幻核，合作伙伴包括国家博物馆、故宫博物院、湖南省博物馆、湖北省博物馆等。数字文创的落地形式主要是在传统文创的基础上融入虚拟现实、增强现实等数字化技术，数字藏品是技术落地的方式之一。

数字文创的核心是利用互联网平台，依托人工智能、区块链、云计算、大数据等数字化技术，对传统文化、现代文化等进行深度融合、加工和创新。2021 年 10 月 31 日，国家版权交易中心联盟、浙江省杭州互联网公证处、蚂蚁集团等八个机构共同发布《数字文创行业自律公约》，强调利用区块链的非同质化通证（Non-Fungible Token，NFT）技术为数字文创作品确权及流转提供创新解决方案，让创作者的作品能更好触达市场，促进原创文化行业繁荣发展。新技术与任何文化相关行业的结合都属于数字文创的范畴，前沿技术在影视、音乐、出版、艺术等行业的应用都已经进入了落地阶段，2021年不但是"数字藏品元年"，也是数字文创繁荣发展的一年。

3. 注重公益文创产品发展潜力

公益是服务社会，文创是创意互利，"公益文创"意在使文创经营与社会公益结合，协助弱势群体参与文创生产，鼓励民间企业关怀社会，将文创产品的设计、制作、生产全过程提升为资源整合平台，突破"文创＝营利"的局限，创造文创产业落实社会关怀的格局。

科技文创不断发展，5G时代已经到来，数字化技术的产业改造不会放过任何一个角落，数字文博、创意旅游、作品衍生品等行业的发展酝酿着机遇，线上与线下联动则是科技文创下一个阶段的大趋势；深耕内容成为重要环节，《唐宫夜宴》《觉醒年代》等作品的火爆，体现出市场对于优质内容的敏感与好感，深耕内容的文创品牌将获得市场的认可，急功近利的做法不适合文创行业；"颜质并重"才能把握市场机遇，文创不是噱头，文化是核心、产品是载体，深入挖掘文化主题或作品的精神内涵与文化价值的同时，优秀的文创产品也无不是"颜值"与质量并重，在保证产品属性的基础上提高精神层面的附加值；矛盾凸显是未来公益文创发展中的挑战，文创产业市场规模与认可程度持续上升，但这也掩盖了创造力与市场需求之间的矛盾，文创产品持续"出圈"，消费者的鉴别能力与消费能力都有所提升，应尽快探索文创产业的更多发展路径，以创意和人才解题。

目前文创产品开发、设计、营销的水准不断提升，发展迅猛，但各方的关注仅聚焦于文创产业化的路径，关注"公益文创"与体现人文关怀的产品从数量到质量都不尽如人意。我国可借助丰富的传统文化资源、现代化理念资源，以开放的姿态提倡公益、助力文创，体现文创产业的社会责任。首先，从内涵来看，大量的知识资源尚未转化为可以直观呈现的文创形态，特别是古风、国风等传统文化资源，这些文化瑰宝属于公共财产，在产业利益之外，产值应该回馈社会。其次，应让人文关怀结合社会公益，扶持弱势群体，协助其参与文创生产过程，培训该群体的一技之长，使之得以自给自足，进而有自信心重新投入社会。最后，应重视文化部门的社会责任，结合人文关怀与公益文创概念，鼓励民间企业投入文创产业关怀社会，开放知识资源，让公益文创成为彰显文化责任、产业发展回馈社会的重要平台。

八　对残障公益文创发展的启示

国家在推进创新创业的过程中，明确提出了建设创新创业平台、增强支撑作用的具体举措。《国务院关于大力推进大众创业万众创新若干政策措施的意见》指出："鼓励开展各类公益讲坛、创业论坛、创业培训等活动，丰富创业平台形式和内容。"残障公益机构公益文创产品的开发，将有效提高残障公益机构本身以及机构内部残障人士的经济收益，帮助残障公益机构脱离经济成本方面的困境。

随着数字经济的不断深化发展以及创意经济的不断崛起，残障相关公益机构如托养机构、助残平台等为了实现更好的经济收益，而非被动等待资金支持，主动开展适合残障公益发展领域的经济活动，带动残障人士参与社会劳动，获得报酬收入，开展公益文创产品制作、销售等是一种主要途径。这些机构利用残障群体的手工艺作品，结合自然和历史文化遗产、地域文化资源，通过设计与社会创新方法，扶持文创产业的可持续发展，促成具有残障文化权益特色的文化产业，实现残障群体的就业，解决残障群体的经济收入问题。

在数字经济背景下，公益文创项目的发展路径需要迭代思维。从传统的销售由残障人士制作的香皂、串珠等一般手工产品的项目，逐渐转型为与拥有文创研发实力的企业合作、授权生产具有文化传播价值的公益文创产品的新型数字文创项目。在与其他企业合力的情况下，公益文创项目可以开发文创产业链，在此过程中也能够传递企业社会责任，让公众产生信任。这不仅能提升企业品牌形象，也能为残障公益机构带来经济收益。公益传播从单方主体向多方主体合作机制转变。多方主体深度介入一个公益项目中，发挥各自优势。借助数字技术联通线上线下的文化资源，打通传播者与受众之间的传播通路，借由一款面向大众的小程序形成传播闭环，为受众带来创新体验。

除了积极开展公益文创产品的迭代升级与转型之外，充分利用好助残日等系列节事活动是文创产业的一种营销渠道，在节事活动中发掘公益文化的协同资源。文创产业相关的节事活动具有集合的能力，将公益作品的特色、文化、创新性再现于举办空间，形塑独特的文化意象。节事活动将常规生活形态与创新性的表达组合在一起，能够诠释与强化互动参与者的记忆，不但能够促进公益文创产品的营销，也能够传达公益文化的内涵。节事活动能够吸引以及聚集各种社会文化与经济活动，创造就业与消费机会。

公益文创产业的内生式发展，是一种强调以残障群体既有的文创制作内容为基础，参考外来的技术、理念、制度等，由公益机构和残障群体作为开发主体，自发主动地进行融合、更新的发展方式。

公益文创产业的内生性，决定了其差异性所在，公益文创产业发展具有一定的文化指导意义，因此在进行创意表达的同时，要以有利于残障群体权利发展为尺度，只有在充分尊重残障群体平等权益的前提下，才能使文创商品或活动成为残障文化发展生态的一部分，也才能够赋予公益文化创新系统更大的再创作空间。残障公益文化创意活动，就是使残障群体的日常生活获得附加值、使日常生活得以活化的过程。只有赋予残障群体的日常活动以充分的主体地位，才能够使活化真正地实现。此外，文创产业的永续发展也需要创新学习体系、响应产业需求、介入产业技术、建立面向残障群体发展的人力培养系统。

公益文创项目在残障领域的应用将会帮助残障人士树立自强意识。残障人士通过创作具有实用价值的文创产品并以其换取经济收益，可以确信自身价值，培养自强自立意识，减轻家庭实际负担，这有利于进一步深化他们对美好生活的精神追寻。

公益文创项目在残障领域的应用将会为残障人士提供创作平台。残障人士在公益文创相关活动中有了施展才华的创作平台，能够进一步拓展思维，产生幸福感。独立创作的文创产品获得认可，将会极大地提升残障群体自信心。

公益文创项目在残障领域的应用将会拓展残健沟通渠道。公益文创项目在发展过程中可以依托政府平台、企业技术，立足跨界团队优势，跟进从作品到产品的过程，测试从产品到商品的市场反应，进行文创产品项目孵化。在这一过程中，残障人与健全人实现共同讨论、优势互补、融合发展，共同为公益文创项目的发展目标而努力。

城市认知症友好社区建设对策研究[*]

崔申林[**]

摘　要： 认知症多表现为进行性记忆力减退，伴有认知功能障碍，发病时，可能丧失生活自理能力和社会交往能力。该疾病的患病率随着年龄增长和老龄化的加剧逐渐升高。如何使得长者在确诊为认知症后可以继续在社区生活、免受社区其他居民的非议、维持长者原有的生活状态、积极促进认知症长者融入社区、避免社会孤立，是城市认知症友好社区建设的重要议题。

关键词： 认知症　认知症友好社区　社区融入

一　引言

随着老龄化不断加剧，认知症长者的照护问题成为社会关注的焦点之一。本文从认知症长者、长者主要照顾者及其家庭三类主体的主要需求出发，从认知症社区科普宣教、长者早期预防、专业照护服务入手展开研究。本文主张通过对社区 65 岁以上常住长者开展认知状况筛查以及一对一个案干预，达到缓解认知症状和延缓认知症病程发展的目的。此外，有必要逐步在社区当中建立多种类的、具备专业照护知识的团队，如社区照护团队、志愿服务团队、家庭社会支持团队等，增强家庭以及社区照护能力，从而建立认知症友好支持网络，推动认知症友好社区建设。

---

[*] ［基金项目］本文系 2022 年度江苏共享发展研究基地第一批开放基金课题"城市认知症友好社区建设对策研究"（立项号：22GXJD02）的研究成果。

[**] 崔申林，江苏悦心养老产业有限公司认知症照护中心主任，研究方向为老年社会工作、社区认知症长者照护。

2020 年我国第七次全国人口普查数据显示，全国 60 岁及以上人口为
2.6 亿人，占全国人口 18.70%，其中 65 岁以上人群有 1.9 亿人，占比为
13.50%。[①] 我国人口老龄化程度进一步加深，老龄化相关疾病发病率以及死
亡率也显著升高，给社会带来巨大的压力。人随着年龄的增长，身体的各个
系统如神经系统、呼吸系统、消化系统、内分泌系统、运动系统等都会出现
不同程度的衰退。在众多老年疾病当中，认知症已成为威胁长者晚年健康生
活的障碍之一，认知症是由脑部疾病所引起，导致长者记忆、感官、认知等
功能产生退行性病变的一系列症状。认知症包括阿尔茨海默病、路易体认知
症、帕金森病认知症、血管性认知症等。

二 社区照顾的概念及特点

目前，国内外养老模式主要有三种：居家照顾、机构照顾和社区照顾。
由于我国家庭照顾功能的弱化以及机构照顾的相对不足，我国急需一种新的
照顾模式即社区照顾。社区照顾或社区养老模式，即政府和非政府组织以及
其他机构在老人所属的社区建立养老中心，采取非营利组织的运作方式，为
社区老人提供家政服务和医疗卫生服务的养老模式。该模式以居家照料为
主，社区养老机构（日间照顾中心、老人院）照料为辅。社区照顾根据服
务地点，可分为家庭照顾、日间照顾中心照顾和社区机构照顾；根据服务提
供的人员，可分为正式照顾和非正式照顾。

三 认知症长者照顾形式的现状

目前，我国认知症长者的照顾主要有两种形式，即入住相关的医疗、养
老机构由专业照顾者给予照顾或居家由家中亲属给予照顾。

---

① 宁吉喆：《第七次全国人口普查主要数据情况》，中华人民共和国国家统计局网站，2021 年 5
月 11 日，https://www.stats.gov.cn/xxgk/sjfb/zxfb2020/202105/t20210511_1817195.html。

（一）机构照顾

我国现有的养老机构以养老服务为主，主要接纳健康老人或无重大身心疾病的老人。对于需要专业护理的认知症长者来说，尽管在机构中可以保证人身安全，却往往很难得到与病情相适宜的治疗和照顾；即使存在少数以治疗为主的老年病房，可以满足认知症长者的日常药物治疗需求，其护理人员在认知症相关知识、照顾技能及如何对认知症长者进行心理护理、活动安排上也有所欠缺或不够专业。养老机构统一的模式化管理、单调的生活安排，以及出于安全考虑而对认知症长者进行的一定的束缚，都会加重认知症长者的认知功能退化，导致认知症长者生活能力下降，不恰当的护理方式亦会导致认知症长者缺乏安全感及情感交流，行为和精神症状频繁发生。国内外的研究均显示，入住养老机构后，认知症长者病情可能会加重，并发疾病可能会增多，死亡风险可能会增高；研究还显示，认知症长者由居家照顾转为机构照顾后，其亲属的焦虑抑郁状况仍未得到缓解。

（二）居家照顾

由于认知症照顾机构功能尚不完善，多数认知症长者会留在家中，由配偶、子女及其他亲属照顾。在照顾认知症长者时，如果认知症长者配偶健在，则长者的配偶往往承担着主要的照顾角色，只有当认知症长者丧偶或其配偶因身体原因无法承担主要照顾责任时，成年子女才会承担起主要的照顾责任。配偶照顾者会比子女照顾者存在更强烈的责任感，大多只要身心状况允许就会倾向于在家中照顾长者。然而，在实际照顾中照顾者会存在或面临多种问题，比如配偶照顾者的儿女往往不在本地或在本地而不住在一起，导致配偶照顾者的家庭支持缺乏，常感到孤立无援。另外，由于认知症长者的配偶照顾者与认知症长者的感情联结较密切，在照顾中的感情投入多，照顾时间长，抑郁情绪会比子女等其他照顾者更重。子女照顾者较容易出现照顾角色的中断，一方面，子女照顾者除了要照顾老人外，还需要兼顾家庭、工作以及社交生活，会面临比配偶照顾者更重的负担；另一方面，子女照顾者似乎比配偶照顾者更多选择让认知症长者入住养老机构。在常年的照顾压力下，亲属照顾者均可能出现焦虑、抑郁情绪，负担加重，并难以缓解，最终导致照顾者免疫力变差、躯体疾病增多。同非认知症长者的照顾者相比，认知症长者照顾者的身心健康受到更严重的影响，生活质量更低，死亡危险更高。照顾者负担持续加重，不仅给自身健康带来严重威胁，还会加重认知症长者的症状，影响认知症长者的生活质量。

四　认知症长者社区照顾模式

社会养老机构功能不足，不能充分满足患者和照顾者的需求；而家庭照顾对照顾者尤其是子女照顾者而言又比较困难；社区照顾既不脱离家庭环境又能提供多种正式或非正式的社区资源的支持，对于认知症患者和照顾者来说都是比较合适的方式。

（一）以居家为主，提供认知症家属照顾者专业培训和支持

目前国内外研究都开始尝试培训专业护理人员以家访指导或群体培训的方式向照顾者提供认知症相关的疾病知识讲解、照顾技能培训、压力调节方法介绍等信息支持以及情感支持；研究结果显示这些支持有助于缓解照顾者的负面情绪，减轻照顾者的负担，提高认知症长者的生活质量。因此，可尝试以社区卫生中心、卫生站为依托，对社区医护人员进行认知症相关知识和技能的培训，以家访、电话随访以及课程培训等形式向认知症长者家属提供信息、情感支持，以维护认知症长者家属的身心健康，提高认知症长者的生活质量。

（二）发展社区日间照护，完善认知症养老服务

在社区养老模式的基础上，结合认知症长者及其照顾者的实际情况，创建社区日间照顾中心，家属可以在日间将长者送到中心照顾，晚间接回。一方面，可以给予认知症长者照顾者尤其是子女照顾者更多休息、工作、参与

社会活动的时间，减轻照顾负担；另一方面，在日间照顾中心，专业照护人员会集中给予各阶段认知症长者认知、生活能力训练并开展适宜的娱乐活动等，这对于认知症长者认知状况、生活自理能力的改善以及情绪的稳定有一定益处。除此以外，社区照顾模式还可提供认知症长者家属之间相互交流、支持的机会。这种方式使认知症长者不脱离家庭环境，或许可以缓解子女照顾者由于工作等客观原因无法在日间很好照顾认知症长者却又不愿送认知症长者入住养老机构的矛盾。

五　认知症友好社区建设

本文就认知症友好社区本土化实践进行探索，确定了友好社区的概念。本文认为，认知症友好社区中"友好"的含义应当包含"友好照护、友好组织、友好环境"三个维度。

第一，友好照护，主要是指一线团队在建设当中针对社区轻度认知功能障碍者和认知症早期、中期长者及其家庭，根据不同的长者和主要照顾者的需求，开展专业的认知症照护服务。例如，生活照料方面提供助浴、助餐、居家日常清洁、理发、代购代拿等常见的社群为老服务；认知专项方面提供现实生活导向、音乐疗法、怀旧疗法、认知训练等针对长者的认知状况开展的相应照护服务。

第二，友好组织，主要是指社区当中各类认知症友好的服务组织，其中既有银行、超市等商业化的服务组织，也有社区居委会、公益组织、社区居家养老服务中心、志愿服务团队等非商业性质的服务机构组织。

第三，友好环境，主要是指社区常住居民以及社会大众对认知症长者的关心帮助，更是指通过自上而下的政策来唤起社会对认知症长者的关爱。

在理念搭建的基础上，根据社区一线团队的组成情况，由社区团队在相应的社区开展相应服务，使得"友好"的概念落地。

1. 社区筛查

项目在前期应进行充分的设计和规划，项目开展的第一步就是社区筛查，所谓"筛查"就是指应用快速、简便的检验、检查手段，从表面健康者中查出可能患病者，以便进一步诊治的过程。建设认知症友好社区，第一步就是要摸查清楚社区当中认知存在障碍的人群数量，但是碍于隐私和病耻感，长者和家属往往不愿意面对和谈论认知症，因此筛查工作在整个项目开展过程当中尤为重要。开展筛查服务的第一步是确定筛查工具和开展筛查人员培训。应当就认知症长者的特点和一线为老服务当中所采用的量表的信度和效度进行充分的论证。首先，存在认知障碍的长者在记忆（尤其是短期记忆）、方向感、空间感、时间顺序、语言、注意力、计算能力等方面，或多或少地会出现退化的症状，所以在设计测量工具时就要充分考虑到这些因素。其次，在目前一线为老服务所使用的测量工具的基础上，可以设计专供社区照顾项目使用的筛查工具。

项目筛查团队的建立和培训也是社区普筛的关键环节，在挑选筛查团队成员时应注重以下条件：第一，成员年龄不超过70岁，是社区的常住居民；第二，具备初中及以上学历；第三，成员定期/不定期参与社区活动，具备一定志愿精神。

社区筛查团队经过前期的培训，应当已具备社区初筛的能力，可以在相关社区进行常态化的认知状况的筛查。

2. 个案干预

个案干预，是指针对认知症长者的多重问题、多样化需求，组织跨专业的人员进行的整合照护服务。

认知症长者可能面临认知、行为、情绪、心理等多重问题障碍的困扰，无法享受正常的晚年生活。此外，一旦家中长者确诊认知症或者确认存在认知障碍，那整个家庭的重心和生活就会围绕着长者开展，尤其是家庭的主要照顾者，他们每天都需要照顾长者的日常生活，面对个别行动不便甚至处于半失能状态的认知症长者，家属更是无从下手、痛苦难言。

综合考虑上述情况，社区照顾项目可以为长者开展一系列的非药物干预。

非药物干预是指对认知症长者进行精神治疗或采取心理、社会介入方法进行治疗。非药物干预的方法包括环境现实导向疗法、怀旧疗法、绘画疗法、芳香疗法、园艺疗法和认知训练等。此外，社区照顾项目在为长者开展个案服务的同时也可以为其家庭开展一系列的相关服务，例如居家保洁，照顾者的慢病管理、喘息服务，情绪团体心理辅导等。

长者的个案干预是建设认知症友好社区的重点环节，也是长者及其家庭急需的照护服务。面对认知症长者的精神行为症状，家属经常无从下手，因此认知症长者的非药物干预是十分必要的。

此外，面对长期照护长者的家属，团队可定期开展户外远足、心理或情绪辅导、认知症知识讲解、照护方法培训等相应的服务。

3. 社会倡导

认知症作为一种老年人群常见疾病，与高血压、糖尿病、痛风、白内障、骨折以及心脑血管疾病一样普遍为大众所认知，但长期以来由于种种原因，社会大众尤其是老年人群对于认知症经常避而不谈。社区大众尤其是长者不愿意谈论和关注认知症存在以下两种原因。第一，许多认知症长者的症状是短期记忆的障碍甚至丧失，就是刚刚做过的事、说过的话转瞬就会遗忘，这样的一种表现往往与长者正常衰老所表现出的"健忘"十分相似，这就导致人们对于认知症所表现出的症状不是十分敏感，往往就此错过检查和干预的最佳时期。第二，长期以来社会大众面对这种疾病常使用"老年痴呆"这样的名词来形容，在社会传统语境当中，"痴呆"带有强烈的病耻感和侮辱性，这样的词语会使患者及家属产生强烈的排斥和反感，所以近年来医护人员在长者照护中一般使用"失智症""认知症""认知障碍"来描述这类疾病。

此外，应当开展认知症友好社区的建设，广泛开展老年友好型社区的建设工作，包含服务便利可及、出行无障碍等。本文建议，城市社区要在基本硬件设施达标的基础上开展认知症老年友好社区的建设。

在政府政策方面，近些年来我国养老服务行业已经从基础养老建设逐步向高质量养老服务供给发展，未来政府应该加大失能和认知症长者照护方向的政策和资金支持力度。只有在政府大力推动、社会各界关注之下，认知症长者才会更有幸福感和获得感。

残疾人精神共同富裕的社会工作介入逻辑与实现路径*

康建英**

摘　要：中国社会发展的曲折性和非均衡性导致精神共同富裕滞后于物质发展，作为弱势群体，残疾人所遇到的精神发展滞后更为严重，已经成为残疾人社会融入、参与社会共同发展的掣肘。本文在探讨精神共同富裕内涵及其与社会工作关系的基础上，分析了社会工作介入精神文明及共同富裕的诉求、作用和实施路径，为政府现代化治理、残疾人精神共同富裕及社会工作发展定位提供了理论借鉴。

关键词：　残疾人　共同富裕　社会工作　精神文明

　　党的十八大以来，党和国家坚持以人民利益为核心，不断提升全民福祉、促进人的全面发展。在共同富裕和中国式现代化实践的新征程中，我们不仅追求物质财富的增加，还大力发展社会主义先进文化，丰富人民的精神生活。残疾人作为弱势群体，更容易再次陷入贫困，这与共同富裕的目标相悖，因此关注残疾人的经济收入、提升其就业能力、促进其精神自由、使之融入社会，是中国式现代化进程中共同富裕的重要内容。

　　社会工作学科从创立伊始就重点关注残疾人等弱势群体，在促进残疾人就业、推动残疾人融入社会、维护社会公平等方面发挥了重要的作用。通过

---

　　* ［基金项目］本文系国家社科基金项目"农村互助养老的资源整合、制度创新与可持续性研究"（立项号：20BSH020）的研究成果。

　　** 康建英，南京特殊教育师范学院教授，研究方向为社会保障与政策评估。

社会工作赋能，残疾人不仅能获得充裕的物质生存资料，更能获得高质量的精神财富、拥有健全的人生。本文将从社会工作介入残疾人赋能的角度论证其对精神共同富裕的影响，从而为实现共同富裕目标提供具体化和可操作化的政策设计。

一　精神共同富裕内涵及实现的社会工作需求指向

（一）共同富裕的内涵、维度及内在关系

共同富裕是指全体人民通过辛勤劳动和相互帮助最终达到丰衣足食的生活水平，是在消除两极分化和贫穷基础上的普遍富裕，是社会主义的本质要求。① 共同富裕是一个政治经济学的概念，包含物质富有与精神富有两个维度，其中物质富有是终极目标，实现过程涉及政治、文化、民主等多个领域，而精神富有具有价值取向，其内涵与实现机制更为丰富、复杂。

马克思的思想中也囊括了对共同富裕的论述，例如他在《1844 年经济学哲学手稿》中指出："通过私有财产及其富有和贫困——或物质的和精神的富有和贫困——的运动，正在生成的社会发现这种形成所需的全部材料。"② 马克思在经典著作中明确提出"精神的富有"一词，马克思的这一论述告诉我们，精神富裕离不开物质富裕的支撑，精神的富足是要在物质和精神两个方面的富有和贫困的运动中实现的。本文将学者们已有的关于精神财富的内涵归纳为三类。第一类是宏观文化角度的精神财富的界定，关注精神文化与社会发展是否匹配。匹配则富有；滞后则不富裕，难以满足家庭和社会的发展，抑制社会的进步和人类的发展。第二类从受教育程度、道德素养、节操等微观个体的教育和知识储备角度来衡量精神状态。积极即富有，抑郁即贫困。第三类是从多维度、多学科融合的角度界定精神富有。部分学者从心理、文化、信仰等角度界定共同富裕，认为积极健康的心理、多

---

① 雷明：《共同富裕的内在逻辑与现实选择》，《山东经济战略研究》2021 年第 12 期。
② 〔德〕马克思：《1844 年经济学哲学手稿》，人民出版社，2000。

元和包容的文化生活、积极的信仰等都属于精神共同富裕①的范畴；有的学者从政治参与角度界定精神富有，认为机会平等、权利平等、文化获得平等表征了精神生活的共同富裕②。

（二）精神共同富裕的社会工作需求指向

残疾人的精神财富积累离不开社会工作的助人自助理念，因此社会工作给予了精神财富积累以工具性支撑，而精神共同富裕则赋予了社会工作介入的方向与动力。

首先，精神与物质共同富裕的同步性决定了社会工作内容的及时跟进性。人类的发展史从某种程度上来说是一部教育的发展史，而社会工作在一定程度上与教育相伴而生，价值目标基本一致，且更加注重教育内容的实操性和有效性。残疾人自身条件的限制导致其生活信念、学习能力、就业技能等可能弱于同等条件下的健全人，而社会工作的核心内容就是从知行能力的角度实现残疾人的职业发展、提高残疾人的收入，帮助残疾人更好地生活。经济学鼻祖亚当·斯密在《国富论》中提到的人力资本、分工和教育的作用，柏拉图的《理想国》、卢梭的《社会契约论》以及阿马蒂亚·森的《以自由看待发展》等著作中关于制度、政府和民权的论证无不彰显了教育对于社会文明与进步的影响。而残疾人教育的直接形式就是社会工作的专业介入，通过赋能培训提高教育的效率，增加残疾人的收入，同时还可从精神层面上对其进行民主、参与的赋权，促进社会的融合，推动两种富裕的同步进行。③ 所以，物质与精神两种文明的同步发展决定了社会工作介入的同步性及改革的方向和动力。

其次，精神富裕内涵的开放性、兼容性给社会工作的改革提供了实施空

---

① 柏路：《精神生活共同富裕的时代意涵与价值遵循》，《马克思主义研究》2022 年第 2 期。
② 傅才武、高为：《精神生活共同富裕的基本内涵与指标体系》，《山东大学学报》（哲学社会科学版）2022 年第 3 期。
③ 陈荣卓、刘海燕：《从接点到融合：治理相对贫困与实现共同富裕——基于 S 市 T 区的经验观察》，《新疆师范大学学报》（哲学社会科学版）2024 年第 5 期。

间与方向。社会工作理念中包括了辅助残疾人群体提升认知价值和能力，帮助残疾人融入社会、参与决策、减少痛苦与减少社会歧视等。现实中因民族、区域、宗教文化等特质的不同，精神共同富裕所要求的内容也是多元、开放和包容的。这就需要社会工作者在知识传播过程中要与精神富裕的要求高度一致，积极传递科学的、积极的认知，践行社会主义核心价值观，促进残疾人与社会深度融合。如果说精神共同富裕是文化建设的根本目标，那么社会工作的目标就是成为文化建设中赋能残疾人的工具，通过助人自助等利他主义价值观念的灌输和技能的植入，帮助残疾人实现精神文明建设的伦理目标。① 精神富裕规定了社会工作的发展方向，确保了其伦理观念的正确性，使其成为反对糟粕文化、精神枷锁的有效武器。社会工作介入的内容空间和方向也进一步提升了残疾人精神富裕的速度与质量，始终沿着社会主义精神文明方向前进才能展现社会主义国家社会工作的强大生命力。

（三）社会工作对于残疾人精神共同富裕的作用

精神富裕是一个主观、动态、多元的概念，在现实中很难被全面、精确地理解和操控。对于残疾人的精神富裕，应以社会工作的教育与文化功能进行概念分解，这也反映了精神富裕与社会工作概念间的因果与互动关系。

首先，社会工作通过助人自助的个体教育成为精神富裕目标实现的载体。

精神文明建设与文化建设间具有直接的因果关系，② 而社工的教育功能在两者间具有中介传递作用。无论是精神文明追求的精神富裕还是文化建设追求的素质提升，都离不开教育的发展。③ 文化建设中的意识形态引领，政权领导权与话语权建设，艺术、文化与技术进步，微观群体的伦理价值、道

---

① 张邦辉、吴健、寇桂涛：《社区居家养老服务的赋能方式与赋能路径组合》，《改革》2021年第 12 期。
② 夏海燕：《论精神生活共同富裕实现的文化路径》，《江苏社会科学》2022 年第 6 期。
③ 项久雨、马亚军：《人民精神生活共同富裕的时代内涵、层次结构与实现进路》，《思想理论教育》2022 年第 6 期。

德法治意识建设，以及宏观群体的凝聚力、民族独立自强的品质和全民族的思想道德素质等都离不开教育的引导。如果说精神共同富裕是文化建设的根本目标，那么教育发展的目标之一就是文化建设，所以说精神富裕的实现与发展离不开教育的发展，教育的发展是文化建设与精神文明建设的根本保证和实施的基本路径。残疾人因为基础教育受限，成年后更需要社会工作的介入，通过多种形式的个体教育，提升基本从业技能，树立正确的人生观、价值观。

其次，社会工作介入残疾人发展的目标是实现个体的自由和富裕。

社会工作的终极目标是关注人类社会的总体福利、正义制度的安排，这与阿马蒂亚·森"以自由看待发展"的观点一致。人类追求自由是基于物质的丰裕和精神的富足，其实现途径是知行能力的提升，而能力的提升离不开教育的发展，在某种程度上说人类史是教育的发展史。残疾人作为社会共同体的一部分，是社会公正所重点关注的群体，其所依赖的知行能力提升及其所要达到的共同富裕更是离不开社会工作介入的教育支撑。另外，残疾人的精神财富的丰裕度体现为该群体所拥有的文化产品是否丰富，能否被低成本享受并通过多样化的文化产品消费挖掘内在潜质，能否提升主观价值和精神世界品质，能否促进社会共同体的融合与个体自身价值的实现，能否将个体内心精神世界外在化形成有鲜明特点的文化作品与活动等。要在这些方面提高残疾人精神财富的丰裕度，离不开整体教育的发展和社会工作介入的辅助。因而，残疾人的精神富裕离不开文化建设的多样化创作、传播，更离不开社会工作的积极介入与辅助，三者目标具有一致性，且社会工作与文化建设对精神财富还具有工具性价值。

最后，社会工作介入是反对文化糟粕、精神枷锁与毒瘤的有效武器。

精神文明的进步与富有离不开先进文化的创作与传播，然而没落的、反社会的势力与其支持者们为了既得利益总是通过糟粕和反动的文化限制人类的发展，通过不同路径和形式传播有害思想，阻碍社会文明的进步、妨碍国家治理。残疾人本身处于弱势地位，容易被利用、被愚化，这就需要社会工作及时介入，通过教育使公众明辨是非、强化爱国信念。社会工作通过先进的文化教育理念帮助弱势群体重拾生活的信心、净化灵魂，避免落入发展的陷阱。① 资本主义社会往往通过扭曲的价值观念，如消费理念、唯市场价值论、唯经济论等影响民众，尤其是弱势群体的判断能力，鼓吹享乐及拜金主义，与社会主义核心价值观、马克思主义思想背道而驰。因此有必要通过各类教育形式，包括社会工作的介入，弘扬和践行社会主义核心价值观，反对与杜绝精神信仰混乱、思想观念变异。

二 残疾人精神共同富裕过程中社会工作的溯源

社会工作在形成、发展的过程中以塑造利他主义、助人自助的价值理念为原则，为精神文明建设提供了实践基础，中华文明在发展历史中也自发地形成了与社会工作价值观念相一致的思想源流。

（一）扶弱助残的中华民本与仁政思想是精神发展的沃土：社会工作建立、发展的致因与动力

我国历史上对残疾人进行保障与服务的思想源远流长、内容丰富。儒家、墨家思想中的大同思想、民本思想、仁政思想、兼爱思想等是扶弱助残的集中体现。《礼记·礼运》中记载了孔子的社会大同思想，即"大道之行也，天下为公，选贤与能，讲信修睦""故人不独亲其亲，不独子其子""矜、寡、孤、独、废疾者皆有所养"所描绘的公平、正义、共享的理想社会。墨子的"兼以易别"思想在儒家强调的"爱有差等"的观点上提出了"兼相爱，交相利"的思想，倡导公平互利来解决社会矛盾。另外，民本与仁政思想也展现了立君为民、立君为天下的古典政治伦理，如"政在养民""养民裕民"等论述阐明了以德服人、以民为本、爱民重民的扶弱助贫思想。两种思想从政治及国学的立意上均体现出"官"对"民"的保障态度，

---

① 赵仁杰、张子尧：《补齐共同富裕的民生短板：税收激励与特殊群体稳就业》，《世界经济》2023 年第 7 期。

在实践中也都把民生问题作为底线和标准。所以民本与仁政思想也时刻提示着当权者关心人间疾苦，赈济贫困，提升弱势阶层重拾生活信心的能力。因此，我国历史中对包括残疾者在内的弱势群体施以援助的民本与仁政思想是精神文明发展与追求精神共同富裕的历史基因，这为社会工作介入提供了现实基础。

（二）社会主义理论及党的社会公平伟大实践赓续了精神文明传承：社会工作发展的标靶

扶弱助残的社会公平思想集中反映着人们追求美好生活的夙愿，这也是社会工作的本质要求和目标。新中国成立以来，党在马克思主义的指导下，不断探索和推进社会公平的发展，为民生谋求福祉，争取民主与公平，取得了重大成就。随后，党提出了中国式现代化、全体人民共同富裕等战略目标，为了全面实现社会公平而实施了有力的举措。在具体的政策落地与治理过程中，社会福利保障的重点是小而散的弱势群体，鉴于成本和效率的考量，助弱扶贫的工作可以以项目的形式交由专业组织负责，而社会工作可以以其特有的专业精神介入残疾人能力提升，成为共同富裕追求路径上的首选技术方案。因此，可以说在追求社会公平的伟大实践中，社会工作的介入提供了低成本、高效率的精准助力，为精神共同富裕的实现提供了推动力。

（三）政府助残治理新理念夯实了中华精神文明根基：社会工作介入的法治地位依据

一个国家、社会的首要品质是公平与正义，[①] 这虽然是对西方社会历史发展的批判和经验总结，但在一定程度上也适合世界其他国家的制度建设。在追求公平的现代治理过程中，政府应该如何有效帮扶残疾人，是公共管理的关注重点。政府高效治理包括三个逻辑：一是政府是否在做正确的事情；

---

① 〔美〕约翰·罗尔斯：《正义论》，何怀宏、何包钢、廖申白译，中国社会科学出版社，1988。

二是政府的服务是否满足民众需求；三是政府所做事情是否高效、有质量。目前，发达国家的政府在为残疾人提供公共产品时一般采用项目发包的形式，而要评价这种以"社会组织"为主导的政府助残、帮扶策略是否有效，除了评价其是否满足了一般膳宿需求外，关键还应考量其是否适应现代化的弱势群体增权赋能的要求。我国各级政府在对国外助残实践经验批判性学习的基础上，不断创新与融合，形成了具有中国特色、先进的帮残助残理念，这不仅有效增强了残疾人的增能赋权、社会融入和收入提升，也为政府管理的现代化提供了发展动力。

三 残疾人精神共同富裕过程中社会工作的赋能路径

残疾人精神共同富裕是中国特色社会主义现代化的重要标志和发展要求，社会工作赋能不仅是其有效载体，也影响着中华文明传播的速度和广度，具体而言，包括如下对残疾人具体的赋能路径。

（一）社会工作赋能残疾人个体心理健康，助力精神共同富裕

残疾人因歧视而难以融入社会，导致心理问题多于常人，这与社会环境有关，更与残疾人自身的认识水平、情绪管理能力、个性特征等方面的不足或缺陷有关。所以，社会工作的介入可从提升个体心理和精神满足、促进个人道德价值与社会融合两个维度进行。第一，社会工作可以通过心理与精神层面的辅助教育，帮助残疾人树立坚定的生活信念、端正对社会的认知、科学辨识自身的不足、有意识地不断积累个体心理资本。社会工作的介入，使残疾人的心理认知行为途径由外来介入的辅助性向个体自主探索的主动性转变，达到"授人以渔"的效果。第二，社会工作还可以就国家、社会主流价值观念的教育与实践与残疾人展开互动，塑造与提升残疾个体的自信心、获得感和认同感，增加残疾个体宏观的社会认知力，推动残疾人社会融合。

总之，社会工作通过心理品质的教育和重塑，使残疾人能够正确认识社会发展中存在的问题，帮助残疾人对自己的行动做出有效的调整和适应，逐

步成为思想高尚、有理想、讲道德、守纪律的时代新人。残疾人的精神富裕就是在改造客观世界的同时不断地改造主观世界，表现为教育、科学、文化知识的积累以及思想道德水平的提高。所以，精神共同富裕内涵的实现与社会工作助人自助的理念天然一致，社会工作在赋能残疾人、实现共同富裕中承载着重要任务。

（二）社会工作培养残疾人职业素养，推动物质文明与精神文明发展

残疾人之所以处于弱势地位，是因为他们获取社会资源的权利与机会受到剥夺，参政、就业、受教育机会减少，再加上功利主义价值观念下的社会歧视，残疾人的社会融入困难增加，进而导致其心理认知出现偏差。解决这些问题的根本路径在于提升残疾人的知识储备与就业能力，保障其参政议政、参加工作的权利。第一，社会工作会通过职业技能培训提升残疾人人力资本存量，增加收入水平。助人自助的微观基础就是根据残疾人个体特征量身打造，通过精准定位、一人一策及专业设计的精准化就业服务模式提升残疾人知行能力，包括职业技能和素养、行业发展与创新能力、职业操守与经济伦理等。第二，社会工作会疏通协调外部环境，为残疾人积极争取就业机会。社会工作除了通过个人自主的个体辅助，还可以通过社区与社会平台联合，为残疾人就业开拓市场，争取良好的就业环境与条件，提高残疾人物质收入水平，使其感受到社会和政府的支持与关心，为社会融入打下坚实的经济基础、环境基础和心理基础。

所以，社会工作通过职业生涯规划、培训、就业信心及素养培育等形式的介入，为残疾人实现共同富裕提供了技术支撑，这是社会工作的独特优势，也是助残共同富裕的推动力。

（三）社会工作拓展了公共政策内容，提升了政府共同富裕领导的科学性

长期的扶贫工作让我们看到了政府在贫困治理、弱势群体赋能方面取得

的重大成果，同时也出现了目标识别困难、赋能不精准、工作不专业等导致的低效率现象。而现代化政府治理的重要标志之一就是将公共产品以项目的形式委托、发包给专业组织，通过政府购买实现公共服务的专业化供给。当今我们打赢了脱贫攻坚战，但小而散的返贫风险依然存在，尤其是残疾人整体收入较低、返贫概率更大的情况下，如何低成本、精准地实现共同富裕成为政府治理要回答的重点问题。社会工作因其专业性、亲和性等天然优势特征，不仅对个体具有强大的帮扶能力，还能通过社会服务对社会财富进行再分配，缩小收入差距的同时促进弱势群体财富的共同增长。所以说，社会工作已经成为政府治理的有效工具，它对扩展政府治理范围、提升政府治理效率和公信力，积极树立大治理观，推进社会治理现代化和丰富中国式现代化价值意蕴具有积极的意义。社会工作以人为本、鼓励多元主体参与社会服务的理念能激发弱势群体的主体性，提升政府公共治理的有效性。

综上所述，社会工作作为参与政府现代化社会治理的重要工具和力量，在提升社会治理能力、完善社会治理体系等方面发挥着独特作用。社会工作通过其不断完善的服务理念、技术手段不断推动着社会治理格局的演变，由自上而下的政府独自担当向自下而上的共建、共治、共享方向发展。作为防止弱势群体返贫、实现共同富裕的有效武器，社会工作一直遵循着以人为本、助人自助、平等公正的专业价值观，对于建构平等互助、扶贫济困、礼让宽容的社会风气具有积极的价值，也是实现残疾人共同精神富裕的有效保障。

科技跃迁对残障事业发展的支持与赋能

常晓茗* 郭佳佩**

摘 要: 第四次工业革命所带来的技术发展,对人类社会生活产生了不可估量的影响,尤其可以在一定程度上带来对弱势群体及边缘群体的增能效应。然而科技赋权不是直接的,科技本身作为一个客观存在,不具有赋权能动性,使科技产生赋权能量的,是人对增能的渴望和推进,在此基础上人会将科技变为赋权的中介与赋权的途径。本文试图在解释技术跃迁与中国残障事业发展关系的基础上,描绘技术进程中残障政策追随社会发展前沿的持续迭代,通过科技赋能的现实案例,展开拓展性讨论。残障群体获得技术赋能,这不仅是技术自身的内在生成,也是人类通过技术发展实现社会进步、使发展成果由全社会共享的具体体现。

关键词: 科技跃迁 赋权 残障 社会发展

人类社会在经历蒸汽技术革命、电力技术革命、计算机及信息技术革命的三次产业革命之后,已经步入以人工智能、虚拟现实、人机互联、云计算、物联网、大数据等为技术突破口的第四次产业革命的时代。第四次产业革命所带来的技术发展,对人类社会生活产生了不可估量的影响。宏观上,21 世纪发起的这场全新的技术革命促进了社会多主体协作,人类

---

* 常晓茗,南京艺术学院博士研究生,南京特殊教育师范学院副教授,研究方向为残障文化权利。
** 郭佳佩,南京特殊教育师范学院讲师,研究方向为劳动经济学、健康经济学。

命运共同体的紧密度持续加强，残障群体作为人类社会重要的一部分，深刻嵌入在社会发展的进程中，并与之共存共生；中观上，在智能、互联网等技术的针对性功能及扩展性功能的助推下，差异化群体之间的不同点日益消弭，共同点与日俱增，群体之间的相互融合具备了更为有利的客观条件和现实环境；微观上，残障者的功能代偿更好地得以实现，社会参与的路径更为多元，残健平等意识的普及更为迅猛，残障个体的价值实现更为可及。本文试图在解释技术跃迁与中国残障事业发展关系的基础上，描绘技术进程中残障政策追随社会发展前沿的持续迭代，通过科技赋能的现实案例，展开拓展性讨论。残障群体获得技术赋能不仅是技术自身的内在生成，也是人类通过技术发展实现社会进步、使发展成果由全社会共享的具体体现。

一 技术跃迁与中国残障群体发展的关系

"技术在政治上并不是中立的，而是渗透在社会关系中，重构人与自然、人与人之间关系的可能行动方式，重组资本主义工业生产的技术过程，并最终改组那种社会及其制度的权力关系。"[1] 学术界对科技赋权本身的探讨并不充分，主要分为两种视角：第一种视角是将科技赋权作为过程来考察，即"个体或群体凭借获取的信息就特定的社会实践展开行动，其核心为具有能动性的行动者之间的相互学习、对话与交往，是凭借相关的知识和技能在参与的过程中促进个体或组织的赋权"[2]；第二种视角是将科技赋权作为结果来考察，"强调个体通过掌握科学技术对生活资源与发展所拥有的控制力，以及对特定事物拥有的影响力"[3]。那么，技术发展如何为残障事

[1] 刘郦：《技术与权力——对马克思技术观的两种解读》，《自然辩证法研究》2008 年第 2 期。

[2] 王亚婷、孔繁斌：《信息技术何以赋权？网络平台的参与空间与政府治理创新——基于 2018 年疫苗事件相关微博博文的分析》，《电子政务》2019 年第 11 期。

[3] 张瑞瑞：《科技如何赋权？——科技赋权的特征、途径与内容》，《云南行政学院学报》2020 年第 4 期。

业发展赋权？技术的发展与跃迁同中国残障事业发展之间，既符合第一种视角，也符合第二种视角。残障群体借助技术迭代发展，实现功能自主与缺失功能代偿，进而更好地参与到社会实践中，利用技术实现无障碍，或者利用技术直接形成无障碍支持环境乃至支持系统，残障个体及群体能从中获得更多的机会。与此同时，残障者通过技术发展获得对个人生活的掌控力，通过更多融合互动实现残健平等意识的进一步推广，减少歧视与偏见，促进社会整合。

时至今日，最热门的技术发展集中在互联网应用、大数据、人工智能、虚拟现实以及元宇宙上，这些技术发展的显著特征主要体现为：与过去的技术研发相比具有明显的创新性；与过去的技术运用相比，具有深广的泛在性；与过去的技术对接相比具有更强的适用性。

技术发展的创新性特点与代际演替的残障模式变化两者"新""新"相应。第四次产业革命中科技迅猛发展、影响范围甚广，而人类社会对残障的理解模式，也已步入第三代。第一代残障理解模式以医学模式为代表，该模式认为残障是个体由于疾病、伤害或其他健康状况而造成身体功能和结构受损的异常状态。第二代残障理解模式以社会模式为核心，该模式认为残障的原因不是损伤，而是社会没有将损伤者包括在社会活动中，进而将残障视为一种社会压迫形式。第三代残障理解模式——人类发展模式，不否定之前的模式，而是立足多维因素，思考主客观因素所凝结成的综合效应。[①] 作为技术革新，与残障模式演替的认知变化相结合，技术跃迁本身就是导致第三代残障模式产生综合效应的重要变量，在无障碍环境建设等议题上，甚至是关键变量。人类发展模式注重资源支持与能力扩展，在这两个层面上，技术所能实现的资源分配、功能代偿、能力激发等内容，可以精准对接第三代残障模式的发展需求，因此技术发展创新性与残障模式演替之间具有相互支撑的关系。

[①] 庞文：《残障模式的代际演替与整合——兼论迈向人类发展模型的残障观》，《残疾人研究》2021年第3期。

新技术的泛在特性与残障群体人数众多的现实相呼应。泛在社会（u-biquitous society）是以无所不在、无所不包、无所不能为基本特征，以追求任何人、任何物在任何时间、任何地点都能顺畅地通信这一目标的泛在网为技术基础，被泛在网全面影响、改造和定型的社会。① 中国残障人口高达8502万人，涉残家庭数以亿计。处于泛在社会中的残障群体应该共享泛在社会作为信息社会发展高级阶段的实际成果，成为泛在社会的组成部分而不是游离于泛在社会之外。泛在社会契合残障事业发展理念，残障事业发展强调"平等、参与、共享"，与泛在社会本身所构建的"无所不在""无所不包""无所不能"一致。泛在社会使残障群体有机会、有平台参与社会互动，增强行动能力，并且进一步促进残障事业发展、残障服务体系的运行机制和服务能力的完善。泛在社会支持残障者的社会参与实践，信息社会中的人们可以通过互联网开展沟通交互、资源分配、远程协同、民主参与等诸多活动。就"泛在"的内涵而言，也与残障群体的价值追求"全面融合"颇为接近。

技术发展成果应用于残障者个人生活领域，其匹配度更为理想。例如在包装设计中，针对残障者提供智能交互设计，"可使弱势人群内心深处的情感、娱乐及精神需求持续得到满足，获取更多的生活趣味体验，并以此焕发出新的生活意义"②。国家重点研发计划项目"具有双向神经通路的智能上肢假肢"开发的具有生物力学相容性的智能假肢接受腔，针对人体前臂软组织生物特性作出具体性的设计，对现有接受腔的技术和优缺点进行分析和归纳，结合假肢接受腔的使用需求，明确接受腔需要实现的"刚""柔"切换功能，③ 使残障者假肢佩戴舒适度更高，符合人类福祉。

---

① 刘永谋、兰立山：《泛在社会信息化技术治理的若干问题》，《哲学分析》2017年第5期。
② 陈达强、黄丹、刘毅、顾婧华、谌璇：《针对残障人士的智能交互包装设计探索》，《中国包装》2022年第10期。
③ 邹纯颖：《具有生物力学相容性的智能假肢接受腔研究》，硕士学位论文，哈尔滨工业大学，2021。

二 技术进程中的政策迭代

技术跃迁为中国社会发展提供了动力及引领，引发其他领域的连锁效应，尤其对社会政策的制定与改革产生引导作用。在日新月异的时代浪潮面前，政策的制定对社会发展的指导、约束、引导必然要求政策内容与时代发展内容相契合，必然需要政策设定对社会前沿问题、现实问题进行及时回应，必然需要政策边界能够囊括社会发展的所有方面。在技术飞速跃迁的进程中，政策迭代的过程，即新政策出台、原有政策修订的过程，具有较强的更替性。中国残障事业发展的政策推进符合这样的发展规律。

政策响应上，强调直接利用现代科技服务残障事业发展。2021年上半年中国残疾人联合会办公厅《关于推进"互联网+"辅助器具服务工作的通知》鼓励部分地区"积极探索运用'互联网+'开展残疾人辅助器具网上采购，依托政府网上平台、自主或与社会力量合作搭建辅助器具服务网上平台，为辅助器具企业、服务机构展示产品、服务创造条件，为残疾人了解、申领、选购辅助器具产品、服务提供方便，有力确保了辅助器具采购公开、透明、规范，提升了残疾人辅助器具服务的便捷性、获得感"[1]。该通知中强调了"互联网+"技术对残疾人辅助器具服务的意义，且直接点明高质量发展的要求。2021年下半年，中国残联印发《"十四五"残疾人事业信息化发展实施方案》，要求"利用信息科技成果推动残疾人大数据和信息化建设，实现互联网与残疾人事业信息化深度融合，为残疾人事业现代化提供数据支撑和技术支持，使残疾人工作决策更加科学、管理更加精准、服务更加高效，将对残疾人保障与发展发挥重要作用"[2]。在建设完善残疾人数据资

---

[1] 中国残疾人联合会：《中国残联办公厅关于推进"互联网+"辅助器具服务工作的通知》，2021年4月19日，https://www.cdpf.org.cn/zwgk/zcwj/wjfb/9dfc42fe4bf741f1a1e6b8e4f23090ef.htm。

[2] 中国残疾人联合会：《"十四五"残疾人事业信息化发展实施方案》，2021年8月20日，https://www.cdpf.org.cn/zwgk/zcwj/cd9b6066b02e4f46b272845c2ea16dce.htm。

源库的基础上，采用大数据、人工智能等技术，加强残疾人数据汇聚融合和智能分析，推动服务模式创新，支撑残疾人服务精准化。技术跃迁背景下残疾人事业发展相关政策和方案的不断完善，说明了政策和方案制定者在"数字时代的到来极大地拓展了个体构建自我的无限可能性"① 的基础上，积极利用技术红利直接服务于残疾人事业发展。

政策内容上，注重人文与技术的双重开发与结合。中国残联等七部委印发的《第二期国家手语和盲文规范化行动计划（2021—2025 年）》中特别提到"完成国家通用盲文语料库与信息化协同平台建设，构建国家通用盲文语料库大数据平台。研发盲文语料采集辅助软件和加工工具、汉盲双向转换核心技术、语音与通用盲文双向转换技术、国家通用盲文全息电子词典、通用盲文全息多维显示技术、移动电子设备盲文信息处理技术等"②。手语和盲文的规范化、标准化、信息化建设正是社会人文关怀、残障文化发展的体现，利用现有的平台资源与现代技术，建设以学习、研究、推广国家通用手语为主要功能，兼顾其他领域手语研究的学习交流平台，顺应时代改良、完善手语和盲文，有利于满足广大残障者及其家庭的实际需求，提升公共服务能力，为残障者平等参与社会生活提供高质量的语言文字支持。

三　科技赋能的实现

人机交互研究、生物电信号处理、可穿戴机器人系统研究以及医疗康复机器人等领域的研究，已经实现了智能假肢对人体意识的识别，能更为精确地实现人类的行动目的。有研究者"针对肢体残障患者的假肢控制问题，搭建了一种基于 sEMG（表面肌电信号）的智能假肢手臂系统，实现手臂残障程度较高患者的手-肘协调控制。……最终该套系统在北京 2022 年冬残

---

① 陆青：《数字身份的多元面向及其法律保护》，《社会科学辑刊》2022 年第 6 期。
② 中国残疾人联合会等七部委：《第二期国家手语和盲文规范化行动计划（2021—2025 年）》，2021 年 6 月 11 日，https://www.cdpf.org.cn/zwgk/zcwj/wjfb/df51e2c92a134afbb7c7275338676d37.htm。

奥会实现了应用展示"①。研发团队通过算法模拟试验，针对适配情况不断进行改进，在采集大量实际数据的基础上，对系统进行全方位优化，使肢体残障者能够更加自然、理想地完成精细化动作。传统意义上的肢体障碍辅助器具，以实现代偿功能为主，辅助器具适配的恰适度也主要体现在与残肢或其他代偿部位之间的尺寸匹配、功能适应等方面，传统假肢的功能单一、适应周期长，代偿功能也有一定的局限性。智能假肢主要优点包括形态上高度仿真，其形态和外观使残障者更乐于接受；与残肢吻合程度好，尺寸是其中一个方面，更为重要的是在减震、肢体平衡、功能可调节等方面具有传统假肢不能比拟的优势；扩展性的辅助功能理想，智能假肢具备位置追踪、智能测量、人机交互显著的智能化特点，"传感器调理模块用于采集人体残肢末端的肌电信息，进而解析出人体残肢的运动意图"②，并能通过技术传导，在减少皮肤与设备之间阻抗的条件下，逐渐精准地完成人体运动动作，在目前的技术框架下最大限度地实现功能代偿，增强残障者行动自主、社会参与的信心与实际能力。

数字经济的发展为残障群体、残障与其他困境相叠加的弱势群体的就业拓展了机会。数字经济的业态中，在线办公、远程协同等工作形态日益增多，特别是电子商务、在线客服应答、网络直播等行业，灵活的办公形式更为常见。中国政法大学传播法研究中心副主任朱巍表示，目前，电商、直播和数字人是老龄群体、贫困人口、网络发展落后的边远地区人群及残疾人等弱势群体利用移动互联网数字赋能创业和就业的主要渠道。③ 数字经济时代背景下，通过互联网技术实现的就业，如"云客服"、有声读物播音员、短视频博主、网络主播等工作模式打破传统就业观念与就业行动，拓展残障者的就业机会。中国视力障碍人士传统就业行业以推拿按摩为主，这使得民众

---

①　李纪桅、张弼、姚杰、赵明、徐壮、赵新刚：《面向智能假肢手臂的生机接口系统与类神经协同控制》，《机器人》2022年第5期。

②　李纪桅、张弼、姚杰、赵明、徐壮、赵新刚：《面向智能假肢手臂的生机接口系统与类神经协同控制》，《机器人》2022年第5期。

③　田梦迪：《我在"云"上做客服》，《中国妇女报》2022年9月30日。

对视力障碍人士就业的认知较多停留在这一刻板印象上，视力障碍人士从事推拿按摩的确是一种具有竞争优势的工作途径，但这不应成为视力障碍人士唯一的工作选择，互联网客服招募视力障碍人士是打破这一现状的表现之一，不仅是对于单纯的残障人士，对于残障女性、残障老年人等多重困境叠加的群体，数字经济环境下所创造的就业机会，亦能帮助他们实现劳动参与率的提升以及经济收入的提高。

媒介"听觉信息"与"视觉信息"互转，实现信息无障碍互通，更为人性化地改善用户体验。例如，更新版本的微信平台支持语音转文字，也支持文字转语音的"听觉信息"与"视觉信息"相互转换，极大满足了用户的功能需求，其信息传播方式对听力障碍、视力障碍友好度较高，对于已进入老龄化社会的中国来说，也具有适老化服务的特点。腾讯会议等会议软件，推出悬浮字幕等服务，将语音信息瞬时转化为文字信息，为听力障碍人士参与在线工作与在线会议提供无障碍空间。这种技术实现的信息便利转化，作为一种传播的通用设计，面向人的多样化需求，在传播通路上是畅达的，在人为关怀上是细致的，其社会效益也是极为显著的。

结合现实发展，科技对残障的赋权具有明显的生产与再生产特点。吉登斯将"社会结构"理解为不断地卷入社会系统再生产过程之中的规则和资源：结构具有二重性，即社会结构不仅对人的行动具有制约作用，而且也是行动得以进行的前提和中介，它使行动成为可能；行动者的行动既维持着结构，又改变着结构，社会实践依赖于行动者的创造和再创造而具有其特定的规律性。在实践层面上，科学技术的跃迁为进一步构建残健平等的社会结构提供了良好的物理环境，推动了对残障者更为友好的社会规则体系的建构。科技赋权，在人类历史上表现为人类在数次科技革命中寻求力量的转化，以获得对世界自然层面支配和改造的生产性能力。[1] 残障者在技术逐步改善的社会结构中获得更多的话语权、参与权，最终达到预想的机制生成与嵌入效

---

[1] 张瑞瑞：《科技如何赋权？——科技赋权的特征、途径与内容》，《云南行政学院学报》2020年第4期。

果："社会系统的结构性特征，既是其不断组织的实践的条件，又是这些实践的结果。"

科技赋权不是直接的，科技本身作为一个客观存在，不具有赋权的能动性，使科技产生赋权能量的，是人对增能的渴望和推进，在此基础上人会将科技变为赋权的中介与赋权的途径。科技发展过程中，推动科技普惠是赋权行为得以展开的关键要素。数字经济、物联网技术、5G、大数据、云计算等科技形式，具有明显的规模特征，使得第四次产业革命更具有技术红利面向社会全员的特点，"普惠"与"共享"成为这一轮产业革命除"发展"目标以外的重要目标。《中华人民共和国国民经济和社会发展第十四个五年规划和 2035 年远景目标纲要》明确提出："十四五"时期的民生福祉目标是"全体人民共同富裕迈出坚实步伐"，而 2035 年的远景目标是"全体人民共同富裕取得更为明显的实质性进展"。要实现共同富裕，不仅需要发展，而且需要普惠性的发展，使发展的机会和红利尽可能被更多人共享。中国残障群体的人数规模、发展潜力在社会发展的浪潮中，不能被忽视，也无法被忽视。科技进步成为残障群体全面发展的重要助力。

四　拓展性讨论

技术跃迁历程中，国家与政府在促进残障者权益路径上发挥着政策引领的作用，必须符合网络时代残障者的实际需求和特点。现阶段乃至未来发展阶段中，互联网技术飞速发展已是大势所趋，残障事业发展也将呈现出全新的格局，政府部门作为"社会责任担当"的最重要责任者，通过政策引导残障模式向好发展，在促进残障群体身份认同与加强残障群体社会融入等方面都具有不可替代的作用。国家与政府需要在技术发展上继续加强基础研究和应用研究的投入，注重科技成果转化。科技与人文的互动，未来将会更加紧密。

技术具有非人格化、非情感化、非主观化的特征，因此残障群体主体性发展需要得到关注。残障者主体身份构建不能被技术所替代，更不能在大数据中化为数字代码而全无生命关怀，人的主体性不能被简化，应侧重技术赋能残障主体本身，发挥残障群体的内驱力、主动性、能动性，实现技术与人文的双重发展，增强主体与技术的交互性，反思技术所带来的新的不平等以及资源分配的不公平性等问题。技术发展只有与人文发展联结，才具有真正的社会价值，不能让技术流于形式和表象，应坚持技术为人文服务，坚持技术、人文致力于残障事业发展，在技术发展中逐步探索技术如何更好、更科学地为人类福祉贡献价值。

新质生产力视域下助残社会工作专业实践提升策略研究[*]

刘 婷[**] 朱颂梅[***]

摘 要： 新质生产力是科学技术革命性突破，生产要素创新性配置，产业深度转型升级，具有广泛的渗透性和融合性的生产力形态。它以数字化、智能化、网络化手段为助残社会工作专业提升创造新契机。在新质生产力视域下，助残社会工作呈现四条创新实践路径：以协同创新为关键路径，培养高素质社会工作人才队伍；以技术创新为核心要素，构建高效率需求评估体系；以模式创新为战略基点，建设高水平数智化助残服务体系；以产业创新为动力源泉，打造高质量助残社会工作新业态，推进我国残疾人事业高质量发展。

关键词： 新质生产力 社会工作 助残服务 数智化赋能

引 言

助残社会工作是社会工作者秉持利他主义原则，旨在协助残疾人恢复受损功能、促进残疾人能力建设、推动残疾人社会融入、提升残疾人生活质量

* ［基金项目］本文系江苏省高校哲学社会科学重大课题"协同共治视角下助残社会组织向社会企业衍生的路径研究"（立项号：2020SJZDA075）的研究成果。
** 刘婷，河海大学硕士研究生，研究方向为残疾人社会工作。
*** 朱颂梅，南京特殊教育师范学院教授，研究方向为社会组织。

的专业活动。① 助残社会工作是推进我国残疾人事业高质量发展的根本之策，《"十四五"残疾人保障和发展规划》强调要加快培养残疾人社会工作等专业人才队伍。② 该规划明确了残疾人事业的发展方向和目标，为社会工作介入助残服务提供了政策指导和规划支持。目前在助残服务的具体实践中，评估方法滞后、高素质人才匮乏、时间地域限制、资源配置差异等多重因素导致助残服务难以高效运行。③

新质生产力这一重要原创性概念的提出，为推动社会工作介入助残服务高质量发展提供了清晰的行动方针。新质生产力是科学技术（数字化、网络化、智能化）革命性突破，生产要素（劳动力、劳动工具和劳动对象）创新性配置，产业（传统产业向战略性新兴产业）深度转型升级，具有广泛的渗透性和融合性的生产力形态。④ 新质生产力这一原创性概念的提出为社会工作介入助残服务提供了新的契机、动力与支撑。聚焦社会工作介入助残服务所面临的现实问题，理顺数智技术赋能助残服务的内在逻辑，探索在新质生产力视域下助残社会工作的实践路径，对推动残疾人事业高质量发展具有重要的现实意义。

一 新质生产力视域下助残社会工作发展新契机

（一）新质生产力的内涵及其特点

2023 年 9 月，习近平总书记在黑龙江考察时首次提出"新质生产力"，2024 年 1 月中共中央政治局第十一次集体学习对"新质生产力"定义作出系统性阐述；新质生产力以劳动者、劳动资料、劳动对象及其优化组合的跃

---

① 程凯：《在中国式现代化进程中完善残疾人社会保障制度和关爱服务体系》，《残疾人研究》2024 年第 4 期。

② 《"十四五"残疾人保障和发展规划》，中国政府网，2021 年 7 月 8 日，https：//www.gov.cn/gongbao/content/2021/content_5629604.htm。

③ 黄甜甜：《社会工作者介入基层社区治理的角色定位分析》，《国际公关》2023 年第 7 期。

④ 周文、许凌云：《论新质生产力：内涵特征与重要着力点》，《改革》2023 年第 10 期。

升为基本内涵，以全要素生产率大幅提升为核心标志，是由技术革命性突破、生产要素创新性配置、产业深度转型升级而催生的当代先进生产力。①科学技术的每一次突破都是推动"旧质"生产力体系瓦解和"新质"生产力体系形成的关键力量。新质生产力是技术创新起主导作用，摆脱传统经济增长方式和发展路径，具有高科技、高效能、高质量特征，符合新发展理念的先进生产力质态，是融合国际社会大背景、国内发展阶段和生产力表现形式等方面，积极适应时代变化的产物。

首先，技术革命性突破是推动经济和社会高质量发展的关键力量。新质生产力以"算力"为代表、以科技创新为核心，关键性、颠覆性技术突破是新质生产力增长的重要源泉。新一代信息技术、新能源、新材料、先进制造、生物技术等，以及人工智能、量子计算、脑机接口、卫星互联网、人形机器人等前沿技术的探索和应用提升了产业全要素生产率、提高了资源利用效率、降低了能源耗费，打破了传统技术的局限，开辟出全新的技术路径和发展空间，有望在未来几十年内彻底改变人类的生产方式和生活方式。②

其次，生产要素创新性配置是推动经济和社会高质量发展的必然要求。新质生产力通过优化生产要素的配置，提高资源利用效率，这种配置不仅关注传统生产要素（如劳动力、资本、土地）的有效利用，随着科技进步和产业升级，知识、技术和数据已成为推动经济发展的核心要素，构建开放共享的数据生态系统，促进数据的流通与转化，以教育资源的形式赋能社会发展，不断提升劳动力技能，培养符合数字时代要求、能够在不同行业、领域和地域间自由流动的高素质人才，建设和实施灵活多样的用工制度，有效提升劳动力资源的利用效率。③

最后，产业深度转型升级是推动经济和社会高质量发展的根本路径。

---

① 戚聿东、沈天洋：《人工智能赋能新质生产力：逻辑、模式及路径》，《经济与管理研究》2024 年第 7 期。

② 王琴梅、杨军鸽：《数字新质生产力与我国农业的高质量发展研究》，《陕西师范大学学报》（哲学社会科学版）2023 年第 6 期。

③ 张培、南旭光：《伴生与耦合：新质生产力视域下的职业教育高质量发展》，《高校教育管理》2024 年第 3 期。

在关键技术和生产要素的推动下，传统产业实现转型升级，新兴产业和未来产业不断壮大，① 通过引入先进制造技术、智能化设备、大数据、云计算等现代信息技术，提升传统产业的生产效率、产品质量和市场响应速度，为现代服务转型发展，提供全生命周期的解决方案和服务，满足消费者日益增长的个性化、多样化需求。跨界融合创新推动信息技术、生物技术、新材料技术等与制造业、服务业等深度融合，催生出新业态、新模式、新产业。

当前我国助残社会工作在服务模式、结构布局、发展路径等方面仍存在诸多短板，导致现有医疗水平、照护模式、就业市场等资源供给与残疾人日益增长的对美好生活的需求长期处于不平衡的状态。② 新质生产力以高效能、高质量发展为基本目标，以科技创新为根本驱动力，以产业转型升级为重要着力点，以创新性、引领性、融合性、超越性为本质特征，是推动中国式现代化进程的重要驱动力量。③ 因此，把握新质生产力这一重要战略力量给助残社会工作发展带来的新机遇，有利于持续培养高素质助残社工、提升助残服务科技创新能力、建设与完善助残政策体系、优化残疾人社会支持网络。新质生产力在残疾人康复、就业、教育和社会参与等多个领域进行全方位赋能，推动助残事业全面、可持续发展，是为残疾人创造更加美好、更加包容社会环境的重要举措。

（二）新质生产力下助残社会工作专业提升的新契机

新质生产力通过培养"新质"劳动者、创造"新质"劳动工具、塑造

---

① 王萌、谢宇平、陈朋亲：《市场分割、创新空间关联与产业结构转型升级》，《工程管理科技前沿》录用定稿，中国知网，2024 年 9 月 12 日，https://kns.cnki.net/kcms2/article/abstract?v = XtSw_ LC1RHleetnQlajC7eaDG_ pPXyK4B7JE7kQEqGKZx7Mdr4pDeZHw_ BVh0Otyhmtsrlz0D-hKrrTvgzxjObJIEim1eNJIYlgJqqhow3nFATCnI8ygGW-ikPSIZWEt_ vRkfAOb2pF1Oi9Ue6VgqgPz36U-VVJR5KOW7Aid-5qv7OImKsNOS2aNFtCGdRKGZn&uniplatform=NZKPT&language=CHS。

② 毛新志、李思雯：《我国残疾人社会工作的伦理困境及其出路》，《武汉理工大学学报》（社会科学版）2014 年第 5 期。

③ 焦勇、齐梅霞：《数字经济赋能新质生产力发展》，《经济与管理评论》2024 年第 3 期。

"新质"劳动对象为助残社会工作高质量发展创造新契机；通过对助残服务的数字化技术嵌入、智能化手段介入、网络化模式导入，推动相关产业深度转型升级，为助残社会工作高质量发展注入新动能；通过残疾人友好环境建设，催生助残服务新业态，实现产业转型升级为助残社会工作高质量发展增添新支撑，如图1所示。

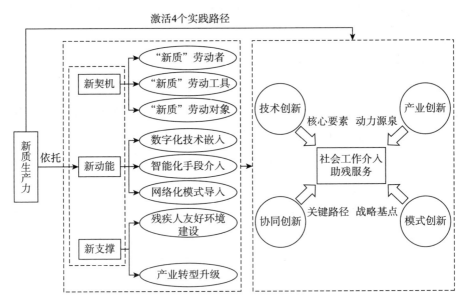

图1 新质生产力赋能助残社会工作的内在逻辑与实践路径
资料来源：作者自行绘制。

1. 新质生产力为助残社会工作高质量发展提供新机遇

新质生产力是对"旧质"生产力三要素进行"三位一体"式的创新，随着科技的进步和发展理念的转变，劳动者素质与技能得以提升，劳动资料得以智能化与高科技化，劳动对象得以扩展与优化；新质生产力是由掌握数智技术的"新质"劳动者、数字化的"新质"劳动工具和智能化的"新质"劳动对象三个新要素构成的先进生产力，[①] 将会为助残社会工作

---

① 张旭、于蒙蒙：《新质生产力的"述"与"论"：时代意义、实践路径与中国式现代化》，《河北经贸大学学报》2024年第4期。

高质量发展提供新契机。一是"新质"劳动者。在数字经济时代，社会工作者通过教育培训和终身学习，提升知识结构、技能水平和创新能力，成为知识型、技能型和创新型的"新质"社工。在复杂环境中，他们可以灵活应对时代的快速变迁，以社会工作专业方法为基础，将数智化技术引入助残服务，融合技术进步与科技向善的理念，以提供更加精准、高效和人性化的全方位服务。二是"新质"劳动工具。马克思主义生产力理论认为劳动工具是划分时代发展阶段的明确标志。① "新质"劳动工具包括 AI 服务器、人工智能、物联网、区块链、5G 通信、大数据技术，云计算平台等，这些高效能劳动工具将使劳动服务市场呈现出全新格局。在助残社会服务过程中，可以引入新质数字化生产工具，来培养新质社工队伍、提高评估信效度、优化康复资源配置以及形成数字化助残服务体系，大幅度提高助残服务的工作效能，使社会工作者摆脱机械的、重复性的简单劳动，将更多的精力投入决策创新中，促进助残服务现代化转型。三是"新质"劳动对象。劳动对象是指在劳动过程中，劳动所直接加工和处理的一切物质资料的总和。"新质"劳动对象不仅指信息、数据、知识等，还包括融入了上述元素的物质实体，即融入了智能、数字和技术等元素的复合体。② 在助残社会服务过程中，通过对案主的信息资料进行数据分析和算法优化，社工可以了解案主的遗传信息、身体状况、具体病情、医疗记录、药物反应及生活习惯。这些复杂多元的问题通过数字化处理，呈现出规律性的数据变化，社会工作者可以精准对焦服务对象，提高问题解决效率。

2. 新质生产力为助残社会工作高效率赋能注入新动能

科技创新是新质生产力发展的核心驱动力。新质生产力通过数字化技术嵌入、智能化手段介入、网络化模式导入赋能社会工作介入助残服务，促进助残服务数智化转型，提升社会工作介入助残服务质量。一是数字化技术嵌

---

① 任映红：《新质生产力提出的理论贡献与实践意义》，《湖南社会科学》2024 年第 4 期。

② 韩飞、金琴花、郭广帅：《职业教育与新质生产力：创新生态系统理论视角下的双向赋能》，《高教探索》2024 年第 3 期。

入。技术革命性突破是新质生产力发展的重要驱动力。在新质生产力场景下，5G/6G 通信、物联网、区块链等数字化技术创新服务模式，使助残社会工作打破地域限制，实现远程的咨询访谈、康复训练、心理支持等，降低社会工作者的时间和人力投入，满足残疾人日益增长的个性化需求。二是智能化手段介入。新质生产力背景下，社会工作者可以通过智能机器人、物联网传感器、AI 服务器等数字化硬件基础设施的集成运用，推动助残服务智能化发展，消除残疾人参与社会活动的物理时空限制，提升残疾人的生活质量，促进残疾人更广泛地融入社会。三是网络化模式导入。借助数据分析与决策支持系统、自动化控制系统、云计算平台等网络技术，社会工作者可以对海量数据进行深度挖掘与分析，使需求、过程和结果多环节的评估数据信息透明化、可视化、规范化，更科学地为残疾人量身定制个性化的服务方案，提高服务的针对性和有效性。[①]

3. 新质生产力为助残社会工作高水平转型增添新支撑

新质生产力作为新质态的先进生产力，为助残社会工作产业体系转型增添了重要支撑。一是残疾人友好环境建设。残疾人友好环境不仅是指满足残疾人生活需要的公共场所和居住空间等无障碍物理环境，更包含了无障碍信息环境。依托数字化技术、智能化硬件设备、网络化软件开发赋能无障碍设施环境布局，协助残疾人在数字经济时代顺利地实现社会参与和融入，提升生活幸福感。二是产业转型升级。产业转型升级是涉及技术、市场、管理等多领域的变革和创新，新质生产力以技术创新、市场需求、产业融合为根本动力，推动传统产业向战略性新兴产业和未来产业转型升级，促进了产业融合、互补和结构的优化升级。助残服务与数智产业之间通过资源共享和融合发展，汲取有价值的知识、信息来优化助残服务的产业体系。新技术、新模式和新业态的涌现，推动助残产业向价值链高端攀升，为残疾人就业和社会融入创造了更多的机会和平台。

[①] 张艳萍、任京科、严芳、赵晶媛、李亚婷、顾小静、王传升：《"互联网+"延续性康复训练综合干预模式的构建及在抑郁症患者中的实证研究》，《中国健康心理学杂志》2024 年第 6 期。

二　新质生产力下助残社会工作专业实践提升策略

瞄准新质生产力的战略定位，厘清新质生产力赋能助残社会工作的实践路径（如图1所示），通过数智赋能社会工作的专业技术和方法，使助残服务更加贴近残疾人的实际需求，是保障残疾人能够享受更高质量服务的重要举措。

（一）以协同创新为关键路径，培养高素质社会工作人才队伍

社会工作者是社会工作介入助残服务的主体，数智技术的应用是提升社会工作者队伍专业化水平的关键路径。

1. 利用数智技术创新教育培训模式

通过数智技术赋能可以实现个性化教学、跨学科融合，这为提升社会工作队伍专业化水平提供了广阔的空间和无限的可能。[①] 教师可以依托大数据分析技术对学习资源和学习者行为进行聚类分析，以学习者的学习风格、个性特点为基础匹配学习资源，为每位学习者提供个性化的教学服务，满足不同学习者需求。例如，上海联课智能科技有限公司基于数字孪生技术研发的大规模课堂数据采集分析平台，可以通过实时的数字化采集、交互、管理和分析系统，对远程教学中学习者的动作、语音进行实时高清采集，并对反馈数据进行深度分析帮助教师及时调整方法，适用于在职社会工作者的远程教育培训，新颖的教学模式打破了时空限制，不仅方便康复机构对在职社工开展继续教育，实时交互也可以激发社会工作者的学习热情。同时，在线教育平台、智慧课堂等新型教学模式为多学科融合发展奠定了基础，社会工作者可以通过跨学科的项目式学习、探究式学习，在解决实际问题的过程中学习多学科知识、提升综合素养。

---

① 苏强、罗佳音、邱晓雅、邱均平：《新质生产力与科技人才培养的耦合逻辑及实践进路》，《现代情报》2024年第11期。

2. 利用虚拟空间创新社工实践模式

社会工作是一门以实务为主的应用型学科，强调通过实践获取新的知识和经验，实践经验的积累对于社会工作者的专业成长和发展至关重要。基于互联网而生的元宇宙（Metaverse）融合了虚拟现实（VR）、增强现实（AR）、区块链、云计算、人工智能等多种先进技术，是与现实世界相互打通的平行存在的虚拟世界，可以拓展社会工作的实践场景，提供跨越时空束缚的互动与合作。① 社会工作者可根据自身需求在元宇宙中创设适合案例操作、技能演练的应用场景，丰富自身实务经验；社会工作者还可以依托元宇宙在实务领域中为案主提供模拟体验，帮助案主在虚拟世界中感受功能健全的状态，激发其自助的潜能，加快案主恢复进程。

（二）以技术创新为核心要素，构建高效率需求评估体系

将数智化技术融入评估环节形成数智化需求评估体系可以辅助社会工作者更精准、高效地评估残疾人需求，从而有效地开展社会工作研究，提升助残服务的质量和效果。

1. 数字化手段的应用为精准评估提供基础

大数据、云计算和人工智能使社会工作者对助残服务过程中的数据进行采集和分析成为可能。首先，社会工作者可以通过在线问卷、移动应用、智能穿戴设备等对残疾人的基本信息、健康状况、生活需求等多方面数据进行采集，将收集到的数据、信息进行整合、计算与分析，塑造全面、细致的残疾人画像，为精准评估奠定基础。② 其次，社会工作者可以以数据可视化技术为基础，借助图表或图形等工具将评估结果直观地呈现出来，以便快速了解残疾人的需求分布和变化规律，提高服务方案制定的针对性。最后，不同机构、不同部门的社会工作者之间可以依托数字化平

---

① 苏美文、黄健：《我国元宇宙产业的发展战略与对策》，载苏美文等《加快新质生产力落地推动建立和完善现代化产业体系》笔谈，《工业技术经济》2024 年第 12 期。

② 任天宇、姚登峰、叶毓睿、康新晨：《智能时代下虚拟环境无障碍的概念界定与实现路径——以元宇宙为例》，《残疾人研究》2023 年第 2 期。

台实现残疾人数据的实时共享和协作，共同参与到评估过程中，形成评估合力，打破信息孤岛。例如，2021 年底，南京市选择江北新区残联作为数字化助残的试点，在该试点启动了汇集"小北助残"和"小北通"两个小程序服务数据的智慧化管理平台。该平台不仅能够实时采集和掌握区域残疾人康复、培训、文体活动的状态，还可以帮助残疾人自主匹配日常需求，使社工可以全面了解案主的实时状态和动态需求，从而提高需求评估结果的准确性。

2. 智能化手段的应用提高需求评估信效度

智能化需求评估技术的运用，使社会工作者在服务过程中可以全方位、全流程地评估残疾人在生理、心理、社会等多方面的需求。由美亚联创设计的 AI 智能访谈服务平台具有该功能，社会工作者通过该平台可以根据案主的特质设置个性化智能访谈配置结构，根据残疾人的回答自动调整后续问题，持续、深入挖掘案主真实需求，辅助社会工作高效完成访谈和需求评估工作，减少传统需求评估时由于主观干涉而形成的人为误差，提高需求评估结果的信度和效度。[①] 此外社会工作者还可以结合案主实际需求，利用人工智能、机器学习等技术构建智能评估平台，通过连续获取和自动分析残疾人相关数据，深入挖掘残疾个体的潜在需求和真实需求，并预测案主未来需求趋势，改变传统需求评估只能通过邀请专家对测量工具、评估内容以及目标实现程度进行人工评判而产生的偏差和由于样本数量小且不全而对评估结果信度、效度造成的影响[②]。

（三）以模式创新为战略基点，建设高水平数智化助残服务体系

助残服务体系是指国家机关和社会组织为残疾人提供全方位、多维度服务的总称，包括了残疾人友好环境建设、康复服务、心理疏导等多个领域，

---

① 陈树强：《社会工作实践四个基本系统的实践意义再认识》，《东岳论丛》2022 年第 1 期。
② 郭桐桐、张欣怡、嵇丽红、董志伟、李宗润、王立端、蔡伟芹、高倩倩、井淇、郑文贵：《我国残疾人康复政策量化研究：基于政策建模一致性指数模型》，《中国康复理论与实践》2024 年第 6 期。

是满足残疾人实际需求和提升生活质量的重要力量。① 数字化技术加速了助残服务模式更新迭代，为残疾人参与、融入数字化社会提供了便捷条件。

1. 远程在线服务推动心理疏导迈上新台阶

一方面，建立兼容性在线心理咨询平台。在线心理咨询平台可以支持文字、语音、视频等多种交流方式，以满足不同残疾人的特殊需求。残疾人既可以通过键盘输入或屏幕阅读器来读取和回复咨询师的信息，也可以通过电话、语音聊天室等方式与咨询师进行实时对话，分享自己的感受和需求，还可以选择结合声音和图像视频的交流，使咨询师能够更直观地了解残疾人的情绪状态和肢体语言，从而提供更加精准的心理支持和建议。数字化技术的嵌入可以打破传统心理情绪疏导的物理时空因素的限制，确保残疾人小组工作任务分配合理、沟通顺畅和协调一致，促进成员之间的合作与成长，增强团队凝聚力，使住在偏远地区或农村地区的残疾人也能获得长期的专业化服务。另一方面，设置人工智能心理咨询平台。人工智能心理咨询平台通过人工智能技术为残疾人提供 24 小时不间断的自助式的心理咨询服务，可以在不同时间迅速了解案主的问题，及时舒缓残疾人紧张情绪、减轻其心理压力，满足残疾人心理咨询需求，提高残疾人心理疏导服务的便捷性。例如，由中国科学院研发的"北小六"人工智能心理服务机器人，在专业心理医生的配合下，能够显著改善服务对象的抑郁、焦虑问题。此外，该平台还具有储备丰富的知识库和强大的学习能力，涵盖教育、医疗、法律等多领域的知识，可以根据残疾人的问题描述，精准匹配资源，利用人工智能自然语言处理技术高效理解与响应案主问题，及时给出相应解答和疏导服务，缩短残疾人等待时间，提高问题解决效率。同时，该平台又通过大数据分析、区块链等数字化技术收集和分析残疾人数据信息，将新问题、新需求录入原有"知识库"，不断更新问题、储备信息以提高助残服务质量。数字化技术嵌入心理咨询服务不仅让残疾人能够随时获得心理疏导服务，还能不断优化残

---

① 易艳阳：《社会组织跨界行动策略：实践逻辑、动因效用与风险防范——基于 Z 助残机构的案例考察》，《新疆社会科学》2023 年第 2 期。

疾人心理咨询服务环境，推进残疾人心理疏导服务迈上新台阶。

2. 数智化康复服务应用极大优化康复效果

康复服务是指综合地、协调地应用医学的、教育的、社会的、职业的各种方法，尽最大可能地帮助残疾人恢复和重建已经丧失的功能，使他们在体格上、精神上、社会上和经济上的能力得到一定的恢复。[①] 数智化康复服务体系通过汇集先进的信息技术、人工智能、大数据分析和物联网等技术，引领残疾人康复服务领域革新，是帮助残疾人恢复和重建已经丧失的生理功能和重拾生活信心的重要举措。首先，数智技术在医学康复中的应用。医学康复作为康复工作中的"牛鼻子"，可以通过大数据分析技术收集和分析患者病史、生理指标、康复进展等数据信息，为残疾人制定个性化康复方案；医生还可以通过视频通话、远程监测等技术为残疾人提供远程康复指导，为行动不便或居住在偏远地区的残疾人创造接受专业医疗康复的机会。3D 打印康复辅助器具技术的发展加速了医疗康复行业的数字化转型，3D 扫描技术可以精准抓取残疾人骨骼、皮肤或体型等身体数据，再由计算机辅助设计软件扫描自动处理获取的数据信息，经过三维重建，完成康复辅助器具的数字模型的构建，之后将设计好的数字模型导入 3D 打印机并逐层添加材料，结合工业互联网、云计算、大数据等技术，实现生产流程自动化和集成化。同时，残疾人可以通过数字化平台参与到模型设计中，提出个性化需求，从而提高康复器具的匹配度，如在 3D 扫描和计算机辅助设计基础上研发的足踝矫正器、脊柱侧弯矫正器等辅助器具，就提高了医疗康复的效率和准确性。[②] 其次，数智技术在教育康复中的应用。通过开发数智化康复课程、使用数智化康复设备、建立数字化管理平台等方式，提高教育康复的效率和质

---

① X. Zhang，L. Ma，X. Liu，N. Cui，B. Guo，and L. Zhang，"Association Between Health Insurance Programs and Rehabilitation Services Utilisation Among People with Disabilities：Evidence from China，" *Public Health*，232（2024）：201-207.

② 刘银喜、王瑜、魏旭曼：《深化"数字化"发展理念助力残疾人事业全面发展》，《北方经济》2023 年第 11 期。

量，促进康复对象的功能恢复和社会融入。例如，南京市秦淮区残联以康教融合的形式为0~14岁残疾儿童实施康复救助工作，社区康复中心以"基于机器人技术的孤独症儿童社交障碍干预系统"为基础，专门打造适合特殊儿童的社区交往课程，帮助特殊儿童学习人际交往、适应社区环境，从而走入普通校园。最后，数智技术在社会康复中的应用。社会康复是一个综合性、整体性的过程，引入智能技术，旨在通过整合社会各层面的康复资源，形成合力，共同为案主康复和融入社会提供支撑。例如，上海市新泾镇通过引入人工智能等科技化手段和数字化工具，为辖区内在册患者提供"摸排评估+康复训练+社区支持+转介服务"一站式康复服务，为案主身心康复和社会融入提供包括家庭支持、社会支持和无障碍社区环境等在内的支持体系，使残疾人能在熟悉的社区环境中享受正式网络提供的资源支撑，同时还能够得到家人、朋友、邻居等非正式网络的支持，这一做法极大地改善了康复效果。

（四）以产业创新为动力源泉，打造高质量助残社会工作新业态

新质生产力促使助残社会工作服务模式不断创新，实现信息技术与医疗健康、教育培训、无障碍等产业的深度融合，形成了集医疗、教育、就业、无障碍等多功能于一体的综合康复服务体系。这种跨界融合不仅丰富了社会工作助残服务的内容，提升了服务的整体效能，更促进了助残服务的产业化转型。

1. 数智技术促进助残康复服务产业发展

借助AI和大数据，不仅更精准地评估残疾人的康复需求，使康复服务的个性化与智能化水平得到了显著提升，而且促进了康复产业化发展。例如，虚拟现实、增强现实、运动追踪等技术的应用，为康复训练提供了全新的可能性和更高的效率。信息技术的发展推动了康复技术的不断创新，带动了康复设备、软件等产业的发展。依托信息技术的"互联网+康复"模式打破了传统康复服务的时空限制，同时也在更广阔范围里促进了康复资源的整

合和优化配置。[①] 通过搭建"互联网+康复"服务平台，全国各地的优质康复专家、服务和运营团队可以实现资源共享和优化配置。这不仅提高了康复服务的可及性，也促进了康复产业的规模化、集约化发展。人工智能、大数据等先进技术与教育康复的融合，满足了残疾个体个性化、多样化的学习需求，有利于教育软件开发、电信运营、产品供应、系统集成、政府和使用者等的紧密合作和协同发展，为整个社会的教育服务产业化发展提供了有力保障。

2. 智能化促进无障碍战略性新兴产业发展

助残无障碍新兴产业是指为残疾人、老年人、伤病员等行动不便群体提供人体功能改善、补偿、替代或实施辅助性治疗的新兴业态。这一产业涵盖了出行设备、康复辅助器具、智能穿戴、智能看护、无障碍旅游、无障碍电影等多类软硬件产品的研发、设计、生产、流通与服务环节。

首先，传统助残辅助器具（拐杖、轮椅、眼镜等）向智能化与信息化发展，通过配备传感器、导航系统和人机交互界面，实时监测用户的健康状况和行为习惯。人工智能与机器学习使得助残产品更加智能化。例如，智能仿生手通过采集处理人体肌肉运动产生的肌电神经信号，实现精准的动作控制；眼控仪则利用瞳孔追踪系统，让渐冻症等患者通过眼睛操控电脑进行打字、上网等操作。其次，物联网与大数据技术的发展，使得助残产品能够与其他设备互联互通，形成一个完整的生态系统，通过收集和分析残疾人的使用数据，可以不断优化产品的性能和用户体验。最后，无障碍新兴产业与传统产业（康复辅助器具产业）、其他战略性新兴产业（智能制造、生物医药等产业）相互融合，推动了助残产品的创新升级和产业链的延伸，还带动了相关服务业（康复服务、教育培训），形成了优势互补、协同发展的新格局。[②]

---

① 刘宇初、周庆山、王俊：《公共数字文化服务残疾人用户利用影响因素及信息无障碍完善路径研究》，《国家图书馆学刊》2024 年第 4 期。

② 张倩昕、卓彩琴：《能力视角下社区残疾人社会工作服务实践与模式建构——基于广州市 B 街道残疾人服务的实践研究》，《残疾人研究》2020 年第 4 期。

3. 跨界合作促进助残服务向现代产业体系转型

通过数智技术分析不同残疾个体的感官特长和特定智能优势，可以最大化地发挥残疾人的潜能，促进助残服务与数智产业通过资源共享与融合向产业化转型发展。

首先，精准定位市场需求与残疾人特定智能优势。利用大数据和人工智能技术，建立包含劳动力市场需求、残疾人能力评估、技能匹配等多维度的综合数据库。通过智能分析平台对劳动力市场趋势进行实时跟踪和预测。设计科学的评估体系，结合残疾人的个人特征、感官特长和智能优势进行深度分析，全面评估其感官能力、认知能力、情绪控制力等，识别其独特的优势，为培养残疾人特殊比较优势人力资源奠定基础。其次，科学的职业规划与就业培训。针对不同残疾个体的感官和特定智能优势，制定个性化的职业规划路径，明确其职业发展方向和适配岗位。围绕职业规划开发定制化的职业技能培训课程，例如，为盲人提供音频编辑、触觉艺术等培训，为聋人提供图形设计、编程等依赖视觉和逻辑思维的技能培训。利用虚拟现实、增强现实等先进技术，模拟真实工作环境，改善培训效果。构建残疾人就业与创业服务平台，提供在线求职、岗位匹配等信息服务，鼓励用人单位开放远程工作、弹性工作等工作方式，建立残疾人就业情况的跟踪反馈机制，定期收集和分析就业数据，为残疾人创造更多就业机会和发展空间，并鼓励和支持残疾人利用数字化工具进行自主创业。最后，促进助残服务产业化转型实现自我造血。一是利用数智技术促进助残服务与其他产业（制造业、互联网产业和教育行业）的跨界合作，这种合作不仅可以促进高科技辅助器具、互联网服务和远程培训等行业的发展，还可以丰富助残服务内容、拓展助残服务领域，如通过引入"非遗"手工制品制作、面包烘焙等适宜残疾人的劳动项目，并搭建与抖音、美团、淘宝等主流电商平台的无缝对接通道，为残疾人构建专属就业服务平台，有效拓宽其就业渠道与参与社会经济活动的广度。二是依托助残机构的独特资源禀赋，通过与专业医疗机构的深度合作，提供定制化的残疾人康复服务，深化康复服务的专业性与市场渗透率，开辟新的康复服务市场蓝海。数智技术以物联网、云计算等先进数字技术为核心支撑，实现了产业链上下游资源的深度整合与优化配置，构建了一条涵盖研发、生产制造、市场营销及售后服务的全方位、一体化助残服务产业链条。该类数字化、智能化运营模式，不仅可以强化供应链的透明度与响应速度，降低服务成本，还通过资源的精细化管理与配置，促使助残服务体系高效、精准地运作，提升了助残服务的质量与效率，也显著增强了相关服务机构在市场竞争中的优势，为实现助残服务的可持续发展与社会价值的最大化奠定了坚实的基础。①

总之，助残服务以数字化技术、智能化基础设施、网络化软件环境为基础，可以推动助残服务体系向高端化和专业化方向发展，形成集康复、教育、就业等多功能于一体的综合性现代化产业，使得助残服务不再依赖外部输血（政府财政资源、社会公益资源），而是更多地借助科技力量，通过市场机制产业化运行，实现助残资源的生成、积累和利用，从而保持自身活力和可持续发展，也为老年人、儿童、疾病患者等其他社工实务领域的介入提供可复制的样本。

三　结论与展望

新时代残疾人事业全面发展不断面临新的考验，通过数智化赋能发挥社会工作专业助人互助作用，推动助残社会工作在数字时代的可持续发展，是破解残疾人事业发展困境的重要驱动力。② 新质生产力作为先进生产力的具体表现形式，将以其独特的优势为残疾人事业高质量发展带来前所未有的机遇。

本文基于社会工作介入助残服务的现实分析，梳理出新质生产力通过培养"新质"劳动者、创造"新质"劳动工具、开发"新质"劳动对象等方式为社会工作介入助残服务高质量发展提供了新契机；通过数字化技术嵌

---

①　易艳阳：《残障青年数字化就业的实践形态与推进路径》，《残疾人研究》2024年第3期。

②　方立波：《从"参与"到"融合"：人的全面发展的价值转向》，《残疾人研究》2024年第4期。

入、智能化手段介入、网络化模式导入等途径为社会工作介入助残服务高效能赋能注入新动能；通过残疾人友好环境建设和产业转型升级为社会工作介入助残服务高水平转型增添新支撑。基于此提出未来社会工作介入助残服务高质量发展的实践路径：以协同创新为关键路径，培养高素质社会工作人才队伍；以技术创新为核心要素，构建高效率需求评估体系；以模式创新为战略基点，建设高水平数智化助残服务体系；以产业创新为动力源泉，打造高质量助残社会工作新业态。

本文的研究表明，在新质生产力宏观背景下，助残社会工作在残疾人就业新业态的分析、基于宏观大数据的残疾人数字化需求统计分析、数字医学视域下残疾人康复等领域都具有进一步研究的广阔的空间。社会工作者借助数智技术可以不断提高残疾人自助能力、发挥残疾群体价值、推进助残社会工作全面、可持续地发展。

第三篇 无障碍环境建设篇

社会融合视域下肢体残障者无障碍环境建设研究[*]

王悦欣[**] 杨会良[***]

摘　要：　从社会融合的角度看，目前我国的肢体残障者面临有形的无障碍环境排斥和无形的无障碍环境排斥等问题。针对这些问题，应着力共建共享无障碍环境，实现社会融合无障碍；加强教育康复，提升肢体残障者的就业能力；加大残疾观的宣传力度，消除社会观念排斥；提升肢体残障者的适应能力，消解自我排斥。

关键词：　肢体残障者　无障碍环境　环境排斥　社会融合

---

*　本文曾刊载于《现代特殊教育》2023 年第 20 期，有修改。

**　王悦欣，中国特殊教育博物馆教授、硕士研究生导师，研究方向为国际汉语教育、残疾人文学与艺术、无障碍文化。

***　杨会良，南京特殊教育师范学院管理学院（无障碍管理学院）教授、博士研究生导师，江苏共享发展研究基地、江苏无障碍管理研究中心首席专家，研究方向为公共管理、残疾人事业发展与公共政策、教育经济与管理、无障碍管理。

根据第二次全国残疾人抽样调查的定义，肢体残疾，是指人体运动系统的结构、功能损伤造成四肢残缺或四肢、躯干麻痹（瘫痪）、畸形等而致人体运动功能不同程度的丧失，以及活动受限或参与的局限；肢体残疾包括上肢或下肢因伤、病或发育异常所致的缺失、畸形或功能障碍，脊柱因伤、病或发育异常所致的畸型或功能障碍，中枢、周围神经因伤、病或发育异常造成躯干或四肢的功能障碍。[1] 根据第六次全国人口普查我国总人口数、第二次全国残疾人抽样调查我国残疾人占全国总人口的比例和各类残疾人占残疾人总人数的比例，推算 2010 年末我国残疾人总人数 8502 万人，其中，肢体残疾人口的数量最多，为 2472 万人，占总残疾人口的 29.08%。[2] 肢体残障者在我国人口中占据相当比例，且数量呈现上升趋势。另据国家统计局数据，截至 2020 年底，我国 65 岁及以上人口为 19064 万人，占全国总人口的 13.5%，并且 65 岁及以上人口呈逐年上升趋势,[3] 这意味着我国正在快速进入老龄化社会，同时因老失能、因老致残的人口数量逐年增长。残疾人口数量的增加、老龄化社会的到来，对于无障碍环境建设提出更高、更为迫切的要求。无障碍环境是残疾人参与社会生活、促进不同人群实现社会融合的基本条件，也是方便残疾人、老年人以及妇女、儿童和全社会成员平等参与社会的重要措施。因此，加强无障碍环境建设意义重大，这已经成为一个国家和社会文明的重要标志之一。

一　肢体残障者的社会融合及其理论依据

残疾人是一个特殊困难的群体。他们由于自身的残损和社会障碍，遭受

---

[1]　《第二次全国残疾人抽样调查残疾标准》，《中国残疾人》2006 年第 5 期。

[2]　中国残疾人联合会：《2010 年末全国残疾人总数及各类、不同残疾等级人数》，2021 年 2 月 20 日，https://www.cdpf.org.cn/zwgk/zccx/cjrgk/15e9ac67d7124f3fb4a23b7e2ac739aa.htm。

[3]　宁吉喆：《第七次全国人口普查主要数据情况》，中国政府网，2021 年 5 月 11 日，https://www.gov.cn/xinwen/2021-05/11/content_5605760.htm。

隔离、排斥等各种障碍，缺少参与社会的机会，无法融入社会。而无障碍环境建设是消除障碍、保障残疾人权益的重要内容，对于促进社会融合、改善生存环境、实现人的全面发展具有重要价值。

（一）残疾人社会融合

1981 年的"国际残疾人年"活动和第 37 届联合国大会于 1982 年通过的《关于残疾人的世界行动纲领》都提出了"平等机会"的概念，这一概念强调残疾人应该和其他人一样享有平等全面参与社会事务的权利。残疾人社会融合的运动在不少国家和地区得到全面的推动。

第 61 届联合国大会于 2006 年通过了《残疾人权利公约》，公约对残疾人社会融合进行了明确界定，即所有缔约国应确认所有残疾人享有在社区中生活的平等权利以及与其他人同等的选择，并应当采取有效和适当的措施，以便利残疾人充分享有这项权利以及充分融入和参与社区。[①] 这一公约还明确地将"机会均等""充分参与和融入社会"列为保障残疾人权利应遵循的一般原则，以约束性的条款和可执行的方式加以规范，进一步推动了各国各地区残疾人社会融合的进程。[②]

（二）肢体残障者的社会融合理论依据

社会融合作为社会政策概念，最早起源于欧洲学者对社会排斥的研究。20 世纪 90 年代以来，"社会融合"逐渐取代"平等"成为社会政策研究和实践中的核心概念之一。近年来，专家学者们对于社会融合的研究日趋增多，对于这一概念及其理论基础的理解与研究也逐渐深入。下述理论从不同角度为肢体残障者的社会融合提供理论依据。[③]

一是弱势群体理论。弱势群体也称社会脆弱群体，是指在现有情况下由

① 《残疾人权利公约》，联合国网站，https://www.un.org/zh/node/181459。
② 吴文彦、厉才茂：《社会融合：残疾人实现平等权利和共享发展的唯一途径》，《残疾人研究》2012 年第 3 期。
③ 丁宇、姜丹：《社会融合的理论类型和政策实践原则》，《学习与实践》2019 年第 3 期。

于某些障碍缺乏获取相应权利或能力的机会，进而在社会上处于不利地位的人群。弱势群体理论认为，人类因为痛苦、伤残而变得脆弱，但不应当因为脆弱而被淘汰，社会应该对弱势群体给予尊重和保护；由于自身生理和心理的残缺和障碍，肢体残障者如果得不到社会必要的保护，很容易被社会所抛弃和排斥，因此，对肢体残障者施以保护和营造良好的无障碍环境是一种伦理道德。

二是社会排斥理论。社会排斥是指个体与社会整体之间的断裂，揭示的是弱势群体所遭受的多重不利境遇，通常表现为社会中不同阶层、不同群体、不同个体之间的排斥和疏离。被社会排斥的对象通常是社会弱势群体，这一群体由于外在的原因或自身的先天性因素而缺乏独立生存能力。如何消除社会排斥，创建无障碍公平、公正环境，让肢体残障者积极、平等地拥有与健全人同等的资源与机会，享有参与经济、文化和社会生活的权利和社会福利，促进社会融合，是无障有爱友好型社会建设的使命所在。

三是社会距离理论。社会距离是指人与人之间的隔阂，是人与人之间的"内在屏障"。不同个体的社会能力与心理状态是迥然不同的，这种不同造成了人与人之间各种不同的心理隔阂，无形之中拉大了彼此之间的距离，因此形成了社会距离。肢体残障者的生理差别无形之中拉大了他们与社会其他成员的距离。学界运用这一理论研究社会公众对残联者的排斥与肢体残障者的自我排斥。[①]

在社会融合理论的视域下，由政府主导，多方参与共同构建一个残健共融的社会，让肢体残障者平等参与社会事务，消除社会排斥，真正实现社会融合目标。这需要残疾人无障碍环境的辅助和支持。相关的研究发现，肢体残障者依然受到社会排斥，包括有形无障碍环境排斥以及无形无障碍环境排斥。

---

① 莫小云：《社会融合视角下广东省肇庆市肢体残疾人公共文化服务供给模式优化研究》，硕士学位论文，兰州大学，2018。

二 有形无障碍环境排斥：肢体残障者有障碍的社会生活

有形的无障碍环境主要指无障碍物质环境，是残疾人参与社会生活的基本条件，它主要包括道路交通环境、公共环境、居住环境等。有形的无障碍环境排斥主要表现在以下几个方面。

（一）无障碍交通环境建设有待完善

无障碍交通环境是残疾人、老年人等特殊群体便捷、舒适出行的基本保障。当前，我国肢体残障者的无障碍交通环境建设有待完善。

1. 交通无障碍设施不规范、不系统的问题普遍存在

交通无障碍设施系统最重要的特点就是安全与连续。许多道路存在坡道缺失、在过街处或进出口没有设置缘石坡道、坡道坡度不合理、存在高差等问题。由于空间条件限制，很多人行天桥既无电梯，又没有设置坡道，从而造成了肢体残障者的出行断点；有的人行天桥虽设有坡道，但其宽度和坡度均难以满足肢体残障者轮椅通行使用的需求。

2. 无障碍公交设计不合理

公交无障碍设施缺失，部分坡道坡度过大，有些公交坡道仍需要人工手动操作，使用轮椅者仅凭个人体力很难进出公交车，无障碍公交的自动化程度低。目前的公交车站普遍缺乏无障碍通道以及无障碍候车区，有的公交车站或是坡度过大，或是站台空间过窄，不能保障轮椅在站台间的移动，导致车辆停车时轮椅上车困难。轨道车站无障碍设施有所缺失，有些换乘通道只有楼梯而没有扶梯，更无直梯。

3. 公交站台及道路无障碍设施衔接不畅

公交站台与道路的无障碍设施无缝衔接不到位，站台与道路之间分别规划和建设，没有统筹设计，造成道路与站台之间产生"鸿沟"，轮椅使用者要么无法到达公交站台，要么下车后无法从站台进入道路的无障碍系统。尤其是当肢体残障者使用轮椅需要跨越道路与公交车站之间的非机动车道时，由于被跨越的车道未设置显著的标志和标线，肢体残障者时常面临潜在的交通风险。

（二）无障碍公共环境设施系统化不足

我国无障碍设计起步晚，理念滞后，无障碍设施的安装标准及规范等系统化不足，无障碍设施实用性不高，具体表现在以下几个方面。

1. 无障碍建设设计未能体现实际需求

由于无障碍环境的规划设计者大多是身体健全者，所以很难从肢体残障者的实际需求出发，健全人设计的无障碍设施通常并不符合实际需求，容易造成无障碍设施沦为摆设，反而造成社会资源的浪费。

2. 无障碍设施系统性配套性匮乏

由于设计施工缺少系统性，无障碍设施难以实现功能配套，设施的最终作用也会大打折扣。楼宇、公共设施入口处没有防滑设施，坡度和宽度不符合规范标准，缺少无障碍扶手；电梯厅空间狭小，轮椅使用者无法转身、难以方便进出，缺少无障碍配套设施；公共卫生间的设计不符合人体工程学，配套设施功能不完善，肢体残障者无法使用。

3. 无障碍环境设计设施缺乏有效维护与管理

我国的无障碍环境建设重硬件设施，轻维护和管理。近年来，各级政府工作重心聚焦于无障碍环境硬件设施建设，但设施的使用、维护和管理未能及时跟上。同时，社会公众对无障碍设施维护管理的意识淡薄，大量的无障碍卫生间被清洁工具和杂物占用；无障碍停车位数量不足，无法满足残障人士需求；无障碍停车位位置不合理，远离出入口，残障人士出入困难；无障碍停车位缺乏有效管理，被非残障人士占用；无障碍停车位规划施工不符合规范，未能为残障人士留足上下车的空间，造成不便或无法使用。

（三）居住环境无障碍改造困难重重

我国对残疾人居住环境的改造工作起步较晚，虽然随着《无障碍环境建设法》的颁布实施，居住无障碍环境建设和改造的进度将大大加快，但从无障碍环境建设和改造的实际操作过程来看，仍存在不少困难和问题。

1. 家庭无障碍改造数量大，资金缺口大

一是国家资金投入与需求悬殊。据统计，全国有 2856 个县级行政区划，按每个县级行政区划每年有 20 户残疾人家庭无障碍改造量计算，每年全国都有 57120 户残疾人家庭需要改造。[①]"十三五"期间中央财政每年投入专项资金，向 4 万余户贫困重度残疾人家庭户均补助无障碍改造经费 3500 元。其他贫困残疾人和非贫困残疾人家庭无障碍改造资金由地方筹资解决，有些经济薄弱地区配套资金不落实。

二是农村肢体残障者家庭改造资金需求量大。对于城市社区肢体残障家庭而言，因其居住于楼房，水、电、气、暖及交通配套相对完备，条件较好；而对于近郊农村或城中村区域，无障碍设施的配套设施及功能较差，残疾人出行困难。所以农村的肢体残障家庭改造项目普遍比城市多、改造难度普遍比城市大、改造资金投入普遍比城市高。应该提高农村改造经费标准，增加投入，为保质保量实施农村残疾人家庭无障碍改造提供较多的资金支持。

三是满足肢体残障者的家庭无障碍改造项目需要更多资金支撑。如安装供生活不能自理残疾人洗浴的侧开门式浴缸，或安装从卧室到卫生间的移动吊轨设备，价格都要在 5 万~10 万元。更高层次的家庭无障碍改造，需要有更多渠道的资金来源。

2. 卫生间无障碍改造难度大

肢体残障者对家庭卫生间无障碍改造的需求较强烈，其改造难度也较大。我国绝大多数住宅的装修是卫浴一体，所以卫生间要同时满足肢体残障者的如厕和洗浴要求，并且做到方便和安全，难度非常大。城市中的老旧住宅房屋结构改造困难，农村住宅往往为旱厕，需要进行整体改造。肢体残障者的卫生间无障碍改造花费材料、人工、时间较多，投入经费相对也高。满

---

① 杨浩：《残疾人家庭无障碍改造设计研究》，硕士学位论文，清华大学，2014。

足肢体残障者的卫生间无障碍改造需求，既迫切又有难度，该问题需要采取更加有力的措施加以解决。

三　无形无障碍环境排斥：肢体残障者有障碍的社会融入

无形的无障碍环境排斥一方面是指社会对肢体残障者的资源配置与社会支持的局限；另一方面是公众的态度排斥与肢体残障者的自我排斥。

（一）肢体残障者的资源配置与社会支持局限

1. 肢体残障者的职业融合

大多数肢体残障者就业认知水平偏低，求职较为被动。当前我国大多数的肢体残障者对国家就业政策的了解度较低，对就业的认知程度也显著低于健全人。这导致肢体残障者对自身规划不明确、求职方向不明确。肢体残障者由于身体行动受限，对家庭的依赖更多，就业时普遍存在紧张、焦虑或者自卑的情况，较少主动求职。

针对肢体残障者的职业培训资源不足，劳动市场排斥肢体残障者。当前，针对肢体残障者的教育培训资源少之又少，且质量参差不齐，无障碍环境建设也不充分，这些都导致了肢体残障者的就业困境。肢体残障者由于自身身体所限，自身能力不足，就业机会本就已经很少，加之社会的传统观念对肢体残障者有认知偏差，用工企业对肢体残障者就业有偏见，为肢体残障者提供的教育培训资源与无障碍环境建设都不足，往往导致肢体残障者就业的自我排斥。

当前，劳动力市场对残疾人的排斥现象较为普遍，社会歧视与排斥是影响肢体残障者就业的观念障碍。正是因为社会歧视与偏见的存在，部分招聘者固执地认为残疾人素质低、能力差，在招聘过程中人为设置歧视条款，增加残疾人就业门槛和难度，造成残疾人的人力资本存量越来越高。

2. 肢体残障者的教育融合

肢体残障者的教育融合主要体现在学前教育、义务教育、高中教育以及高等教育四个阶段。

学前教育阶段。由于幼教缺乏相关的康复知识，对肢体残疾儿童的身心发展缺乏系统认识，以及教育资源分布的城乡差异，肢体残疾儿童入园人数较少，肢体残疾儿童的学前无障碍教育环境未受到足够的重视。

义务教育阶段。我国第二次全国残疾人抽样调查数据显示，6~14岁学龄期残疾儿童为246万人，占全部残疾人口的2.96%。其中肢体残疾儿童48万人，80.36%的肢体残疾儿童正在普通教育或特殊教育学校接受义务教育。[①] 肢体残疾儿童数量较多，而特殊教育起步晚、基础薄弱。

高中教育阶段。肢体残障学生在中等职业学校的比重较高，在校肢体残障学生中职业高中学生的数量和比重均高于普通高中学生，普通高中办学质量和规模有待提高。

高等教育阶段。部分高等院校在基础设施、专业设置、课程教学等方面的建设和调整未能满足肢体残障者的需求，部分高校存在肢体残障通道和无障碍电梯配备不全，无障碍设施占用、毁坏、无人管理的现象，影响着肢体残障学生在高校中的融入。

（二）公众的态度排斥与肢体残障者的自我排斥

普通人对肢体残障者的认识仍存在很大偏差，肢体残障者被不公正对待的现象仍然存在。公众态度的排斥和肢体残障者的自我排斥问题亟待改善，思想认识和价值观念的融合还需进一步发展和提升。

1. 公众态度的排斥

在社会方面，社会对肢体残障者仍然存在着误解和偏见，仍有很多人将残疾人视为"二等公民"，残疾人缺乏社会认同。肢体残障者如何步入社

---

① 中华人民共和国国家统计局、第二次全国残疾人抽样调查领导小组：《第二次全国残疾人抽样调查主要数据公报（第二号）》，中国政府网，2007年5月28日，https://www.gov.cn/jrzg/2007-05/28/content_628661.htm。

会，社会如何改变对他们的偏见和狭隘认知，残障者如何提升能力、得到社会认同，回答这些问题对于残障者融入社会极其重要。

在家庭方面，父母如果对孩子的肢体残疾没有正确和足够的认识，对肢体残障儿童过度照顾和保护，会使他们与外界隔离，性格任性、敏感、孤僻。有些父母经常将肢体残障儿童独自留在家中，这不仅限制了肢体残障儿童与外界环境的沟通与交流，更会使他们产生被遗弃的孤独感。

在学校方面，无论肢体残障者处于哪一教育阶段，由于四肢残缺，四肢、躯干麻痹或畸形，以及运动能力障碍，肢体残障者一般有比较明显的外部特征，这使得肢体残障学生在学校里可能受到同学的讥笑、嘲讽、歧视和欺侮，在同伴中被孤立。

2. 肢体残障者的自我排斥

肢体残障者面对自身的人生际遇以及复杂的社会环境时，如何进行自我心理调适，决定了其社会适应的程度。与普通人相比，肢体残障者在自我心理融合方面的困难会更多。一方面，肢体残障者容易产生抱怨心理，会认为社会与命运不公，或将不幸归咎于父母，不能正视自身的问题；另一方面，肢体残障者容易产生自卑心理，缺乏自信心。此外，社会上对于肢体残障者的偏见也加剧了他们的社交恐惧，从而强化其在社会融合过程中的自我排斥。

四　社会融合视域下改善肢体残障者无障碍环境的对策

（一）着力共建共享无障碍环境，实现社会融合无障碍

当前的无障碍环境建设尚未满足肢体残障者的实际需求，可以从贯彻落实无障碍环境建设法律法规与引导社会参与两个方面来探讨。

1. 宣传和落实《无障碍环境建设法》等相关法律法规

首先，要切实贯彻《残疾人保障法》，明确无障碍环境是需要公众一起

去建设和维护的，肢体残障者无障碍环境的建设不仅是政府的责任，也是社会共同的责任。其次，认真宣传和落实《无障碍环境建设法》。该法经第十四届全国人大常委会第三次会议表决通过，于 2023 年 9 月 1 日起施行。这是我国无障碍环境建设领域首部综合性、专门性法律，这部法律的颁布是我国无障碍环境建设史上具有里程碑意义的重大事件。这部法律对无障碍环境建设的全要素、全链条、全场景作出系统规定，覆盖无障碍环境建设全过程，涉及多领域、多部门、多主体，只有各方面齐抓共管、全社会共同参与，加强宣传教育和贯彻落实，才能推动无障碍环境建设高质量发展。

应着力落实以下几个方面的工作。一是加强宣传教育。深入开展普法和宣传活动，加强无障碍环境理念引导，提升全社会参与无障碍建设意识，总结推广先进地区无障碍建设的做法与经验，推动全社会人人关心、人人参与无障碍环境建设。二是完善配套政策法规。《无障碍环境建设法》作为上位法，它的颁布施行需要配套的实施办法和部门规章，同时也需要相关法律法规与之衔接，因此，应加快制定出台配套的实施办法和政策，加紧修订相关法律法规，完善地方性法规制度。三是加大无障碍环境建设与改造力度。《无障碍环境建设法》将残疾人、老年人作为重点保障对象，其落实涉及社会生产生活的方方面面，既需要各级政府和各个部门切实履行法定职责，统筹协调，落实到位；也需要人人参与，鼓励社会组织和公众踊跃参与，推动全社会共建共治共享。要精准查找无障碍环境建设与改造的不足和短板，结合城镇老旧小区改造、完整社区建设、城市更新行动等，加快解决人民群众在无障碍环境建设和适老化改造中的急难愁盼突出问题。四是健全保障机制。无障碍环境建设，经费投入是关键。明确县级以上人民政府应当将无障碍环境建设经费列入本级预算，建立稳定的经费保障机制；构建无障碍环境标准体系，加紧制定修订建筑与市政工程无障碍通用标准规范，建立健全无障碍环境认证和信息评测制度。五是加大监督督察执法力度。加强监管，督促法律严格执行，严厉惩处违法行为。建立健全政府和相关部门监督检查、信息公示、投诉举报处理答复等相关工作机制，积极推动涉残、涉老等社会组织聘请相关人员对无障碍环境建设情况进行监督检查，推动无障碍环境建设由"有没有"向"优不优"跃进。

2. 鼓励引导社会参与

肢体残障者无障碍环境的建设需要各方的支持才能够更加完善。对于想参与和从事肢体残障者无障碍环境建设工作的社会组织与企业，政府应该予以支持、给予相应的补助，并进行规范化约束与资源整合。同时，政府也应向这些社会组织与企业购买服务从而推动肢体残障者无障碍环境设施的建设。对于无障碍产品与研发机构，政府也应予以支持与补助，加快肢体残障者无障碍产品的生产与研发，鼓励无障碍产品的生产和供给，满足肢体残障者的需求。

（二）加强教育康复，提升肢体残障者的就业能力

社会保障不是简单的救济，对于肢体残障者的社会保障不能简单地停留在救助阶段，还需要加强肢体残障者的教育康复、提升他们的身体素质与个人能力。提升肢体残障者的就业能力，才是促进肢体残障者社会融入、提升肢体残障者社会地位的最直接方法。

1. 尽早进行康复教育，提高身体素质

家长和教师要尽早对肢体残障者进行干预和康复教育，通过家庭、特殊教育学校、普通学校、医院、康复机构或早期干预机构等对肢体残障者进行教育与训练，使他们能够掌握基本的语言理解与表达能力、生活自理能力、情绪调节能力、社会交往能力，从而培养积极、乐观的性格，能够与他人建立和维持稳定的人际关系。通过加强肢体残障者的康复和治疗，提高身体素质。

2. 加强对肢体残障者的培训，提高自身就业能力

肢体残障者应掌握一定的职业知识和技能，以更好地解决就业问题。提高肢体残障者的教育水平，使其有一技之长，才能使他们更好、更有保障地就业。特殊教育大学、职业技术学校、职业培训机构与就业服务中心等机构应面向肢体残障者提供职业技能咨询、培训或者其他相应的服务，教授他们相关的职业知识和技能，同时与相关的用人单位达成合作，为肢体残障者提

供职业培训和就业机会，使肢体残障者能够具备工作和生活的能力。

（三）加大现代残疾人观的宣传力度，消除社会观念排斥

残疾是一个演变中的概念，它不仅是生理现象，更是一种社会现象。残疾人致残不完全是伤病的结果，也是社会、环境障碍与残障者生存需求之间的矛盾所致。全社会要树立现代残疾人观，将残疾人视为平等的权利主体。

首先，应发挥媒体的传播功能，加大现代残疾人观的宣传力度。对肢体残障者的形象再塑是消除社会观念排斥的一项重要举措，当前社会对肢体残障者仍有一定偏见，现代残疾人观并没有深入人心，这就需要发挥媒体的力量。利用互联网与自媒体普及现代残疾人观，通过短视频宣传或者公众号文章的普及，提升肢体残障者的形象。

其次，增强肢体残障者社会参与，提升肢体残障者社会地位。提高肢体残障者的话语权是提升残障者地位的有效途径，如切实增加残疾人以及残疾人工作者代表进入各级人大、政协参政议政的人数；给予肢体残障者发声的机会，增加政务工作中肢体残障者的比例，提升他们在行政中的力量，增强肢体残障者的社会参与，从而提出有益于残障者的建议。①

（四）提升肢体残障者的适应能力，消解自我排斥

加强教育培训，鼓励残障者学习新的能力，实现"增能"。通过社会工作者的介入，帮助他们重建自信、提升他们的适应能力，从而消解自我排斥。

第一，发挥家庭的作用。家庭成员是最了解肢体残障者的人，家庭成员的鼓励以及稳定和谐的家庭环境能够使肢体残障者发现自身的优势、建立自信，使他们能够消解负面情绪、减少自我排斥。

第二，提高肢体残障者的适应能力。对于肢体残障者，尤其是后天致残

---

① 马壮：《"有障碍"的无障碍：社会融合视阈下残疾人无障碍环境研究》，硕士学位论文，贵州大学，2018。

的肢体残障者，教育者在予以引导的同时，更需要培养他们积极学习的能力，使他们能不断学习新的沟通技能与生活技能。

第三，鼓励残障人士间的积极互动沟通。残障人士之间要建立他们自己的社群，增强彼此的沟通理解，提升其社会归属感。肢体残障者可以通过残障群体内部的互相帮助满足彼此的需求，从而提升肢体残障者的归属感，消解自我排斥。

逆周期调节下江苏省康复辅助器具产业发展政策研究*

徐 新**

摘 要： 习近平总书记在党的二十大报告中指出，要建设现代化产业体系，构建优质高效的服务业新体系，推动现代服务业同先进制造业深度融合；在推进健康中国建设方面，要完善人民健康促进政策。就目前而言，受到需求收缩、供给冲击、预期转弱的影响，我国制造业产业结构正在发生变化，市场前景广阔的康复辅助器具产业迎来向上发展的机遇期，正展现出向上攀升的动力。现阶段，江苏省的政府采购推动了该产业初期的发展，但主要是满足基本的保障性需求，还未发挥出推动产业发展的作用，企业市场化动力减弱，且线上线下的融合模式并未形成，产业发展受阻。现提出以下政策建议：一是支持企业发展新模式，引导企业市场化发展；二是通过医保支付扩大市场需求；三是逆周期调节下实施购买补贴政策；四是发挥政府采购的产业引导功能；五是鼓励企业加大实用产品的研发力度；六是强化企业金融服务。

关键词： 逆周期调节 康复辅助器具产业 江苏省

---

* ［基金项目］本文系 2022 年度江苏共享发展研究基地第一批开放基金课题"逆周期调节下江苏省残疾人辅助器具产业发展政策研究"（立项号：22GXJD01）的研究成果。
** 徐新，南京特殊教育师范学院副教授，研究方向为金融学、康复辅助器具与产业、地方政府债务。

一　逆周期调节形势及康复辅助器具政策运行分析

逆周期调节持续进行，有效应对各种风险挑战。逆周期调节是指针对经济周期的繁荣和衰退进行相应的调控，将经济周期调整至合适的范围。近年来，受需求收缩、供给冲击、预期转弱三重压力的影响，康复辅助器具产业高端需求增长乏力，低端需求转弱。2022 年 4 月至 10 月，人民币兑美元汇率降低 15%，资本流向美国的压力增大，流动性趋紧和通货膨胀两难问题显现。央行数据显示，2022 年 9 月末，广义货币（M2）余额 262.66 万亿元，同比增长 12.1%，狭义货币（M1）余额 66.45 万亿元，同比增长 6.4%；M1 增速依然明显低于 M2，表明实体经济活跃度仍然不足。[①] 2022 年 7 月中共中央政治局会议定调下半年经济政策，宏观政策要在扩大需求上积极作为，财政货币政策要有效弥补社会需求不足，[②] 延续逆周期调节策略。

康复辅助器具产业迎来逆周期调节机遇期。在党的二十大报告中，习近平总书记提出了以实现全体人民共同富裕为本质要求的中国式现代化。由此，康复需求将会是下阶段产业发展的内生动力。目前的形势下，逆周期调节会偏向受经济周期影响较大的产业，容易忽视受经济周期影响较小的产业，然而这可能正是这些新兴产业提档升级的重要节点。随着人民生活的改善及对便利生活的内在需要，康复辅助器具正逐渐被广大的老年人、残疾人、伤病群体所接受，他们愿意为此支付费用；国家也出台了《国务院关于加快发展康复辅助器具产业的若干意见》，支持该产业的发展。这些都表

---

① 中国人民银行：《2022 年前三季度金融统计数据报告》，2022 年 10 月 11 日，http://www. pbc. gov. cn/goutongjiaoliu/113456/113469/4679613/index. html.

② 徐瑶：《中共中央政治局召开会议 分析研究当前经济形势和经济工作 审议〈关于十九届中央第九轮巡视情况的综合报告〉中共中央总书记习近平主持会议》，共产党员网，2022 年 7 月 28 日，https://www. 12371. cn/2022/07/28/ARTI1658999010965374. shtml.

明，康复辅助器具产业在逆周期调节下迎来了机遇期。

（一）江苏省政策运行分析

江苏省对康复辅助器具产业的支持政策运行了五年，目前还未出台新政策。其中，最主要的是 2017 年由江苏省政府发布的《江苏省人民政府关于加快发展康复辅助器具产业的实施意见》（苏政发〔2017〕91 号），这是江苏省推动康复辅助器具产业发展的指导性文件，其政策内容参照国务院出台的《国务院关于加快发展康复辅助器具产业的若干意见》制定。对比国务院的文件可以发现，国务院提出的"主要任务"部分，江苏省对应提出的是更加具体的"主要措施"，重在实施；政策支持方面，将人才队伍建设部分放在了"主要措施"里面，以区分"政策支持"中具体的政策规定，这些规定都是硬性的，而"主要措施"则偏软性。所以，江苏省主要的政策支持包括税收价格优惠、金融支持、财政引导和消费支持四个方面，具体政策参见表 1。

表 1　苏政发〔2017〕91 号文对产业的具体政策支持点

支持点	具体规定
税收价格优惠	符合条件的康复辅助器具企业可依法享受研发费用加计扣除和固定资产加速折旧政策。经认定为高新技术企业的康复辅助器具企业，按规定享受企业所得税优惠
金融支持	支持符合条件的企业发行企业债、公司债和资产支持证券。通过科技成果转化引导基金等吸引社会资本参与。鼓励金融机构创新开展知识产权质押、仓单质押、保单质押、股权质押等贷款业务，搭建康复辅助器具产业融资、担保、信息综合服务平台，完善金融中介服务体系，拓宽融资渠道。鼓励保险资金全面参与康复辅助器具产业领域投资
财政引导	将康复辅助器具产业纳入新兴产业投资支持范围。加强政府资金对技术研发的扶持力度，省级财政设立专项资金扶持康复辅助器具创新研发。将符合条件的高端康复辅助器具产品纳入首台（套）重大技术装备保险补偿试点范围，采用非招标采购以及政府购买服务等方式，鼓励采购满足需求的创新产品

续表

支持点	具体规定
消费支持	逐步扩大康复辅助器具项目纳入基本医疗保险范围，合理确定支付比例。逐步增加工伤保险目录中的康复辅助器具项目。引导第三方服务机构通过整合当地康复辅助器具资源的方式，为适用人群提供康复辅助器具租赁或购置服务，做好康复辅助器具租赁或购置服务与传统保险保障服务的衔接工作。鼓励金融机构创新消费信贷产品，支持康复辅助器具消费。将符合条件的残疾人纳入辅助器具适配补贴范围

资料来源：《江苏省人民政府关于加快发展康复辅助器具产业的实施意见》（苏政发〔2017〕91号）。

康复辅助器具适配方面的政策正不断完善和改进。江苏省残联与省财政厅于2021年5月联合发布了《江苏省残疾人辅助器具适配补贴暂行办法》（苏残规〔2021〕1号），对辅助器具适配的补贴对象、标准和购买补贴进行了规定。对比2018年省残联发布的《江苏省残疾人辅助器具适配补贴办法》（苏残发〔2018〕57号），在限定上更加明确。一是明确规定了购买补贴的对象必须为江苏户籍，并且持有中华人民共和国残疾人证（16周岁以下未持证的残疾儿童需认定）；二是区分了购买补贴对象和服务补贴对象，苏残发〔2018〕57号文中这两项是按75∶25的比例进行考虑的；三是拓宽了补贴类型，先区分通用型和特殊型，然后在这两类中再区分残疾类型，如通用型里包括肢体类、听力类、视力类、精神智力类，特殊性包括肢体类、听力类、视力类，苏残发〔2018〕57号文中是按辅助器具类别进行分类的，申请时系统性不强，不如苏残规〔2021〕1号文的分类方式科学；四是苏残规〔2021〕1号文扩展了申请渠道，采取线下与线上相结合的方式实施，使申请更加便利。除此以外，苏残规〔2021〕1号文联合财政厅下发文件，使得资金的财政保障在效力上更高。

（二）上海、深圳政策运行分析

逆周期调节下，上海给予了康复辅助器具产业更高的评级。《国务院关于加快发展康复辅助器具产业的若干意见》（国发〔2016〕60号）发布之后，上海市政府于2017年9月印发了《上海市人民政府关于加快发展康复辅助器具产业的实施意见》（沪府发〔2017〕64号），主要从税收价格优惠、金融服务、财政资金引导、消费支持、人才队伍建设五个方面进行政策支持。经过五年的发展，上海市政府于2022年8月发布了《上海市人民政府关于加快本市康复辅助器具产业发展的实施意见》（沪府规〔2022〕10号），相关政策在大的方面并没有变化，仍然是五个部分，但是在金融服务、消费支持、人才队伍建设三方面提出了更多的支持。金融服务方面，要探索将符合条件的康复辅助器具生产企业和服务机构纳入养老领域政策性融资担保范围；消费支持方面，拓展纳入医保支付的康复辅助器具产品，鼓励商业保险将相关产品纳入保险的范畴；人才队伍建设方面，引导和支持职校和高校开设和优化相关专业，进行人才培养。总体来说，上海在目前经济逆周期调节阶段，给予了该产业更高的评级，提供了更多强有力的政策支持。

深圳正试图破解市场需求规模偏小这一最大难题。深圳市也先后于2018年4月、2022年7月出台了两个主要的政策支持文件，即深圳市政府办公厅印发的《深圳市加快发展康复辅助器具产业的实施方案》（深府办函〔2018〕71号）、深圳市发展和改革委员会印发的《深圳市促进大健康产业集群高质量发展的若干措施》（深发改规〔2022〕10号）。从目前的发展情况看，深圳在该产业上的发展走在全国的最前沿，经过五年的探索，政策支持有了新的变化，并结合了《深圳市培育发展大健康产业集群行动计划（2022—2025年）》的谋划。从发文单位看，深府办函〔2018〕71号文由深圳市政府办公厅印发，但实际上是由市残联和市民政局制定呈报市政府同意后发布的；深发改规〔2022〕10号文则是由市发展改革委制定和发布的，从推力上来说，后者更有力度。从文件涵盖的产业看，前者只针对康复辅助器具产业，而后者是将康复辅助器具产业作为大健康产业的板块之一，这样的布局有利于破除板块分割及市场规模偏小的问题，这一直都是困扰康复辅助器具产业进一步发展最大的难题，其整合了精准医疗、康复养老、精准营养、现代农产品、医疗美容、化妆品等健康服务业以及为其提供支撑的医疗美容设备、康复养老设备、新型营养保健品、现代农产品、数字化健康设备和产品、高端化妆品等健康制造业。从产业板块看，康复辅助器具产业得到了极大的扩展，与其他产业板块融合发展，共同构建大健康产业，将会带来广阔的发展空间和无限生机，例如，与养老产业结合，在养老社区和机构，推动康复辅助器具的使用。从产业链条看，更加强调前端创新开发，符合条件的优先列入市重大产业项目库，在土地指标、电气水等要素资源以及节能审查等环保指标配置上给予重点倾斜；实现规模产业化的项目，择优按照项目总投资 20% 予以资助，最高不超过 1500 万元。

（三）多地政策运行分析

其他地方大部分并未出台新的实施意见或措施，主要按照国发〔2016〕60 号文及当时对应出台的本地政策文件规定，推进产业发展。《国务院关于加快发展康复辅助器具产业的若干意见》（国发〔2016〕60 号）作为纲领性文件，实际上考虑得已经比较完善，从落实税收价格优惠、强化企业金融服务、加强财政资金引导、完善消费支持措施、加强人才队伍建设等五个方面对康复辅助器具产业发展予以支持。各地都出台了相关补贴政策，部分地区还将康复辅助器具纳入工伤人员的工伤保险，也有部分地区将康复辅助器具纳入城镇居民社会保障体系。为保障老年人、残疾人、伤病群体的康复辅助器具需求，预计国家将鼓励有条件的地方把部分康复辅助器具纳入基本医疗保险支付范围；完善康复辅助器具工伤保险支付制度，合理确定支付范围；鼓励社会资本进入康复辅助器具产业，真正帮助该产业向好发展。

二 康复辅助器具产业发展现状分析

（一）康复辅助器具产业相关概念

国务院发布的《关于加快发展康复辅助器具产业的若干意见》（国发〔2016〕60 号），是迄今为止支持康复辅助器具产业发展最重要的文件，其内容涵盖了总体要求、主要任务、政策支持、保障措施四个部分，并对康复辅助器具及其产业给出了明确的定义。[①]

康复辅助器具是改善、补偿、替代人体功能和实施辅助性治疗以及预防残疾的产品。

康复辅助器具产业是包括产品制造、配置服务、研发设计等业态门类的新兴产业。

值得注意的是康复辅助器具概念中包含了"实施辅助性治疗及预防残疾的产品"，产品范围较广，横跨的领域较多，应用场景较为丰富，能够支撑该产业发展起来。另外，受限于研究的阶段，也为了能够更加聚焦，本文主要对产品制造领域进行分析，对其他部分仅作辅助性分析。

康复辅助器具产品范围：援引《中国康复辅助器具产业发展蓝皮书（2021）》的定义，主要包括康复辅助器械、仪器、系统设备、软件等。[②]

（二）康复辅助器具产业发展现状

1. 产业规模

康复辅助器具产业处于形成期，产业规模缺少权威部门的数据统计和发布，根据可得资料，该产业目前较准确的推算规模是 8927 亿元。《国务院关于加快发展康复辅助器具产业的若干意见》在发展目标中明确提出，到2020 年，康复辅助器具产业规模突破 7000 亿元，布局合理、门类齐备、产品丰富的产业格局基本形成，涌现一批知名自主品牌和优势产业集群，中高端市场占有率显著提高。[③] 民政部社会福利和慈善事业促进司根据当时行业调查，采用了"年均增长率超过 15%"进行推算，得出了 2020 年我国康复

---

① 《国务院关于加快发展康复辅助器具产业的若干意见》，中国政府网，2016 年 10 月 23 日，http://www.gov.cn/zhengce/content/2016-10/27/content_5125001.htm。

② 中国康复辅助器具协会编《中国康复辅助器具产业发展蓝皮书（2021）》，中国社会出版社，2021。

③ 《国务院关于加快发展康复辅助器具产业的若干意见》，中国政府网，2016 年 10 月 23 日，http://www.gov.cn/zhengce/content/2016-10/27/content_5125001.htm。

辅助器具产业规模突破 7000 亿元这一规模数据（见表 2）。事实上，民政部 2016 年 10 月在新闻发布会上解读《国务院关于加快康复辅助器具产业发展的若干意见》时就给出了解释，按照 15% 增长率计算，预计到 2020 年规模就会超过 8600 亿元，考虑到经济可能存在一些不可控因素，稳妥起见，才提出 7000 亿元的规模预期。① 按 7000 亿元规模，则采用的增长率约为 11%"，以此推算，康复辅助器具产业 2022 年底规模约为 8927 亿元，至 2025 年底将达到 12210 亿元，市场前景广阔（见表 2）。

表 2　中国康复辅助器具产业规模推算值

单位：亿元

年份	2015	2016	2017	2018	2019	2020	2021	2022	2023	2024	2025
产业规模	4300	4773	5298	5881	6528	7246	8043	8927	9910	11000	12210

注：产业规模推算值按 11% 年均增长率计算。

资料来源：《国务院关于加快发展康复辅助器具产业的若干意见》，中国政府网，2016 年 10 月 23 日，https://www.gov.cn/zhengce/content/2016-10/27/content_5125001.htm。

　　江苏省在康复辅助器具制造业方面具有优势，综合实力强劲。2017 年，江苏省常州市进入了全国首批康复辅助器具产业综合创新试点，有着较好的基础和起点。截至 2019 年，常州康复辅助器具规模生产企业达到了 78 家，年销售额 100 余亿元，生产产品 4000 余种，占全球品类的 1/5，并涌现出常州市钱璟康复股份有限公司、常州中进医疗器材股份有限公司、常州思雅医疗器械有限公司等优质企业；西太湖国际医疗（康复辅助器具）产业园，是国家级医疗器械（康复辅助器具）创新园区，入驻相关生产企业近 160 家。② 实际上，除了常州以外，江苏省其他几个地市在这方面的制造能力也

---

① 《民政部就〈关于加快发展康复辅助器具产业的若干意见〉答记者问》，中国政府网，2016 年 10 月 28 日，https://www.gov.cn/xinwen/2016-10/28/content_5125592.htm。

② 常州市人民政府：《第 39 届中国（常州）国际康复辅助器具产业暨国际福祉机器博览会和第 7 届常州"康养+"产业推介会新闻发布实录》，2019 年 6 月 26 日，http://www.changzhou.gov.cn/ns_news/835156153218279。

非常强大，虽然没有直接的数据，但是从医疗器械产业在全国的位置就能看出实力，江苏省2021年医疗器械产业产值达到1210.66亿元，占全国总产值的10.47%，2017~2021年复合增长率为13.05%。①如果以常州医疗器械产业规模在全省的占比12.17%，对全省康复辅助器具产业规模进行推算，则可以得出该规模为821亿元。考虑到常州康复辅助器具产业在全省的重要性，该占比应该调高到18%左右，按此比例进行推算，全省康复辅助器具产业规模约为560亿元，而根据2020年11月国际康复辅助器具产业创新论坛上的数据显示，长三角地区三省一市在该产业的规模约为1400亿元，粗略地按照三省一市的GDP比重进行估算，则江苏康复辅助器具产业的规模约为587亿元。②两数据互为印证，故此确认587亿元的规模符合江苏省康复辅助器具产业2019年的情况。按照13%的增长率计算，2025年产业规模约为1222亿元。

2. 企业数量

江苏省在康复辅助器具制造业板块远超北京、上海，比浙江省也高出不少，仅次于广东省。"天眼查"检索结果显示，江苏省康复辅助器具制造业企业共209家，从数字看，仅占全国2578家的10%不到。实际情况却并非如此，由于"天眼查"输入"残疾人辅助器具""康复辅助器具""康复辅具"3个关键词后，采取的是模糊查询而并非精确查询，得到的结果有很多是交叉重复的，基数越大，重复得越多，所以从全国范围看，重复得出的结果就会大得多。但是，这并不妨碍分省对比。检索结果看，江苏省的209家，远超北京的13家、上海的13家，比浙江省的98家也高出1倍多，仅仅比广东省的

---

① 《分析丨江苏省医疗器械产业发展数据公布》，"赛柏蓝器械"微信公众号，2022年9月3日，https://mp.weixin.qq.com/s?__biz=MzA3MTIwODc3MQ==&mid=2650819357&idx=3&sn=1e26ea8d3c0ce2f711e7066dbe1706ef&chksm=84c5f131b3b2782753184202bf661186e07f426468e886b4160f5099a2b1ebcc421c1e791735&scene=27。

② 《2020国际康复辅助器具产业创新论坛举行 康复辅具产业长三角"千亿俱乐部"正式启动》，"央广网"百家号，2020年11月10日，https://baijiahao.baidu.com/s?id=1682899676268157001&wfr=spider&for=pc,%202020-11-10。

259 家略低。这说明江苏省在康复辅助器具产业的强项是制造业。

（三）逆周期调节下康复辅助器具产业市场需求与机遇

逆周期调节下康复辅助器具需求广阔。逆周期调节下康复辅助器具市场有逐渐扩大的趋势，主要原因是用户群体的逐渐扩大。康复辅助器具的用户群体主要包括老年人、残疾人、伤病群体、慢性病群体、产后功能障碍者、运动人群等群体，基数巨大（见图1）。按照国发〔2016〕60号文对康复辅助器具的定义，其不仅包括"改善、补偿、替代人体功能的产品"，还包括

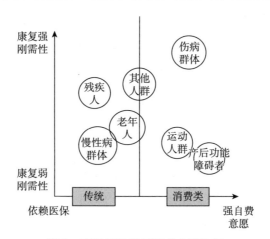

图1　康复辅助器具需求人群特征

"实施辅助性治疗及预防残疾的产品"，这就使得产品范围更加广阔，渗透到康复医疗和康复治疗领域。根据《柳叶刀》2020年发表的关于康复的全球疾病负担研究，估计全世界有约24.1亿人在患病或受伤期间受益于康复治疗，这些需求的增长主要是由于人口老龄化及某些健康问题流行率的增加。数据显示，中国康复需求最大，人数为4.6亿人，其次是印度4.11亿、美国1.49亿，潜在康复辅助器具需求很大。①

---

① Alarcos Cieza, Kate Causey, Kaloyan Kamenov, Sarah Wulf Hanson, Somnath Chatterji, Theo Vos, "Global Estimates of the Need for Rehabilitation Based on the Global Burden of Disease study 2019: A Systematic Analysis for the Global Burden of Disease Study 2019," *The Lancet*, 2020 (396): 2006-2017.

逆周期调节下康复辅助器具的老年人市场蕴藏较大消费潜力。第七次人口普查数据显示，截至 2020 年 11 月，我国 60 岁及以上人口为 2.64 亿人，占总人口的 18.70%，其中 65 岁及以上人口达到 1.91 亿人，占总人口的 13.50%；较第六次人口普查时，分别增长了 5.44 个百分点和 4.63 个百分点。[①] 预计"十四五"时期，60 岁及以上老年人口总量将突破 3 亿人，在总人口中的占比将超过 20%，我国将进入中度老龄化阶段。2035 年左右，60 岁及以上老年人口将突破 4 亿人，在总人口中的占比将超过 30%，我国将进入重度老龄化阶段。[②] 广大老年人对美好生活的需要日益增长，蕴含着巨大的消费潜力，康复辅助器具产业的老年人市场将成为未来可期的消费增长极。江苏省老龄化程度高，潜在市场更大。《江苏省老龄事业发展报告（2022 年）》显示，截至 2021 年末，江苏省 60 岁及以上常住老年人口 1883.68 万人，占常住人口的 22.15%，高于全国 3.25 个百分点；65 岁及以上常住老年人口 1449.60 万人，占常住人口的 17.04%，高于全国 2.84 个百分点；与 2020 年江苏省第七次全国人口普查数据相比，60 岁及以上老年人、65 岁及以上老年人口比重又分别增长了 0.31 个百分点和 0.84 个百分点。[③] 根据人民网的报道，江苏省人口老龄化程度仅次于北京、上海，位列全国第三。[④] 随着生活条件的不断提高，江苏省老龄化将继续加深，再加上江苏本身就是人口大省，本地市场的需求将成为康复辅助器具产业发展主要驱动力之一。

残疾人群体基数大，但康复辅助器具需求却未得到满足，逆周期调节下产业发展蕴藏机遇。根据中国残联推算的数据，截至 2010 年末，我国残疾

---

① 《第七次全国人口普查公报》，中国政府网，2021 年 5 月 11 日，https://www.gov.cn/guo-qing/2021-05/13/content_5606149.htm。

② 房家梁：《"十四五"老年人口将超 3 亿"老有所养"如何保障?》，中国新闻网，2022 年 9 月 22 日，https://www.chinanews.com/sh/2022/09-22/9857895.shtml。

③ 《〈江苏省老龄事业发展报告（2022 年）〉发布》，"微讯江苏"微信公众号，2022 年 9 月 27 日，https://mp.weixin.qq.com/s?__biz=MjM5MDk3MzE2MA==&mid=2649541899&idx=2&sn=0e5da134199fda83b4bcc998bd33f404&chksm=bea4c08c89d3499afccda31cc5d53c70593da90ccf6ebffab4b3ba2695fbab54ffa2676d54d1&scene=27。

④ 吴伊端、张健：《人口老龄化程度全国第三 江苏养老如何破局?》，人民网，2020 年 11 月 9 日，http://js.people.com.cn/n2/2020/1109/c360302-34402147.html。

人总数为 8502 万人，① 此后该数据未再更新，包括新华网等在内的众多官方网站到目前为止仍然沿用着这一数据。2017~2021 年《残疾人事业发展统计公报》显示，近 5 年得到基本辅助器具适配服务的残疾人数分别为 244.4 万人②、319.1 万人③、314.5 万人④、242.6 万人⑤、177.0 万人⑥，即获得基本辅助器具的残疾人数为 1297.6 万人。按照需持证且三年可以重新申请的规定，实际上获得基本辅助器具的残疾人占总数的比例并不高，约占我国残疾人总数的 10%。除此以外，许多基本辅助器具已经难以满足残疾人的真实需求了，这个比例或许还要下调至 8% 左右，即实际得到适配的基本辅助器具的残疾人大约只有 680 万人。也就是说 8500 万残疾人中，还有 7820 万残疾人需要更适合自己的康复辅助器具。江苏残疾人持证比例略低，实际康复辅助器具潜在需求或许更大。同样地，江苏省残疾人的权威数据仍然沿用了国家统计局 2006 年开展第二次全国残疾人抽样调查得到的结果，截至 2006 年 4 月，江苏省残疾人数为 479 万人，该数据一直沿用至今；残疾人数量比江苏省多的是河南省 676 万人、四川省 622 万人、山东省 569 万人、广东省 540 万人 、河北省 496 万人，江苏省排在第六位。⑦ 而据全国残

① 中国残疾人联合会：《2010 年末全国残疾人总数及各类、不同残疾等级人数》，2021 年 2 月 20 日，https://www-current.cdpf.org.cn/zwgk/zccx/cjrgk/15e9ac67d7124f3fb4a23b7e2ac739aa.htm。

② 中国残疾人联合会：《2017 年中国残疾人事业发展统计公报［残联发（2018）24 号］》，2018 年 4 月 25 日，https://www.cdpf.org.cn/zwgk/ggtz1/43f1e66f2b7d4576bc69bf39a9508121.htm。

③ 中国残疾人联合会：《2018 年残疾人事业发展统计公报［残联发（2019）18 号］》，2019 年 3 月 25 日，https://www.cdpf.org.cn/zwgk/ggtz1/1b2ef9914df140b1bd77effebd641477.htm。

④ 中国残疾人联合会：《2019 年残疾人事业发展统计公报》，2020 年 3 月 31 日，https://www.cdpf.org.cn/zwgk/zccx/tjgb/0aeb930262974effaddfc41a45ceef58.htm。

⑤ 中国残疾人联合会：《2020 年残疾人事业发展统计公报》，2021 年 4 月 9 日，https://www.cdpf.cn/zwgk/zccx/tjgb/d4baf2be2102461e96259fdf13852841.htm。

⑥ 中国残疾人联合会：《2021 年残疾人事业发展统计公报》，2022 年 3 月 31 日，https://www.cdpf.org.cn/zwgk/zccx/tjgb/0047d5911ba3455396faefcf268c4369.htm。

⑦ 第二次全国残疾人抽样调查领导小组、中华人民共和国国家统计局：《2006 年第二次全国残疾人抽样调查主要数据公报（第二号）》，中国政府网，2007 年 5 月 28 日，https://www.gov.cn/fuwu/cjr/2009-05/08/content_2630949.htm。

疾人人口基础库，截至 2020 年底，持证残疾人数排在前面的几个省分别是河南省、四川省等，江苏排在第八位；持证残疾人较多的安徽和湖南并没有出现在残疾人数较多的前六省里面，这意味着这两个省的残疾人持证率较高；由数据可得，江苏省残疾人持证率为 35%，对比河南省 43%、四川省 46%、山东省 46%、河北省 39% 都略低，比广东省的 31% 略高。①结论显示，发达地区的残疾人持证率反而低，或许是因为数据时间跨度过大，发达地区经过 15 年的发展，残疾人占比相对其他省有所下降所致。

三　市场化发展的困境

康复辅助器具产业由政府采购主导。与医疗器械的医疗康复不同，康复辅助器具更侧重于工程康复、社会康复、教育康复、职业康复，使功能障碍者借助康复辅助器具补偿身体机能并进行康复。用户群体主要包括老年人、残疾人、伤病群体。民政部 2015 年核算产业规模时对假肢矫形器、轮椅及其他助行器、护理床、失禁用品、无障碍设施、助视器（含眼镜）、助听器、个人治疗辅助器具、康复训练设备等较大产值产品进行了统计估算。②残疾人和老年人在过去一直属于低消费群体，甚至是像康复辅助器具这样的必需品都不得不"能省则省"。因此国家及各省、市出台了辅助器具适配补贴办法，帮助这些群体免费获得辅助器具，或者给予相应的补贴。对于供给端，大部分地方采取的就是政府采购的方式。

政府采购这把"双刃剑"既推动了产业的形成，又影响着产业的市场化发展。政府采购最初是为了满足公用品所需及加强公共支出管理，后来逐

---

① 《全国残疾人人口基础库主要数据》，中国残疾人联合会网站，2020 年 12 月 31 日，https://www.cdpf.org.cn/zwgk/zccx/ndsj/zhsjtj/2020zh/6c948f9d97194a93a0d6e1ba23d32000.htm。
② 《民政部就〈关于加快发展康复辅助器具产业的若干意见〉答记者问》，中国政府网，2016年 10 月 28 日，https://www.gov.cn/xinwen/2016-10/28/content_5125592.htm。

渐发展成为国家宏观调控的重要手段。现在的政府采购还具备了国际谈判筹码功能及推动产业发展、绿色发展等功能，内涵得到了极大的拓展。我国政府采购开始于 1996 年上海、河北、深圳的试点；1999 年财政部颁布了《政府采购管理暂行办法》、2000 年颁布了《政府采购运行规程暂行规定》等文件后，政府采购体系初步形成；2002 年《政府采购法》出台，政府采购的合法性得以确立。《政府采购法》第九条规定，"政府采购应当有助于实现国家的经济和社会发展政策目标，包括保护环境，扶持不发达地区和少数民族地区，促进中小企业发展等"。政府采购在很多产业的发展历程中都起到了"四两拨千斤"的作用，比如新能源汽车产业、医疗器械产业等，在产业初期都是依靠政府采购和相应的政策得到了原始积累。而康复辅助器具产业也正经历着类似的过程。到目前为止，康复辅助器具产业对政府采购依然有很强的依赖性，并未引出市场化发展的需求。本文对多位业内人士及残联理事长、工作人员访谈后发现，进入政府采购名录的企业，多数失去了奋力开拓的动力，忙于应付政府采购的各类关联工作，影响了产业后期市场化的发展进程。

政府采购保证的是低端需求，目前还未发挥出推动产业发展的功能。按照苏残规〔2021〕1 号文的规定，省内通用型辅助器具的补贴申请标准为 600 元/人。省内各市也出台了对应的政策文件，有的地方补贴标准稍微高于省级标准，比如南京市通用型辅助器具补贴标准为 800 元/人。这些标准保障的是低端需求，中高端产品是需要残疾人自行购买的。本文通过访谈调研辅助器具适配机构，得出三个结论：一是残疾人属于低收入群体，一旦需要自行支付补差价，很多残疾人会放弃使用辅助器具；二是如果不是免费发放，需要补差 20%，即 160 元，残疾人中也会有很大比例的人觉得不公平，不愿意掏出这笔费用，因为此前的政策是不需要补差的；三是残疾人愿意使用更高端的产品，但是价格和低端产品差距太大，例如轮椅，适配型轮椅价格为 650 元/个，而残疾人想要使用的电动轮椅，品质一般的也在 3000 元/个以上。目前，政府采购并没有引导出中高端需求，市场化发展任重道远。

企业注重政府采购类产品发展，低端产品战略使得市场化动力减弱。发展得较好的企业多数以出口为主，以国内需求为主的企业，更多关注的是政府采购类产品。为了竞标成功，企业不断压缩利润空间，各家公司产品也逐渐同质化。这样发展的结果是，低端产品的性价比很高，但是中高端产品却止步不前。以江苏省为例，2020年残疾人康复辅助器具的中标产品型号有111种，中标公司15家，以低端产品为主，包括轮椅三轮车类、手杖助行器类、如厕洗浴类、护理床类、助听器类、盲人生活自主类、盲人学习自主类、光学与电子助视器类等。低利润的运转，不能有效激励企业开发市场，并研发生产出用户导向的多样化、个性化产品。

市场销量有限，使得线下高定价或者线上弱售后成为常态，阻碍产业发展。随着收入的增加和健康意识的增强，居民对康复辅助器具的接受程度和支付意愿持续提高。产业有着广阔的未来，但目前却陷入了困境。由于消费潜力并未爆发出来，产品研发和改进缓慢，加之康复辅助器具面对的本就是勤俭节约的老年人和残疾人群体，产业似乎进入了循环陷阱，即"消费力不足—产品发展缓慢—需求引导困难—消费力不足"。这导致企业为了生存，采取了两种策略：线下高定价或线上弱售后。线下高定价是由于产品销售范围有限，销售量没办法达到一定规模，必须通过高定价策略获取单件的较高利润维持基本运营；而线上虽然销售量比线下要高出许多，但是价格竞争激烈，为了降低成本，企业普遍采取弱售后的策略。比如，本文在调研中发现，假肢小腿线上价格可以低至4000多元，而线下更多的是10000元左右的产品；线上店铺的产品虽然便宜，但是每次调校和维护时却比较麻烦，而线下店则可以很好地给购买者完成售后服务。从本文调研的情况看，线上和线下销售还没有很好地融合在一起，消费者最为看重的还是产品的性价比，实体门店的高价格会让他们望而却步。在销量较低的情况下，线上线下的产品价格冲突、各地代理商的利益保障等就成了难以攻克的问题。

四 产业发展政策建议

（一）引导企业市场化发展

支持企业发展"线上销售+线下服务"模式，引导出消费需求。鼓励江苏省康复辅助器具生产企业通过网店、直播带货等方式开展线上销售，并做好线下的售后服务。通过线上销售，方便需求者挑选、比价和购买，拓宽产品信息触达的广度和深度；线下聚焦服务和体验，做好配送、组装、维护、退换等环节的售后服务。通过竞赛的方式，激励企业构建"线上销售+线下服务"体系，对运转效果好的企业给予奖励；通过创投项目的方式，对符合条件的企业按规定给予资助。

加强企业交流和参加展会，拓展线下售后服务企业加盟或者联合发展。支持江苏省康复辅助器具产业相关组织或企业举办论坛、对接会、行业交流会等产业交流活动，促进行业交流与合作；通过展会，壮大线下售后服务力量，建立互利共赢的合作模式，推动康复辅助器具向市场进一步渗透。对符合条件的企业按规定给予奖励和资助。

打造孝敬老人的系列礼品，破解高端康复辅助器具市场困境。支持行业发展协会牵头建立产品联盟，构建产品清单，对接优势企业抱团发展；鼓励相关企业在各自领域提供最优质产品、性价比最高产品、最实用产品等系列产品，通过同盟的方式推动满足各种需求的"爆款"系列礼品，借助互联网平台比如抖音、小红书、淘宝、京东等，塑造年轻人购买后孝敬老年人的潮流，在较短时间挖掘出市场潜力，解决高端康复辅助器具客观需求与消费意愿之间的矛盾。

（二）通过医保支付扩大市场需求

扩大康复辅助器具纳入基本医保支付的范围。研究制定通用型和特殊型康复辅助器具购买的医保补贴政策，按照国家的医保报销规定，研究报销的方式、比例和渠道。与残疾人护理补贴、老年人养老补贴政策衔接，降低辅助器具需求者的购买支付比例。根据医保基金支付能力，将符合条件的治疗性康复辅助器具按照程序纳入基本医保支付范围，研究确定治疗性康复辅助器具的医保支付标准，引导康复辅助器具的使用，通过医保基金使用扩大市场需求。

推进医疗服务与康复辅助器具使用融合。推动康复医师、康复治疗师对康复辅助器具的使用，研究医保的支付范围和比例。促进康复辅助器具配置人员对辅助器具的研发，为个体化定做与临床应用提供必要的技术支持。鼓励医疗机构骨科、眼科、耳科、康复科等建立辅助医疗小组，促进辅助器具适配工作。

（三）逆周期调节下实施购买补贴政策

逆周期调节下给予购买者专项补贴，抢跑康复辅助器具产业。艰难时刻比耐力，根据财政情况，聚力支持前景广阔的康复辅助器具产业，研究制定康复辅助器具的购买补贴政策，引导需求，释放出市场活力，破解"消费力不足—产品发展缓慢—需求引导困难—消费力不足"困境。考虑参考新能源汽车推广时采用的政策，由各省区市根据本地区康复辅助器具推广进度与本级财政补贴资金按省级细则规定程序一并拨付给补贴对象。制定资金拨付程序，保障补贴政策的落实。

制定补贴政策退坡政策，优化需求引导。预先制定不同发展阶段的补贴退坡政策，在产业进入期，加大补贴力度；在产业成长期，逐渐分梯次退坡补贴；在产业成熟期，退出补贴政策。建立科学的补贴退坡机制，合理规划康复辅助器具的补贴退坡进程，发挥补贴退坡产生的积极作用。按照逐步淘汰落后低端产品的原则，引导需求者购买技术含量更高的产品，培养高质量康复辅助器具的使用接受度。

（四）发挥政府采购的产业引导功能

改进市场结构，引导供应商助推区域产业发展。鼓励区域生产厂商与供应商联合，争取中标更多康复辅助器具的政府采购。制定有利于双方合作的政策，推动区域内产业制造和研发做大做强。规划保护期限，促进企业加紧成长，做好梯度政策支持，循序渐进的同时不培养"懒汉"企业，激发生产端和研发端的内生动力，尽快实现市场化发展。通过兼并重组，培育资源优化的领军企业，带动创新型、创业型和劳动密集型中小微企业形成产业联盟或产业联合体。

根据财政情况，适当向高质量产品倾斜。政府采购中充分考虑对新兴产业产品实行倾斜，对于进入政府采购目录的高质量产品，适当给予优先采购权。制定权重式计分的办法，保证政策倾斜过程中的公平公正。鼓励康复辅助器具产品的创新，加快政府采购目录的更新，将更多的高质量产品纳入其中，将老年人、伤病人护理照料，残疾人生活、教育和就业辅助，残疾儿童抢救性康复等作为优先发展领域，助推高智能、高科技、高品质康复辅助器具产品的研发和生产。

（五）鼓励企业加大实用产品的研发力度

支持康复辅助器具实用产品的研制和推广。对同类产品的实用型新产品，进行评定、申报，按销售额的一定比例给予奖励。制定评定和申报的细则，明确奖励的方式和金额。支持康复辅助器具中小企业向"专精特新"方向发展。研究制定奖励办法，对认定为国家级专精特新"小巨人"企业、"专精特新"技改项目投入、"专精特新"股份制改造机构费用等给予现金奖励。

推动康复辅助器具关键技术和产品研发。对康复辅助器具生产企业牵头承担或者牵头承担子课题的国家、省科技重大专项和重点研发计划项目，考虑单独给予一定比例的配套资助；对验收通过且落地转化的项目，再给予一定比例资助。经认定的高新技术成果转化项目，按照国家和本省的相关规定进行扶持。建立康复辅助器具产业创新成果转化库，并对接相关企业开展成果转化。加快康复辅助器具制造企业智能化改造和数字化转型，加快产业制造设备和业务系统同步到云平台，推动数字技术对康复辅助器具产业全链条改造，培育智能制造示范企业，不断提高康复辅助器具产业的智能化水平。

（六）强化企业金融服务

拓宽融资渠道，解决企业的资金短缺问题。设立省级康复辅助器具产业投资引导基金，支持复合项目开发，合理运用基金灵活多变的优势，降低企业和项目的融资成本。支持符合条件的企业发行企业债、公司债和资产支持证券；支持企业通过发行短期融资券、中期票据、中小企业集合票据等非金融企业债务融资工具筹集资金。指导企业申请国家设立的科技成果转化引导基金、新兴产业创业投资引导基金、中小企业发展基金等，吸引社会资本协同发力。

鼓励金融机构开发风险分担产品，探索财政提供风险补偿机制。培育壮大创业投资和资本市场，提高信贷支持的灵活性和便利性，通过金融机构的风险分担产品，提高企业的贷款能力。鼓励商业保险与银行合作，对小微企业开展保单融资；探索保险资金进入康复辅助器具产业，降低企业的融资成本；借助保险的风险承担能力，消除重大事件冲击、经济下行压力等影响，充分做好逆周期调节。探索将符合条件的康复辅助器具生产企业和服务机构纳入养老领域政策性融资担保范围。

江苏省无障碍产业数字化转型路径研究[*]

柳芳红[**]

摘　要： 数字经济已然成为当前社会及经济发展的重要驱动力之一，也成为实现高质量发展的必由之路。本文分为两个部分，第一部分为理论推演，通过归纳总结逻辑架构搭建起一个两阶段的演进过程路径：第一阶段为数字化技术、数字要素向无障碍产业渗透的过程路径；第二阶段为产业集群数字化过程路径。第二部分为政策建议，在分析了过程机制的逻辑基础之上，发现需要省政府规制或疏解的关键点与环节，为省政府制定政策提供引导性的政策建议及意见。

关键词： 无障碍产业　数字化转型　数字经济

中国信息通信研究院发布的《全球数字经济白皮书（2022年）》显示，2021年，全球47个主要国家数字经济增加值规模达38.1万亿美元，其中，中国数字经济规模达到7.1万亿美元，占47个国家总量的18.5%，位居世界第二。[①] 这说明，我国正式进入"数字经济"红利大规模释放的时代。充分发挥数据资源的生产力，探索以数据作为关键要素、数据赋能的新型增长方式是各行各业在新时代的新任务。当前，数据要素已经驱动了更高效和更灵活的企业价值创造的形式，如共享经济、平台经济、众包

---

* ［基金项目］本文系2022年度江苏共享发展研究基地第一批开放基金课题"江苏省无障碍产业数字化转型路径研究"（立项号：22GXJD04）的研究成果。

** 柳芳红，南京特殊教育师范学院讲师，研究方向为知识管理、商业模式创新、数字财务。

① 孙杰、夏骅：《我国数字经济规模达7.1万亿美元》，"京报网"百家号，2022年7月30日，https://baijiahao.baidu.com/s?id=1739739796992504375&wfr=spider&for=pc。

模式等，这意味着传统组织难以作为独立的个体置身于数字化商业环境中。无障碍制造业是我国制造业重要组成部分之一，能够充分体现我国制造业水平和保障我国数量众多特殊需要人群的需求，能够切实提高人民的生活水平和幸福获得感。

根据《国家残疾预防行动计划（2016—2020年）》，截至2016年，我国残疾人总数已经超过8500万人。同时据世界银行统计，预计2050年我国65岁以上老年人占总人口比例将会达到26%，未来无障碍产业将是关乎4亿人口民生福祉、有着近50万亿元规模的蓝海市场。

数字化转型是大势所趋，是社会各界面临的重要挑战。无障碍产业将要服务于残疾人、老年人，政府对此形势的应对相对来说比较少。2022年初，全国政协针对中国残疾人联合会对全国政协十三届四次会议提案的办理复文明确回复了《关于加快我国无障碍产业发展的提案》，① 充分体现了国家对无障碍产业的关注与支持。与此同时，江苏省政府发布的《江苏省"十四五"残疾人事业发展规划的通知》② 虽然大部分内容是针对残疾人事业相关方面的愿景的规划及设想，但是在重点任务的专栏7部分，突出了对具体的"无障碍重点项目"的支持。

由此可见，江苏省政府已经着眼于无障碍产业的布局与扶持，但是顺应数字化时代的发展的大势，进一步发展无障碍产业，为江苏省无障碍产业振兴抓住时代发展的机遇，寻找到适合的发展通道，将是一项具有相当重大的现实意义又相当紧迫的任务。本文以江苏省无障碍制造产业作为研究对象，聚焦于无障碍制造产业在数字化背景下的转型升级路径，遵循"技术—范围经济—产业振兴"范式，尝试对传统制造业产业组织管理模式顺应技术变迁，在政策扶持、产学研协同制度引导下，向以数字化、智能化等为技术

---

① 中国残疾人联合会：《全国政协十三届四次会议第2841号提案办理复文》，2022年1月21日，https://www.cdpf.org.cn/ztzl/zyzt1/qglhjytafw/2021nlhjytablfwgk/1f60d62b9e1543f795a3b0bd4785df85.htm。

② 江苏省人民政府：《省政府办公厅关于印发江苏省"十四五"残疾人事业发展规划的通知》，2021年9月25日，http://www.jiangsu.gov.cn/art/2021/10/15/art_46144_10075133.html。

支撑的数字化制造业转型的可行路径展开研究。本文旨在为江苏省无障碍制造产业成功转型提供相应的策略建议，为政府制定产业政策提供参考。

一　无障碍、无障碍产业、数字化转型概念及内涵

（一）无障碍相关概念及内涵

"障碍"在《辞海》中定义为阻挡进行的事物。在我国古代诗词中有对于"障碍"的表述，比如唐朝诗人元稹《哭子》："彼此业缘多障碍，不知还得见儿无？"元朝诗人房皞《题张信之见山堂》："胸中有丘壑，眼前无障碍。"军事领域对于"障碍"一词多指阻挡军事行动的事物，包括有形物体和无形物体，有形物体主要包括天然实物，如山川、河流、森林、草原等；以及军事工程，如壕沟、防护墙、铁丝网等。

当"障碍"一词形容人时，一般特指"障碍人群"，可以简单理解为在生理、心理、精神等方面能力有某种欠缺因而导致某项或者某系统性行动受到某种阻挡的群体。以"残疾人""障碍"为关键词进行百度搜索，找到相关结果9.6亿个；以"老年人""障碍"为关键词进行百度搜索，找到相关结果约3.2亿个。可见人们十分关注残疾人、老年人等群体，该群体面临的障碍真实存在于我们生活之中，与我们的日常生活息息相关。

1. 障碍之于残疾人

根据2006年联合国颁布的《残疾人权利公约》，残疾人包括肢体、精神、智力或感官有长期损伤的人，这些损伤与各种障碍相互作用，可能阻碍残疾人在与他人平等的基础上充分和切实地参与社会。残疾人具有的生理性、心理性或精神性损伤，会造成残疾人功能或生理机能欠缺或丧失，进而带来各种各样的障碍。它会阻碍残疾人平等、顺畅地参与社会的工作、娱乐、文化活动、学习和生活等。

全国人大常委会于1990年通过的《残疾人保障法》明确，残疾人是指

在心理、生理、人体结构上，某种组织、功能丧失或者不正常，全部或者部分丧失以正常方式从事某种活动能力的人；残疾人包括视力残疾、听力残疾、言语残疾、肢体残疾、智力残疾、精神残疾、多重残疾和其他残疾的人。根据 2011 年 5 月 1 日开始实施的 GB/T 26341-2010《残疾人残疾分类和分级》，我国将残疾分为七类，分别是视力残疾、听力残疾、言语残疾、肢体残疾、智力残疾、精神残疾以及多重残疾，其中每一类又分为四个等级。该标准中"障碍"一词出现了 51 处，与其语义相关或类似的词语更有多处。

在表达残疾人的英语单词中，通过"无法""丧失""缺陷""智障"等释义，也能看到"障碍"的影子。在英文中，单词 cripple 作为名词时指因腿或脊椎受伤、疾病等而无法行走的人，称为瘸子、伤残人；作为动词讲，其被动形式 crippled 用于指人时，the crippled 与名词的意思相同，指瘸子、伤残人。单词 disabled 意指丧失使用肢体能力的，肢体残疾的；the disabled 指残疾人、伤残人。单词 disability 指无能力、丧失能力、伤残、导致丧失能力的事物；指残疾人时通常用 people with disabilities。单词 handicap 作名词时指障碍、不利因素、生理或智力上的缺陷、残疾等；作为动词，其被动形式 handicapped 用于指人时，the handicapped 与名词的意思相同，指残疾人、智障者。在西方书面语中，对于残疾人或残障人士比较主流的说法是 the physically challenged people，有时简称 physically challenged。所以 the crippled、the disabled、people with disabilities、the handicapped、the physically challenged people 均可指残疾人，但 the crippled 有时特指瘸子、the handicapped 有时特指智障者。指称残疾人较常用的为 people with disabilities，在国际上比较受欢迎又有人文气息的为 the physically challenged people，有时简称 physically challenged。类似的情况，在我国最早叫"残废人"，或者直接叫瘸子、跛子、聋子、瞎子、傻子等，都不够尊重人，缺乏人文气息，现在叫残疾人有了一些进步，但在实际调研过程中残疾人朋友们更愿意被称呼为残障人士，这种称呼更具有人文气息，因为他们的身体状况是一种功能障碍，并不一定是一种病态。

从以上可以看出残疾人的定义本身就意味着残疾人在生活、学习和工作中面临着这样或那样的障碍，而残疾人要像健全人一样平等、便利地参与社会生活，则必须消除各种障碍。

2. 障碍之于老年人

随着老年人年龄的增长、身体机能的衰退，他们面临的障碍越来越多，如视力障碍、记忆障碍、听力障碍、心理障碍、精神障碍、认知障碍、焦虑障碍、性生活障碍、神经障碍、睡眠障碍、吞咽功能障碍、平衡功能障碍等，这还不包括身体机能的衰退引发的其他疾病。所以有人说，老年人在这一意义上就是半个残疾人。按照我国《残疾人保障法》的残疾人概念的规定来看，的确，很多老年人也能够算残疾人，他们是老年残疾人，尽管实际情况是很少有老年人去申请残疾鉴定。即使是健全的老年人，他们有时候也会自嘲是"半个残疾人"，以感叹岁月带来的障碍。

3. 障碍人群

障碍人群是一个相对于障碍能力和环境而言的群体，但作为障碍人群的个体又有其自身特点，我们姑且称障碍人群中的个体为障碍人。显然通过以上分析可知，障碍人必定包括残疾人和相当数量的老年人；幼儿在身体机能尚未发育健全时，妇女在特殊的生理期时也都面临各种各样的障碍，因而障碍人也包括特定时期的幼儿和妇女。在特定情况下，虽然一个看护婴儿的保姆就本身的能力而言不是障碍人，但是当她推着有婴儿的童车面临多级台阶遇到障碍时，她是一个特定意义上的障碍人，她需要无障碍设施——坡道。同样，虽然一个看护男性老人的女护工就能力而言不是一个障碍人，但是当她推着坐着轮椅而腿脚不便的男性老人外出，而男性老人要如厕时，此时她便遇到了障碍：如去男厕，自己是一个女性；如去女厕，老人是一个男性。在这种情况下，女护工也是一个特定的障碍人，她需要无障碍厕所（亦称第三卫生间）。所以儿童、老人的看护者在特定的环境下，都有成为障碍人的可能。正常情况下，一个普通人不会是一个障碍人，但是当他带上沉重的行李箱在地铁站进出时，扶梯及台阶已无法让他便利出入，此时他遇到了障碍，此时他是一个障碍人，他需要无障碍设施——直梯。所以每个社会个体在特定的情况下都有可能是障碍人，且不说等到老了或身体残疾了。每一个人都有不同的能力限制，在生命周期的不同阶段、不同场合可能遇到与老年人、残疾人一样或类似的障碍，自始至终的"健全人"是不存在的。

通过对障碍人群的个体——障碍人的分析，我们对障碍人群给出如下定义：当人的正常活动受到自身障碍与外界环境障碍的交织阻挡时，我们称这类人为障碍人群，这种阻挡可能单单来自自身的身体障碍（身体机能缺陷、生病），也可能单单来自身体之外的相关物的障碍（负重行李、看护对象），更多的是来自外界环境的障碍（缺乏无障碍设施的环境）。这个定义体现了所有社会人都是潜在的障碍人群，无障碍环境建设是面向所有人群的、是为每一个人准备的。重点障碍人群主要指老年人和残疾人。

（二）无障碍产业概念及内涵

根据全国政协十三届四次会议第 2841 号提案的定义，所谓无障碍产业，是指为残疾人、老年人、伤病员、孕妇等群体提供人体功能改善、补偿、替代或实施辅助性治疗的新兴业态，涵盖出行设备、康复辅助器具、智能穿戴、智能看护、无障碍旅游、无障碍电影等软硬件产品研发、设计、生产、流通与服务的完整产业链条。本文将以上述定义作为无障碍产业的定义。另据江苏省政府"十四五"规划文件中体现的无障碍产业的分类，本文将无障碍产业分为三个部分：无障碍设施、信息无障碍、无障碍服务。

（三）数字化转型概念及内涵

1. 数字化概念及内涵

数字化是指数字技术对象为特定目标的行为人提供的能够促成其目标实现的可能性。[①] 数字技术不仅仅是一种技术，也是一种资源。数字技术包括

---

① 陈晓红、李杨扬、宋丽洁、汪阳洁：《数字经济理论体系与研究展望》，《管理世界》2022年第 2 期。

大数据、人工智能、物联网、区块链等技术。

2. 数字化转型概念及内涵

数字化转型是指通过信息、计算、通信和连接技术组合，触发实体属性的重大变革，从而改进实体的过程。[①] 一方面，数字化转型被认为能够打破实体产品的物理界限，将物理世界与数字世界相融合，为客户创造全渠道环境；另一方面，数字化转型催生了由数据驱动的管理决策，形成了从数据搜集、数据见解、数据分析到动态解决方案的"数据链条"，并利用大数据与AI技术推出智能产品与服务，制造方在数字技术支持下同消费者进行频繁且密切的互动。

3. 产业数字化转型概念及内涵

国外众多学者从产业层面研究了数字化技术对产业转型的作用。全球化使得供应链管理和控制更加困难，区块链技术作为分布式数字账本技术，能够确保供应链的透明度、可追溯性和安全性，有望缓解全球供应链管理问题。

国内研究更多关注产业数字化转型的战略、价值维度、理论逻辑和趋向路径，而产业数字化转型的价值维度体现在驱动产业效率提升和推动产业跨界融合等方面。国内学者普遍认为，信息技术能够推动出版产业数字化转型，实现复合出版商业模式与媒介融合。这为媒体行业增添了更为多样化的表现样式，从而能够满足用户不断变化升级的需求。也有学者将电信产业、银行业和农业的数字化转型战略、路径和模式作为研究重点。现阶段，各产业要持续推动数字化转型升级，为更好地应对外部风险挑战积蓄动能。

（四）无障碍产业数字化转型概念及内涵

结合上文所述，无障碍产业要寻求数字化转型，就要为数字技术的应用和组合找到应用领域与场景，具体表现为行业内各企业通过提升技术和管理

---

① Gregory Vial，"Understanding Digital Transformation：A Review and a Research Agenda，" *Journal of Strategic Information Systems* 28.2（2019）：118–144.

能力推动生产，由劳动密集型向资本或技术密集型转移。当前无障碍产业逐渐应用数字技术将该产业深化为四个领域，即无障碍信息技术、无障碍辅助器具、无障碍工程及无障碍服务等，包括智能穿戴、康复辅助器具、智能看护机器人、智能导盲系统、无障碍软件、无障碍出行设备、无障碍旅游、无障碍电影等产品与服务，无障碍产业链条已逐渐完善。

二　数字化技术驱动无障碍企业变革路径机制及对策建议

（一）数字化驱动企业变革路径机制

推动制造业数字化转型，数据是资源、网络是平台、算法算力是工具。加快制造业数字化转型，需要找准发力点，包括制造业企业发展痛点、潜在价值点或优势点，基于数据驱动的洞察与决策、数字化运营与供应链管理，以客户体验为中心推动产品与服务创新等，形成各自不同的重点和路径。具体分析，制造业数字化转型主要有以下实现路径。

1. 构建制造业全过程数字孪生体

制造业企业要依托工业互联网平台，采集和汇聚研发设计、生产制造、用户服务、经营管理等活动产生的业务数据，并开展数据云端存储、主数据管理、数据标准化、数据质量管理、数据分级分类管控和安全维护等基础工作，在虚拟空间打造企业业务活动的数字"双胞胎"，形成格式统一、可计算、可分析的业务数据链条。同时，要结合业务逻辑和工业知识开发数据模型，并在研发、生产、经营、服务等业务活动中部署应用，构建企业级或行业级工业知识图谱，以数据为驱动提升企业科学管理、精准决策水平。

2. 实现制造流程与生产资源的数字化管理

制造业企业要以虚拟化技术为基础，基于企业业务活动全过程数字孪生体实现数据与业务的综合集成，通过全过程场景的虚拟化实现信息技术与运营技术的真正融合。运用流程规划设计工具、流程监测管理工具、运营管理云化软件等软件工具，开展业务流程分层分级规划与设计，构建完善的业务流程体系，实时监控业务流程执行过程，评价分析流程执行绩效，确保业务流程的有效执行。通过业务系统集成和云化改造，推动战略管理、市场营销、用户服务、供应链管理等业务上云，实现关键业务集成一体化运作。

制造业企业需基于工业互联网平台全面采集生产资源数据、解析相关协议，构建设备、制造单元、产线、车间和工厂的数据模型，开展生产资源全生命周期规范化管理。通过建设完善的生产资源数据模型库、知识机理库和运维策略库，开展设备运行状态监控、生产调度优化、故障预警处置、能耗安全管理等活动，监测、评价和优化设备的运行效率、能耗、环保、安全等绩效状况，并基于平台开展跨企业的产能共享和协同生产，提升生产管控和创新应用的经济效益和附加价值。

3. 以智能制造为重点推动企业数字化转型

实现智能制造是企业层面加快数字化转型的主攻方向。通过"机器换人"、建立智能工厂和智能车间，全面提升传统制造方式自动化、网络化、智能化水平，并以此为基础催生个性化定制、智能化生产、网络化协同、服务型制造等新模式、新业态。要充分应用物联网、云计算和自动化控制等技术，对机器设备和生产流程等进行优化更新，加快企业数字化技术改造，使企业从单机生产向网络化、连续化生产转变，提升企业的生产效率与产品品质；中小企业要全面实现"上云"，建立工业互联网基础，推动低成本、模块化设备和系统的部署实施；着力打通中小企业生产过程各环节的全数据链，鼓励企业深入挖掘数据价值，促进设计、生产、物流、仓储等环节高效协同；培育一批工程技术服务企业，面向重点行业建设智能制造单元、智能生产线、智能车间、智能工厂，通过示范推广、技术对接，引导企业应用先进技术和智能化装备，推进存量装备智能化改造，大幅提升企业智能制造水平。

（二）数字化技术驱动无障碍企业变革路径机制

传统企业数字化转型的已有研究可分为两种视角：一是聚焦企业内部，从企业的知识和能力等方面入手展开研究，例如，肖静华等[①]发现企业需要通过数字化加速学习机制以及数字化重构学习机制以实现跨越式战略变革；二是关注企业外部，从利益相关者入手研究，例如，Sandberg 等[②]认为传统企业数字平台化通过转换交互规则变化、分布设计控制和增加刺激反应多样性三种机制共同促成数字化转型。

实业界对数字化转型（digital transformation）有多种定义。比如，有报告认为数字化转型是通过新一代数字技术的深入应用，构建一个全感知、全连接、全场景、全智能的数字世界，进而优化再造物理世界的业务，对传统管理模式、业务模式、商业模式进行创新和重塑，实现业务发展。国务院发展研究中心课题组的报告认为，企业数字化转型是指利用新一代信息技术，构建数据的采集、传输、存储、处理和反馈的闭环，打通不同层级与不同行业间的数据壁垒，提高行业整体的运行效率，构建全新的数字经济体系。数字化转型在广义上被我国实业界称为产业数字化。

从企业组织理论的视角来看，数字企业是指基于数字技术能力来创造价值的社会技术实体；从实践视角来看，数字企业是指基于数据来完成交易或提供数字化体验产品和服务的企业，数字技术将充分融入企业经营管理活动。因此，本文认为，数字企业的管理是指基于数字技术应用配置人员、流程和结构等要素，执行战略变革和创新，实现企业目标和价值的实践和活动。

已有研究表明，数字化转型往往涉及企业的重构活动，不仅发生于企业内部的认知与能力层面，也发生于企业外部的价值网络层面，两者之间会产

---

① 肖静华、吴小龙、谢康、吴瑶：《信息技术驱动中国制造转型升级——美的智能制造跨越式战略变革纵向案例研究》，《管理世界》2021 年第 3 期。

② J. Sandebrg, J. Holmstrom, and K. Lyytinen, "Digitization and Phase Transitions in Platform Organizing Logics: Evidence from the Process Automation Industry," *MIS Quarterly*, 44.1 (2020): 129-153.

生交互影响。Hanelt 等[①]进一步指出，数字化转型过程涉及动荡环境、信息技术系统和组织能力三者动态的交互，难以区分变革是在企业内部还是跨企业展开，需要从系统或整体视角看待数字化转型，以进一步了解组织行动者与利益相关者互动。周文辉和程宇[②]认为数字化转型的过程与机制应该结合组织内外两方面的活动，最后实现重构，完成数字化转型。无障碍企业数字化转型路径如图 1 所示。

在政策引导下，近几年我国一批企业已经走上了数字化转型的征途，尤其是在工业领域，我国企业数字化转型水平与发达国家的差距在不断缩小。尽管如此，我国企业依然面临着数字化战略不清、转型方法缺失、转型能力不足、转型动力机制缺失等实际问题，可以说真正意义上实现数字化转型的企业寥寥无几，亟须对这些问题背后的关键科学问题开展系统性的研究。

（三）数字化技术驱动无障碍企业变革的对策建议

首先，创业者是发现社会需求并创造性地提供解决方案的人，也可以说是将创意与商机整合在一起的关键人物。政府应该为创业者提供可行的环境，该环境包括制度环境、物质条件、办公场所等条件。无障碍企业承担着前文中提到的无障碍需求者的丰富多样又为数众多的需求，包括无障碍设施、无障碍工程、无障碍信息、无障碍服务等领域。在数字技术的驱动下，多种创意将会被开发出来，商业化的过程中创业者起到至关重要的作用。

其次，发明家或者关键技术人物是辅助创业者实现商业机会的重要实现者，在有些情况下，发明家或者关键技术人物很可能同时也是创业者。政府应从人才制度角度对其给予扶持和帮助，从而丰富数字化技术在多种场景下的应用。尤其是无障碍化目标的实现，对广大的无障碍人群将是极大的利好。

---

① A. Hanelt, R. Bohnsack, D. Marz, and M. C. Antunes, "A Systematic Review of the Literature on Digital Transformation: Insights and Implications for Strategy and Organizational Change," *Journal of Management Studies*, 58.5 (2020): 1159-1197.

② 周文辉、程宇：《数字平台如何通过边界跨越构建价值共创型组织?》，《研究与发展管理》2021 年第 6 期。

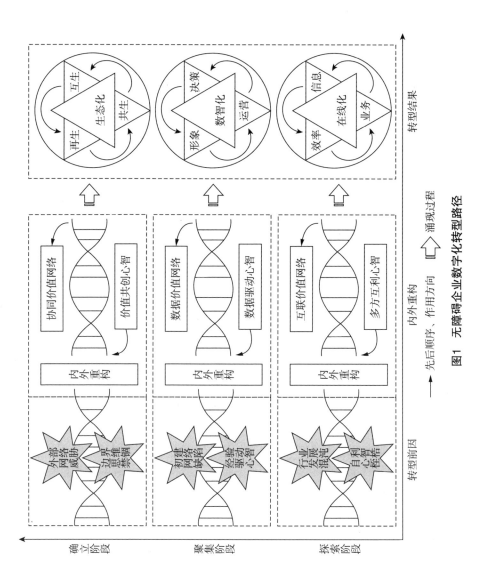

图1 无障碍企业数字化转型路径

→ 先后顺序、作用方向　⇨ 涌现过程

最后，投资者是将无障碍创意落地的关键因素。一项创意的商业化过程中有诸多的试错成本，投资者的持续资助至关重要。一方面，政府要开辟无障碍企业创业融资的绿色通道，从融资机制上给予扶持；另一方面，由于无障碍企业的产品社会效应较显著，不能从商业利润的角度去规制投资人，而是更多地建设一些类似适度营利性的长效机制，使投资人能够获得适当的利润并愿意持续地提供资金支持。

三　无障碍产业数字化路径机制及对策建议

（一）无障碍产业数字化路径机制

数字化转型成为无障碍产业快速成长和创造潜在价值的重要引擎。产业数字化将会改变已有产业结构，企业所连接的平台功能或生态系统的价值创造路径和管控创新，能够提升或扩大企业的创新效率、经营绩效、竞争优势和股票流动性。

国外有学者从全球价值链视角提出了产业升级的 4 种表现形式，即工艺升级、产品升级、功能升级、跨产业升级。另有学者提出了 5 种具体的产业升级形态，包括产业间升级、要素间升级、需求升级、功能升级和链接升级。国内学者也从不同的领域着手研究数字化转型升级，比如，肖静华等以美的为案例解释了信息技术驱动中国制造业产业升级的激励与实现路径，认为数字化补课和智能化创新构成中国企业从大规模制造到智能制造跨越式战略变革的两个关键阶段。[①] 又如解学梅和韩宇航采用纵向多案例研究方法深度剖析了制造业企业绿色转型演化过程"制度逻辑—资源编排过程—绿色转型结果"的内在形成机制，提出了产业链绿色集成、供应链绿色整合、

[①] 肖静华、吴小龙、谢康、吴瑶：《信息技术驱动中国制造转型升级——美的智能制造跨越式战略变革纵向案例研究》，《管理世界》2021 年第 3 期。

多重响应绿色蝶变和隐形冠军绿色追赶等四种绿色转型模式。[①]

无障碍产业数字化路径如图 2 所示。

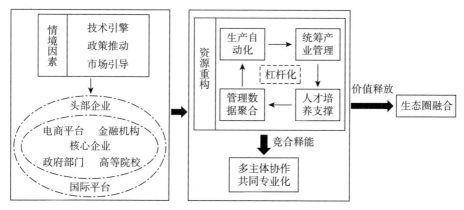

图 2　无障碍产业数字化路径

（二）无障碍产业数字化对策建议

首先，规划功能。政府需要有无障碍产业数字化的远期设想和规划，比如孵化园、示范产业集群等，要发挥政府的引导作用。积极以世界制造业强国为参照，随时把握本国制造业发展态势。明确典型国家制造业数字化转型发展的事实特征，缩小与制造业强国之间的数字化水平差距，并积极总结有助于本国制造业数字化转型的政策启示，这些做法对中国推进制造业数字化转型与高质量发展有着十分重要的现实意义。德国制造业数字化转型评价结果表明，发达经济体尤其是世界公认的制造业强国抢抓数字经济发展机遇，为本国制造业数字化转型发展创造了良好的先决条件，并推动了本国制造业数字化水平稳步提升。

其次，撮合功能。政府应该积极与无障碍产业顶端企业沟通与交流，尽力将其引进本省进行发展，协同多个主体，形成交流和协助效应，进而带动本地的经济发展。鼓励重点行业重点领域率先突破，引导领先行业发挥带动

---

① 解学梅、韩宇航：《本土制造业企业如何在绿色创新中实现"华丽转型"？——基于注意力基础观的多案例研究》，《管理世界》2022 年第 3 期。

作用与示范效应。在部分行业领域尤其是计算机、电子和光学设备制造业以及其他运输设备制造业等行业，中国的数字化转型水平在一定程度上领先于德国。抓住制造业数字化水平提升机遇，进一步实现在数字经济背景下的赶超是中国当前及未来一个阶段制造业数字化发展的重点任务。为此，中国须鼓励重点制造行业率先实现突破，积极找准中国制造业数字化转型水平总体提升的着力点。同时，应进一步采取政策措施激发市场主体活力，引导领先行业、优势企业发挥带动作用，形成示范效应，实现制造行业总体水平的提升。

再次，扩散职能。多维度推动数字经济发展，助力本国数字经济发展提质增速。从比较结果来看，德国在数字经济综合发展水平方面领先于中国，这为德国制造业数字化转型奠定了坚实的基础。数字经济的发展涉及数字产业与数字要素、数字技术的应用、数字平台与数字基础设施以及数字经济发展环境的完善等多个方面。中国在推进制造业数字化转型过程中，应积极对照与德国的发展差距，多维度推动数字经济发展要素，从产业发展、技术应用、平台建设与数字环境完善等方面着手，全方位助力数字经济发展提质增速，进一步改善制造业数字化转型发展的先决条件。

最后，借鉴职能。吸收国外高水平数字要素，探索国外要素助力本国制造业数字化转型的政策措施。与世界先进国家相比，中国的数字经济发展水平、制造业数字化转型发展水平仍存在差距，在积极探索更高水平、更高层次、更宽领域对外开放的进程中，应鼓励和支持数字领域的开放发展。一方面，要鼓励国外数字要素、数字技术的流入，尤其是要重视高质量数字资源的引进，着力提升制造业数字要素供给质量，优化数字要素供给结构；另一方面，要有序推进数字领域的对外开放，通过竞争机制进一步助力国内数字产业的高质量发展以及数字要素供给水平的提升。

践行法治，融合力量，创新前行

——无障碍管理学术论坛2024会议综述

杨会良*　高宸陆**

摘　要： 随着《无障碍环境建设法》的颁布实施，我国在无障碍环境建设方面取得了显著进展。值此《无障碍环境建设法》施行一周年暨南京特殊教育师范学院无障碍管理专业开办一周年之际，为进一步推动无障碍环境建设，促进无障碍管理理论研究与实践发展，由南京特殊教育师范学院管理学院（无障碍管理学院）主办、江苏共享发展研究基地协办的"无障碍管理学术论坛2024"，于2024年8月31日在南京特殊教育师范学院实训大楼201会议室顺利召开。本次论坛汇聚了数位无障碍领域知名专家学者，围绕无障碍环境建设的政策、技术、服务等展开了深入研讨，旨在促进无障碍领域交流与合作，为推动无障碍环境建设提供人才支撑和智力支持，推动无障碍事业高质量发展。

关键词： 无障碍　无障碍管理　学术论坛

2023年6月28日，十四届全国人大常委会第三次会议表决通过《中华

---

* 杨会良，南京特殊教育师范学院管理学院（无障碍管理学院）院长、教授、博士研究生导师，江苏共享发展研究基地、江苏无障碍管理研究中心首席专家，研究方向为公共管理、残疾人事业发展与公共政策、教育经济与管理、无障碍管理。

** 高宸陆，南京特殊教育师范学院讲师，研究方向为残疾人事业管理、无障碍管理、国际贸易、残疾人就业。

人民共和国无障碍环境建设法》，并于 9 月 1 日起施行。这是我国无障碍环境建设领域首部综合性、专门性的法律，这部法律的颁布施行是我国无障碍环境建设史上具有里程碑意义的重大事件，标志着我国的无障碍环境建设步入新的发展阶段。2023 年 4 月，由南京特殊教育师范学院首创的教育部目录外专业——无障碍管理专业经教育部批准设置，并实现当年批准当年招生。

值此《无障碍环境建设法》施行一周年暨南京特殊教育师范学院无障碍管理专业开办一周年之际，2024 年 8 月 31 日，"无障碍管理学术论坛 2024"在南京特殊教育师范学院实验实训大楼 201 会议室成功举行。本次研讨会由南京特殊教育师范学院管理学院（无障碍管理学院）主办、江苏共享发展研究基地协办。全国人大常委会委员、中国残联第七届主席团副主席、全国助残协会会长吕世明，住房和城乡建设部标准定额研究所副所长严盛虎，江苏省残联党组成员、副理事长杜晓镇，住房和城乡建设部标准定额研究所和江苏省残疾人联合会有关部门领导出席论坛。南京特殊教育师范学院党委书记黄军伟出席论坛并致欢迎辞，党委常委、副校长吴彬江主持论坛开幕式。来自中国中建设计研究院、中国建筑标准设计研究院、中国船级社质量认证公司、北京市建筑设计研究院、上海市市政规划设计研究院、全国无障碍环境建设智库、浙江大学、东南大学、同济大学、澳门科技大学、南京市城乡建设委员会、江苏省建筑设计研究院、苏交科集团股份有限公司等机构的专家、学者以及无障碍环境建设相关企业代表，50 余人齐聚一堂，在为期一天的研讨会上，分别就《无障碍环境建设法》施行与时代背景、无障碍人才培养、无障碍设计创新、无障碍环境建设的具体实践以及无障碍环境建设的未来趋势等方面进行了深入研讨。

一 《无障碍环境建设法》施行与时代背景

会议伊始，吕世明副主席回顾了该法的立法历程，并赞扬了南京特殊教育师范学院首创的无障碍管理专业，他表示，该法不仅提高了社会对无障碍环境的认识，还明确了政府和社会在无障碍建设中的责任。黄军伟书记分享了该法实施以来学校的无障碍工作进展，强调了无障碍管理专业对于推动社会包容和平等的重要性。住房和城乡建设部标准定额研究所严盛虎副所长强调了该法实施的重要意义，特别是提升了全社会的无障碍意识，指出高素质人才对推动高质量发展的无障碍环境建设至关重要。北京市建筑设计研究院有限公司焦舰副总建筑师介绍了国际无障碍立法现状，并与中国情况对比，提供了法律层面的参考。她还指出了当前城市无障碍环境中的问题与挑战。中国船级社质量认证有限公司无障碍业务中心陈兴华技术总监解读了无障碍环境认证的实施规则及相关标准流程。

二　无障碍人才培养

无障碍人才培养对于无障碍环境建设、提升无障碍意识和保障弱势群体权益至关重要。杜晓镇副理事长高度赞赏南京特殊教育师范学院在全国率先设立无障碍管理专业的先行探索，并强调江苏省残联与该校已建立合作，希望继续支持无障碍研究和教育工作，探索无障碍人才职业化发展路径。严盛虎副所长在报告中强调了无障碍专业人才培养的重要性，提出从系统性、专业性和持续性三方面加强培养，并展望了无障碍专业人才的发展前景。无障碍管理学院院长杨会良教授在报告中指出，南京特殊教育师范学院开设无障碍管理专业得天独厚、恰逢其时。他首先阐述了无障碍管理专业设立的时代背景与意义，阐释了无障碍管理专业创设的理念与系统设计，总结和展示了无障碍管理专业建设开办以来在实践探索中取得的成绩，并提出了无障碍管理专业未来之理路。

三　无障碍设计创新

无障碍设计创新对推动无障碍环境建设至关重要。国家卓越工程师薛峰教授倡导"全龄友好无障碍环境"理念，强调环境、装备和人机融合等多角度的创新，提出"1+3+n"大系统构建理念，结合人性化设计、智能装备和服务，解决无障碍设计挑战。空间环境无障碍研究所刘芳所长强调了无障碍设计应构建包容性环境，并介绍了智能系统的实际应用。南京审计大学钱钢教授展示了数字科技如何改善残障人士获取信息和服务的体验，帮助残障人士融入社会。江苏省建筑设计研究院股份有限公司刘志军建筑师介绍了国际无障碍符号演变反映的设计理念更新。苏交科集团股份有限公司贲庆国副总工程师分享了老年人和残障人士便利化交通出行研究成果。

四　无障碍环境建设的具体实践

在无障碍环境建设的具体实践中，多位专家通过专业知识和经验推动了该领域的发展。吕世明副主席强调了法律和社会责任的重要性，并分享了北京、上海等城市的无障碍建设成功案例，倡导全国推广和全社会参与。上海市市政规划设计研究院有限公司祝长康教授从政策和实际操作层面深入分析了无障碍环境建设，提出了完善法规、提升设计维护水平和加强培训等建议。薛峰教授通过创新设计方法和应用创新，展示了无障碍设计的前沿技术。浙江大学建筑设计研究院有限公司陆激教授和同济大学潘海啸教授分别通过报告展示了设计创新促进群体包容性和城市更新中的无障碍环境建设。江苏省建筑设计研究院股份有限公司刘志军执行总建筑师提出了产品化和智能化解决方案，强调无障碍设计应为通用设计。全国无障碍环境建设智库专家吕志强教授分享了国家无障碍环境展示馆的精细化设计。焦舰教授举例说明了通用设计原则的实际应用。这些专家的努力和成果共同推动了无障碍环境建设的发展，为全社会创造了更加公平、包容的环境，提供了宝贵的经验和参考，对推动无障碍环境建设标准化和规范化具有重要意义。

五　无障碍环境建设的未来趋势

吕世明副主席看好新技术在无障碍领域的应用，认为人工智能、物联网等技术将提升无障碍设施智能化水平，满足个性化需求，并呼吁社会各界共同推动无障碍智能化普及。焦舰教授指出无障碍设计将向包容性和通用性发展，综合考虑多重因素。李姝婷主任认为《无障碍环境建设法》将推动相关标准完善，为无障碍建设提供制度保障。薛峰教授分享了中国无障碍设计在联合国的推广经验，彰显出国际影响力。刘志军建筑师倡导无障碍设计向更广泛的社会模式转变，注重整体性和系统性。杨会良教授则介绍了无障碍管理专业的课程体系及产教融合的发展方向，预示着未来无障碍环境建设将更加注重专业人才培养和产学研结合的发展模式。

本次会议在无障碍环境建设领域具有重要意义，对南京特殊教育师范学院无障碍管理人才培养具有重要指导价值。会议强调了无障碍不仅是设施上的改进，更是涉及社会观念和技术创新的系统工程，需要全社会的共同参与和努力。专家们从法律、政策、教育、科技等多个角度出发，分享了无障碍环境建设的成功案例与当前面临的挑战。本次会议为未来无障碍环境建设提供了宝贵的经验和指导方向，促进了无障碍管理专业的发展，强化了南京特殊教育师范学院在无障碍领域的重要地位和智库影响，为大力推进中国式现代化、奋力书写新时代残疾人事业和无障碍管理事业高质量发展新篇章添砖加瓦。

江苏省无障碍文化建设实践探索与创新发展[*]

王悦欣[**]　杨璇羽[***]

摘　要：　江苏省以"无障碍环境建设"为核心，通过政策法规保障、设施改造升级、数字技术赋能及社会协同参与，构建覆盖城乡的无障碍文化服务体系，彰显城市文明与人文关怀。江苏省出台《江苏省无障碍环境建设实施办法》，将受益群体扩展至残疾人、老年人等社会成员，在设施无障碍、数字信息无障碍等方面实现创新和发展，并通过媒体宣传、志愿服务提升公众认知，营造全社会共建共治共享的无障碍环境。

关键词：　政策法规　设施改造　信息无障碍　文化宣传　创新实践

伟大的复兴和梦想，必须以伟大的文化做支撑。习近平文化思想坚持人民至上，提出以人民为中心的文化发展理念，着力满足人民精神文化需求。党的十八大以来，党中央高度重视残疾人事业，我国残疾人权益保障取得历史性成就。2020年9月，习近平总书记在湖南考察时强调："无障碍设施建设问题，是一个国家和社会文明的标志，我们要高度重视。"无障碍环境建设聚焦残疾人、老年人等重点群体的急难愁盼问题，是残疾人、老年人等群

* ［基金项目］本文系2023~2024年度江苏省残疾人事业发展研究课题"江苏省无障碍文化建设实践与创新发展研究"（立项号：2024SC03017）的研究成果。
** 王悦欣，中国特殊教育博物馆教授、硕士研究生导师，研究方向为国际汉语教育、残疾人文学与艺术、无障碍文化。
*** 杨璇羽，中国传媒大学硕士研究生，研究方向为视听传播、新闻社会学、新媒体与媒介素养。

体权益保障的重要内容，对于促进全民共享经济社会发展成果具有重要价值。2023 年 9 月 1 日，《中华人民共和国无障碍环境建设法》正式施行，标志着我国踏上无障碍环境建设法治化新征程，无障碍事业全面推进。"十四五"规划中明确了无障碍环境建设的方向，"人民平等参与、平等发展权利得到充分保障"，重点在权利保障、生活服务、数字发展和基础设施建设上应对人口老龄化。各级地方政府加强法规制度建设，积极推动无障碍环境法治建设；同时，结合各地实际积极开展无障碍环境建设，从公共建筑无障碍、公共设施无障碍、交通无障碍到信息交流无障碍，从无障碍环境建设到无障碍文化建设，都取得了很好的成绩。我国正在逐步实现真正意义上的无障碍，保障残疾人等社会成员的社会生活和文化平等权利。江苏省在无障碍文化建设中走在了全国前列，在无障碍文化理念创新、文化内涵导向及与数字新技术相结合方面进行尝试，为推动江苏省无障碍文化的示范和引领作用，正在积极地探索和实践，为实现中国式现代化谱写江苏无障碍环境建设新样本、新篇章。

一　无障碍文化概念的提出

1. 无障碍概念

无障碍概念发端于欧美国家，英文为 barrier-free，与工业化、城市化发展和残疾人权利运动等密切相关。最初，无障碍是一种建筑设计理念。20世纪 30 年代，瑞典、丹麦等国家开始在城市中建设专供残障者使用的设施，1961 年美国率先制定了《便于肢体残障者进入和使用的建筑设施的美国标准》，这也是世界上第一部有关无障碍的标准。2006 年 12 月，在第 61 届联合国大会上通过的《残疾人权利公约》，创造性地提出"通用设计"和"合理便利"概念。"无障碍"一词最早在 20 世纪 80 年代进入中国，2012 年国务院颁布《无障碍环境建设条例》，将"无障碍环境建设"界定为"为便于残疾人等社会成员自主安全地通行道路、出入相关建筑物、搭乘公共交通工具、交流信息、获得社区服务所进行的建设活动"。这是中国关于"无障碍"的法定定义。

无障碍环境包括物质环境、信息交流环境的无障碍。物质环境无障碍主要是城市道路、公共建筑物和居住区的规划、设计、建设应方便残疾人通行和使用，如城市道路应满足坐轮椅者、拄拐杖者通行需求和方便视力残疾者通行，建筑物应考虑在出入口、地面、电梯、扶手、厕所、房间、柜台等设置残疾人可使用的相应设施以方便残疾人通行，具体有坡道、盲道、盲人过街音响指示器、地面防滑、扶手栏杆、残疾人专用厕位、残疾人车位和残疾人轮椅席等。信息和交流的无障碍主要是公共传媒应使听力、言语和视力残疾者能够无障碍地获得信息、进行交流，如影视作品、电视节目的字幕和解说，电视手语，盲人有声读物等。

一般而言，无障碍的权利主体是障碍人群，他们在行动或者信息获取、交换、使用等方面面临困难。但是事实上，面临行动或信息障碍的人群不限于残障人士，老年人、孕妇、受伤的人等也面临着暂时性或者永久性行动或信息障碍，也有权享受无障碍环境带来的便利和安全。因而对无障碍权利主体的理解不能过于狭隘，无障碍设施大多是为了方便所有人而设计修建的，当然我们并不否认某些无障碍设施确实是专门针对某种残障状况而设计修建的。

2. 无障碍文化

从广义上讲，无障碍文化泛指与无障碍环境建设相关的社会意识形态，包括政策法规、制度理念、发展规划、科技创新、文化教育、人文宣传、人才培养和现代文明等；从狭义上讲，无障碍文化特指与无障碍环境建设相关的文化现象，如理论研究、宣传报道、设计创意、行动口号、社会动员、精品打造、文化产品等。无障碍文化的横向传播表现为文化普及，纵向传播表现为国民教育。总的来讲，无障碍文化是无障碍社会实践的价值观基础，包括物质文化、制度文化和精神文化三个层面，其实质是人道的精神、人权的精神、现代化的精神，体现对人的根本尊重、根本关怀及对人的全面发展的褒扬和推进。无障碍文化建设，不仅是对残障个体物质环境进行的改善，更是对其内心世界进行的建设；不仅影响残障个体，还将深刻影响整个社会、促进社会的包容与共建；不仅是一种价值观的弘扬，也是一个向更加平等、包容和充满活力社会发展的重要步骤。《无障碍环境建设法》第50条规定："国家开展无障碍环境理念的宣传教育，普及无障碍环境知识，传播无障碍环境文化，提升全社会的无障碍环境意识。"这说明无障碍环境建设不仅要实现物质上的无障碍，还要追求认识、观念和精神上的无障碍，即一种无障碍的文化建设。无障碍文化建设既是对个体心灵的建设，为残障人提供自我实现的途径和寻求生命意义的方式；同时，它也是一种社会的建设，推动社会的包容与共建。通过弘扬无障碍文化，我们将塑造一个更加包容、更加平等的社会，每个人都能够在这个社会中充分展现自己的价值，共同创造美好的未来。

二 无障碍文化建设的现实意义和战略价值

无障碍顾名思义就是没有障碍或者消除障碍。无障碍环境应该具有如下特性。首先是方便性，包括物理环境和软环境的方便。所有设施、空间都要通用、便利、可达、安全，城市形态、空间安排、环境营造、设施设备都要无障碍化，还要形成无障碍的市民文化，包括平等权利获得、尊残文明习俗、人文关怀、多元除障服务方式。其次是文化性，包括构建无障碍理论和无障碍学科、推广无障碍设计等。"无障碍"这个概念可以理解为通过城市建设，消除障碍，形成和谐包容的城市目标。通过理念文化、制度规则和器物环境的建设和改造，消除人们在精神和物质两个层面的种种障碍，让残疾人实现自我价值，推动社会文明进步，构建物理空间、行为规范、文化观念"三位一体"的无障碍城市发展格局。

《联合国残疾人权利公约》将残疾定义为："……一个演变中的概念，残疾是伤残者和阻碍他们在与其他人平等的基础上充分和切实地参与社会的各种态度和环境障碍相互作用所产生的结果。"① 在一个人的损伤和他的环境之间，如果有一个完全包容和全面无障碍的环境，则损伤本身不会导致残疾。这种无障碍环境建设的理念也应该纳入文化建设的范畴。简单地说，残疾可以定义为一个人的损伤及其环境的结合，可以用以下等式表示：

$$缺陷+障碍=残疾$$
$$缺陷+无障碍环境=融合$$

可见，无障碍文化建设是无障碍国家建设的重要组成部分，能在完善国家无障碍体系、发展无障碍理论的同时，丰富社会主义核心价值观和中华优秀传统文化的当代内涵。发展无障碍必定要有文化做支撑，无障碍文化建设是文化强国建设的一部分。社会文明的发展和进步，人民的幸福和安康，都离不开无障碍文化的力量。无障碍文化情系人民福祉，无障碍文化的力量，将成就一个社会的重量、一个城市的分量、一个家园的体量。无障碍文化具体体现为尊重人权、追求平等、保障自由、捍卫正义、倡导博爱、融合共生。

我国无障碍文化是在几十年的无障碍环境建设实践过程中逐渐形成、完善、发展起来的。产生于中国的无障碍文化具有独特性、综合性、时代性和融合性，蕴含着中华五千年的优秀传统文化，体现了社会主义核心价值观。新时代需要无障碍文化，中国式现代化需要无障碍文化，中华文明需要无障碍文化。

三　江苏省无障碍文化建设的实践探索与成效

江苏有 479.3 万残疾人，占总人口的 6.40%，涉及全省 1/5 的家庭。② 江苏省是我国进入老龄化社会最早和老龄化程度较高的省份，根据第七次全

---

① 《残疾人权利公约》，联合国网站，https://www.un.org/zh/node/181459。
② 唐悦、刘春：《为残疾人出行铺就更多"坦途"》，《新华日报》2023 年 6 月 2 日。

国人口普查数据，江苏省 60 岁及以上常住老年人口有 1850.53 万人，占总人口比例为 21.84%（全国为 18.70%），高于全国 3.14 个百分点，居全国第六位。江苏每 5 个人中，就有 1 个是老年人。[①] 无障碍环境建设水平代表着城市的温度，无障碍文化在社会文明发展中发挥着不可替代的作用。近年来，江苏省积极推进无障碍环境建设，从公共设施到居家环境，全省无障碍改造持续进行，越来越多残疾人享受到了实实在在的便利。《江苏省无障碍环境建设实施办法》"让爱无碍"，为各地各部门的无障碍环境建设提出了切实可行的路径，为特殊人群创造了更多便捷的生活场景。切实保障残疾人、老年人等社会成员平等地参与到社会生活中来，促进社会文明和进步。随着社会经济的发展，江苏省无障碍环境和文化建设逐步发展，形成了具有自身特色和创新点的发展路径。

1. 制定《无障碍环境建设实施办法》，扎实推进无障碍制度文化建设

《江苏省无障碍环境建设实施办法》（以下简称《办法》）于 2022 年 3 月 1 日起施行，标志着江苏省无障碍环境建设迈入规范化的新阶段。《办法》旨在加强无障碍环境建设，进一步保障残疾人、老年人等社会成员平等参与社会生活。《办法》内容包括无障碍设施建设、信息无障碍建设、无障碍社会服务、保障与监督、法律责任等多方面，无障碍环境受益群体除为残疾人、老年人等外，还包括孕妇、儿童、伤病人员以及其他有特殊需求的人员。在《办法》实施的过程中，江苏省通过多部门联动，一体化推进无障碍环境建设。知识普及、共建共治、示范引领、社会扶助"四大行动"方案量质并举，落实有效，使得无障碍基本公共服务持续优化。江苏省无障碍环境从"有没有"迈向"优不优"，努力建设更具包容性、普适性的基本公共服务供给。江苏省还鼓励和支持社会力量在各自领域加强无障碍建设，从城镇新建、改建、扩建，到公共建筑、公共交通，再到扶手盲道、语音播报、互动装置，都将无障碍元素融入其中，逐步实

---

① 仲崇山、王拓：《江苏 60 岁及以上老年人口占比为 21.84% 高于全国 3.14 个百分点》，"金台资讯"百家号，2021 年 9 月 29 日，https://baijiahao.baidu.com/s？id = 17121913550970 16470&wfr=spider&for=pc。

现真正意义上的无障碍。

2. 促进残疾人轻松而有尊严地独立生活，强化无障碍物质设施文化建设

衡量无障碍的价值和标准是保障残疾人"权利平等"和"机会平等"。首先是出行无障碍，江苏省主要发展公共交通、出租车、人行通道、无障碍停车场、信息化智能盲道等。项目包含无障碍停车位、无障碍电梯、无障碍公厕，还有一些无障碍的其他服务设施。例如，苏州市区有无障碍公交车1000多辆，无障碍公交车占全部公交车辆总数的1/5左右。[①] 苏州的无障碍公交车上配有残疾人无障碍通道、轮椅固定专座等设施。针对视力障碍的乘客，无障碍公交车设有爱心专座、盲文条提示和车辆行驶状态的提示音。苏州轨道交通站点也开设多项无障碍设施。苏州吴江区、姑苏区在道路泊位智能化无人值守系统中增加"残疾人车缴费"模块，方便残疾人车主自主操作。目前，江苏省积极推进城市无障碍环境建设，江苏省有5.9万户低收入残疾人家庭获得无障碍改造，南京、苏州、常州、连云港4个城市被评为全国无障碍建设先进城市。[②]

其次是生活无障碍，江苏省主要是对家庭、社区、公共服务场所及平台实施无障碍改造。作为无障碍环境建设的重要组成部分，家庭无障碍改造工作关乎残疾人的生活起居，影响着他们最基本的生活质量。例如，南京新建居住社区、居住建筑无障碍设施设置率达100%，既有社区和居住建筑改造率要达到80%以上；公共服务设施及公共建筑的无障碍设施设置率达100%，改造率要达到80%以上。常州经济开发区按照"一户一策"原则，根据残疾类别、生活习惯以及住房条件，对重度困难残疾人家庭进行有针对性的改造。常州经济开发区残联2023年为推动服务对象扩面，发布"提优创美——残疾人家庭环境提升"公益项目，依托爱心捐赠，额外对残疾儿

---

① 何钢、宁建轩：《"无碍"设施以点带面，"有爱"城市温暖助力》，《南京日报》2024年1月4日。

② 李家林：《让爱无碍！江苏持续推进无障碍环境建设》，"江苏残联"微信公众号，2024年1月6日，https://mp.weixin.qq.com/s?__biz=MzI1ODkzOTQ0MQ==&mid=2247581070&idx=1&sn=c36bd22b83202539ca7ab00860db43f5&chksm=ea0372d0dd74fbc600b59802fd1c8866977803 57acd9ff4459123021a1747a00c9cd677b0fd6&scene=27。

童家庭进行无障碍改造，包括安装儿童马桶、升降书桌、护眼灯、防护网等，使"无障碍"与"适儿化"相辅相成。

3. 加强残疾人的教育和培训，促进无障碍权利保障文化建设

江苏残疾人社会保障体系和服务体系不断完善，越来越多的残疾人用劳动创造价值、实现自我。在教育立法和政策的制定和实施中，实现残疾人在幼儿教育、小学教育、中学教育、高等教育、职业教育等各类教育中，获得高质量的包容性教育。目前江苏省各级各类学校都有融合生，他们能够充分享受教育给他们带来的福利。同时，江苏省还有各级各类的特殊教育学校，针对不同阶段的学生进行教育和教学。江苏省还规定，国家和省举办的各类升学考试、职业资格考试和任职考试，应当为残疾人提供便利。有视力残疾人参加的，应当为其提供所必需的盲文、大字号、电子等试卷。2023 年的国家统一法律职业资格考试中，无锡市考区有一名全盲人士报名，这是全省首次开设全盲考生主观题考试考场。2022 年 6 月，在社工职业水平考试中，宿迁还设立只有一名考生、两名监考老师的考场，纸质试卷也换成电脑读屏式电子试卷，这是当地为全盲考生专门设置的"特殊考场"。江苏省 2023 年度考试录用公务员公告发布，全省设置 14 个岗位定向招录省内听力、肢体残疾 3~4 级的残疾人，受到社会广泛关注。事实上，2021 年，全省有 12 名残疾人被录取为公务员；2022 年，全省又招录了 15 名残疾人公务员。

江苏省持续开展残疾人就业宣传、"创响江苏"残疾人专项就业援助、残疾人大学生等重点群体就业帮扶、走访拓岗促就业等活动。江苏省取得了一系列显著成绩，残疾人就业、托养等多项工作走在全国前列。江苏省 2023 年新增 16~59 周岁无业智力、精神和重度肢体残疾人托养服务 15400 人，完成全年任务的 154%，累计为 7.8 万名残疾人提供托养服务，提前完成"十四五"目标任务。同时，全省净增残疾人就业 33887 人，将"净增残疾人就业 2 万人"的目标任务完成了 169.4%。① 残疾人生活质量得到提

---

① 李家林：《残联动态全知道：我省举行残联工作会议获媒体集中报道》，"江苏残联"微信公众号，2024 年 1 月 31 日，https://mp.weixin.qq.com/s/KJj8JxOXR5vkQ1tumAUTAg。

升，越来越多的残疾人享受到了实实在在的便利。

江苏省各地在拓展残疾人就业平台方面通过专场招聘会、访企拓岗、智慧服务平台等多种形式，搭建起广阔的就业平台，就业工作成果显著。2023年一年全省净增残疾人就业 33887 人。南京市残联实施在校残疾人大学生"三年扶送计划"，应届残疾毕业生服务率、就业率均达 100%。据南京市残疾人就业管理中心统计，目前南京已有 7 家"汇爱坊"助残公益实体店，带动 30 余家残疾人机构发展，帮助 500 余名残疾人实现就业增收。① 得益于南京市栖霞区残疾人数字化就业创业基地的电商平台"自立商城"，300余名残疾人在这里开店创业。基地孵化的残疾人大学生创业项目"彩虹之光""播客"，现已帮助 5 名视力残疾人在有声读物网络平台实现就业。苏州连云港市开展"百企千岗助残就业"专项行动，开发用人单位 377 家，采集就业岗位 2260 个，全市残疾人就业率达 59.1%（残疾人大学生就业率达 97.2%）。盐城市德爱大厦作为江苏省最大的残疾人就业服务阵地，自2023 年 5 月运行以来，已开发岗位 1000 余个，帮助 243 人达成初步就业意向，97 人已正式就业。盐城市盐都区张庄街道的"残疾人之家"，为残疾人创造工作的机会，进行"一对一"帮扶，实现了全员脱贫。南通市 170 家"残疾人之家"正常运营，共为近 1500 名残疾人提供托养服务，帮助 1200多名残疾人实现了辅助性就业。②

4. 无障碍文化理念深入人心，让残疾人获得健康和幸福感

2023 年 9 月 1 日《中华人民共和国无障碍环境建设法》的正式施行，为残疾人、老年人权益保护提供了更强的法治保障。首先是工作的保障。江苏省 2023 年全省净增残疾人就业 33887 人，累计为 7.8 万名 16~59 周岁无业智力、精神和重度肢体残疾人提供托养服务。继续推进省政府十大主要任务百项重点工作落实，为 37662 名残疾儿童提供基本康复服务，为 55087 名

---

① 李家林：《残联动态全知道：我省举行残联工作会议获媒体集中报道》，"江苏残联"微信公众号，2024 年 1 月 31 日，https://mp.weixin.qq.com/s/KJj8JxOXR5vkQ1tumAUTAg。

② 李家林：《残联动态全知道：我省举行残联工作会议获媒体集中报道》，"江苏残联"微信公众号，2024 年 1 月 31 日，https://mp.weixin.qq.com/s/KJj8JxOXR5vkQ1tumAUTAg。

残疾人提供辅助器具适配服务，为 7107 名高中、高等教育阶段残疾学生发放教育专项补贴，实名制培训就业年龄段残疾人 31367 名。[①]

其次是丰富残疾人精神文化生活。南京市栖霞区尧化街道尧林仙居社区举办了"书香尧林 暖心共读"残疾人读书分享会；高淳区阳江镇潦田"残疾人之家"举办了"举杯学茶艺 低头品香茗"茶艺文化体验活动；镇江市京口区象山街道残联联合润州区艾德心理公益服务中心共同开展了"牵手同行 共度佳节"活动；无锡市梁溪区北大街街道残联走进社区组织开展"'布'言'布'语金龙迎新"新年主题手工创作体验活动。同时江苏省各地对残疾人励志故事进行宣传或表彰。

最后是规划美好的未来，无障碍理念深入人心。2024 年江苏省开展了"五大提升行动"。一是开展服务机构规范化提升行动。"规范提升 100 个残疾儿童康复机构"和"改造提升 100 个综合性'残疾人之家'"。二是开展就业服务长效化提升行动。坚持就业优先导向，优化扶持政策，强化稳岗拓岗，深化培训赋能。三是开展民生保障精准化提升行动，精准落实保障政策，精准对接保障措施，兜住兜准兜牢残疾人基本民生底线。四是开展残疾人生活品质化提升行动，优化服务水平。五是开展支撑能力现代化提升行动，夯实残疾人事业发展基础。[②]

四　江苏省无障碍文化建设方面存在的问题与不足

经过多年的探索与多方的努力，江苏省已初步建立起无障碍体系，但也还存在如下的问题。

1. 社会文化中仍缺乏公平对待残疾人的意识

本文在对江苏省无障碍文化的调研和访谈中发现，虽然江苏省当前对残

---

① 李家林：《2024 年全省残联工作会议在南京召开》，"江苏残联"微信公众号，2024 年 1 月 24 日，https://mp.weixin.qq.com/s/z1wc6kZxsV9cr7B9R0fcNA。

② 李家林：《2024 年全省残联工作会议在南京召开》，"江苏残联"微信公众号，2024 年 1 月 24 日，https://mp.weixin.qq.com/s/z1wc6kZxsV9cr7B9R0fcNA。

疾人在称谓上已经改变了过去带有歧视的文化偏见，但词语的改变还远没有真正实现文化上对残障者的公正和包容。在本文的调研和访谈过程中，笔者经常听到这样的声音，"他是残疾人，可以不做要求"；或是这样的言论，"当前我国残疾人的基本生活问题（即温饱问题）尚未解决，谈精神需求问题还有些超前"。也有声音认为："没有必要为残疾人提供网络服务、影视节目，能看什么，正常人看什么他们看什么就行了。"持这类观点者在社会上还不是少数，其中不乏政府部门的管理者和无障碍服务工作者。甚至有些人面对特殊教育从业者时，表现出来的感情也是很复杂的：同情，但存在歧视。

对残疾人消极认知的社会文化作用于人们创造社会的方式，就会对残疾人造成系统性的排斥，在无障碍文化环境方面发展不充分，许多地方还充满障碍。比如人行道处处充满了障碍，公交车的脚踏台阶过高，飞机的走道过窄，建筑物没有坡道，剧院没地方摆放轮椅，电梯里没有盲文按键和语音提示，餐馆要通过台阶才能进入，门把手被设计为圆形的，电子产品的控制键盘被设计成触摸式，手机操作界面是触屏式，等等。这些人文环境中的种种设计安排阻碍了残疾人的参与和使用。在我们这个崇尚精英的社会中，人们对残疾人的印象常常是消极的、无助的，甚至是耻辱的、卑微的。这种残疾人文化制约了人们以平等、宽容的眼光来看待残疾人。

2. 社会保障制度的不完善，造成无障碍服务的失衡

一个国家建立了什么样的社会福利制度直接决定了其社会保障制度的样态。江苏省统筹合作的管理运行机制尚待形成，无障碍服务相关工作多以残联主管、其他部门配合的形式开展，由政府主管或牵头开展的比例较小。绝大多数行政部门和残联有与其他单位合作开展的服务工作，但在统筹合作过程中还普遍存在困难。改革开放以前，我国形成的是单位制的福利模式，即绝大多数的城镇人口依托于企事业单位，单位成为满足职工及其家属生活和福利需求的主体；在农村，家庭始终是农民的福利来源，只有少数无依无靠无劳动能力的孤寡老人，残疾人、孤儿才能享受到"五保"制度。在传统的福利制度下，国家（政府）的角色缺失，在福利供给方面承担的责任过少，而单位处于社会结构的低层，根本无力统摄整个无障碍事业，因此我国残障者的保障一直是缺失的。后来，随着经济体制改革，市场经济的发展促使单位制逐渐解体，国家逐渐承担起了提供社会保障的责任，但由于新型的社会福利制度尚未建立，加之受到传统"施恩型"社会福利观念的影响，作为福利提供方的政府在提供什么福利、提供给谁、提供到什么程度等问题上具有决定权，那么自然会出现以基本生活保障为优先、精神生活为其次的残疾人社会保障观念。这也造成了无障碍环境发展不平衡，无障碍服务对象在领域、城乡、地区之间出现严重失衡。

3. 社会治理和公共服务理念的缺失，造成无障碍设施质量不达标

社会公众对无障碍公共设施的需求大，政府资金投入不足。虽然江苏省无障碍建设也取得了一定的成绩，但是由于社会治理和公共服务理念的缺失，江苏省无障碍文化建设还是有着巨大的发展和提升空间。江苏省需要加强服务队伍专业化建设。目前无障碍服务队伍在人员数量、专业能力及培训提升等方面仍有薄弱之处。江苏省需要加强专项督导评估。一方面，无障碍督导评估工作还未实现全覆盖；另一方面，服务体系发展不均衡，在经费保障、政策保障等方面，城乡区域的发展差异明显。同时，江苏省在指导服务机构开展指导服务方面同样存在不均衡现象。指导服务供给还需进一步满足残疾人需求。例如，标准的制定和监管，数字赋能无障碍文化的建设，专业和人才的教育和培养，相关支持政策的制定等。

五　江苏省无障碍文化创新发展的对策建议

无障碍文化从无意识到有意识再到自觉意识的发展过程，是中国特色社会主义优秀文化的有机组成部分。本文在无障碍文化体系构建、培育建设、创新发展等方面提出对策建议。有必要从决策层认识与态度、设计层认识和态度问题、实操层认识和态度问题、社会层认识和态度问题多个层面入手，通过调研等多种研究方法深入剖析江苏省无障碍发展存在的问题。

1. 构建无障碍文化体系，促进社会树立人人平等的理念

在未来的无障碍文化建设中，江苏省需要进一步加强无障碍制度文化建设，包括无障碍法律体系、无障碍体制机制、无障碍治理体系和无障碍治理能力等方面的建设，形成完备的无障碍文化体系。无障碍文化是一个社会文明发展的理念。无障碍文化不仅为无障碍社会实践提供了理论遵循、价值理念，也提供了行动指南；而社会实践反过来促进了无障碍理论的深化、价值的升华及行动的自觉。两者的融合发展，在精神与物质两个层面发挥作用。要培育江苏省的无障碍文化，当任何一个公务员起草文件时，都能回应残障群体利益诉求；当任何一个企业生产产品时，都有无障碍功能；当残障朋友参加任何公共活动时，都能得到尊重；当外地朋友来到江苏时都能感受到"这里看重尊严、智慧和爱的力量"，无障碍文化就形成了。把握无障碍文化内涵、体系及其理念，通过研究无障碍文化的内涵，揭示社会进步的历程和文明的发展，通过科学与技术、技术与审美的结合，来实现中华文化的价值。同时也要积极开展无障碍的推广普及工作，深度融合传统媒体与新媒体，向社会持续宣传无障碍政策法规、相关知识；挖掘、打造无障碍示范地区、学校、社区、服务部门等，推广无障碍建设的优秀案例和模式。

2. 提升决策层认识，做好顶层设计和保障机制

从城市总体规划、专项规划、标准体系、设计规范以及相关政策上给无障碍文化以全面保障；建立政府主导、多主体协同、均衡发展的无障碍文化建设体系，以尊重的态度对待残疾人，针对残疾人的服务应是高质量的，残疾人获得的服务应是无障碍和包容性的。首先，以各级政府所在行政层级各类相关机构为基础，构建"国家—省—市—区县"四级体系。其次，在四级体系中，系统分析各级各类机构的职责和功能定位，详细梳理各级各类机构的具体分工和工作侧重，形成各类机构的工作标准及方案，通过建立自上而下的四级指导服务体系，将具体工作范围辐射到最基层。再次，对整体四级体系的顺畅运行进行综合考虑，一方面实现横向有序协同，另一方面实现纵向有效联动。最后，政府要大力统筹扶持发展缓慢地区，积极构建城乡一体化的资源优化网络，多渠道均衡匹配资源，通过"理念共享、资源共用"，实现城乡融合均衡发展。就有关就业和收入支持的立法和政策的制定和实施，应充分征求残疾人的意见，并鼓励残疾人积极参与其中。

有力支撑无障碍管理体系建设。一是各地应加大财政投入，建立无障碍建设专项经费，积极拓宽经费来源渠道，引导和支持社会力量参与无障碍设计和建设工作；建立科学的经费使用标准，加强经费使用管理，尤其要注意向薄弱环节、困难环节及贫困、边远地区等进行适度倾斜。二是各地应因地制宜推动将无障碍建设工作纳入政府年度工作考核，将各实施管理部门的相关工作纳入督导范围，提升无障碍建设的工作效果。三是迎接互联网时代的到来，开发远程服务、导航体系、智能辅助器具、万物互联网等技术，联结起手机、手表、眼镜等终端设备，让残疾人在居家、上学、就业、旅行、康复各个场景实现便利，这将产生城市新形态，既能培育新的经济增长点，又能造福于残障朋友及全体人民。

3. 构建科学的课程体系，加强人才培养建设

一是加快无障碍学科建设，开发无障碍教育课程及配套教材，将无障碍相关内容纳入培养体系，保障专业人才的持续供应。提升无障碍管理专业化水平，积极吸纳社会各界相关人才，如高校教师、心理咨询师、专业社工、"五老"、企业等，建立兼职和志愿者管理平台和人才库，逐步补齐服务人员数量短板。高等院校、科研机构、专业团体等应加强无障碍相关研究以及研究成果实践转化，建立以研究带动服务、以服务促进研究的有效模式。二是设置专门部门负责无障碍服务人员的从业资格申请、培训和认证，推动无障碍服务人员职业化发展。对相关人员进行统一管理和过程监督，全面考察无障碍指导服务人员自身专业素质情况、学历背景、相关工作经验，并将无障碍指导服务纳入相关人员的职前和在职培训体系。充分利用互联网服务平台灵活培训方式，畅通培训通道，加大相关培训的供给力度，并定期对无障碍服务人员进行考查评估，切实提升无障碍服务队伍的专业化程度。三是以科技赋能无障碍文化建设。开发贯通未成年人全阶段的无障碍指导服务课程体系。有必要纵向开发一体化、系统化的无障碍家庭教育指导和培训课程，政府可以将不同阶段的培训职责划分给有关机构，构建模块化、立体化、一条龙式的服务。同时关注特殊需求和困境儿童的无障碍家庭教育指导服务。探索多元化的无障碍服务形式，通过讲座和咨询等形式，为不同需求层次的残疾人提供心理疏导、亲情关爱、权益维护等服务，以及提供多元化的信息资源，丰富残疾人的知识获取渠道，指导残疾人的个性化需求。

4. 促进各领域协同，打造无障碍"全域化"建设格局

营造良好无障碍文化新生态，进行无障碍文化的落地与宣传教育。健全全链条的协同机制，要求学校、家庭、社会达成共识。基于残疾人的身心发展规律，为残疾人健康发展创设良好的无障碍的环境。此外，社会各部门要明确职责定位，发挥各自优势，密切配合、相互支持。不仅要充分发挥政府、残疾人机构的自主性，也要充分发挥社会各界以及残疾人自己的主导作用，形成人人关注无障碍的新生态。

打通指导服务的"最后一公里"，一是强化无障碍指导部门指导服务能力，提高无障碍建设水准。通过无障碍工作领导小组，各级跟进，责任落实到人，健全无障碍建设管理等各项规章制度，切实推进无障碍工作常态化开展。二是拓展社区（村）服务阵地，积极"促规模、提质量"。依托社区（村）已有的服务中心等开展服务工作，进一步明确具体的工作职责和任务，逐步建立规范高效的工作管理制度，通过吸纳专业人士等方式来提升服务水平。三是激发社会力量参与无障碍建设，推动将无障碍服务纳入政府购买服务目录，大力培育扶持无障碍社会组织、公益机构，打造无障碍"全域化"建设格局。

同时，探索多元化的无障碍服务形式，组织高水平指导服务专家队伍，搭建网络平台答疑解惑，借助微博、微信等新媒体平台开发数字化产品，提供专业性、个性化、精准化的指导服务，并定期进行宣传科普和知识推送；学校、社区还可以建立家庭教育交流群，及时分享相关科学知识，并鼓励家长间相互交流、分享，吸纳专业水平高的家长成为指导服务人员，推进无障碍指导服务的良性发展。

第四篇　现代特殊教育发展篇

跨界合作无障碍，打造育人新平台

——无障碍管理专业建设及人才培养研讨会会议综述

杨会良*　高宸陆**　康　丽***

摘　要：　2023年4月，南京特殊教育师范学院管理学院（无障碍管理学院）成功获得教育部批准，建立了全国第一个无障碍管理本科专业。同年7月，在中国残联副主席吕世明倡议与筹划下，无障碍管理专业建设及人才培养研讨会在北京成功举行。与会领导、专家分别就新教材建设、教学条件建设、专业人才培养方案、师资队伍建设、学生就业方向和渠道以及科研及实践应用等六个方面进行了深入研讨，并给予翔实具体兼具现实意义的意见，包括充实实践实训环节内容、增加学科基础课程设置、注重就业导向、明确无障碍管理方向、加快师

---

　*　杨会良，南京特殊教育师范学院管理学院（无障碍管理学院）院长、教授、博士研究生导师，江苏共享发展研究基地、江苏无障碍管理研究中心首席专家，研究方向为公共管理、残疾人事业发展与公共政策、教育经济与管理、无障碍管理。

　**　高宸陆，南京特殊教育师范学院讲师，研究方向为残疾人事业管理、无障碍管理、国际贸易、残疾人就业。

　***　康丽，南京特殊教育师范学院管理学院（无障碍管理学院）副院长、副教授，研究方向为残疾人事业管理、残疾人就业、无障碍与适老化建设。

资队伍与教材建设、规范人才培养方案文本格式等。

关键词：　无障碍管理　专业建设　人才培养

2023 年 6 月 28 日，十四届全国人大常委会第三次会议表决通过《中华人民共和国无障碍环境建设法》，这是我国无障碍环境建设领域首部综合性、专门性的法律，这部法律的颁布是我国无障碍环境建设史上具有里程碑意义的重大事件，标志着我国的无障碍环境建设步入新的发展阶段。

该法第五十五条规定："国家建立无障碍环境建设相关领域人才培养机制。国家鼓励高等学校、中等职业学校等开设无障碍环境建设相关专业和课程，开展无障碍环境建设理论研究、国际交流和实践活动。"建立无障碍人才培养机制、开设无障碍相关专业和课程正式列入法律条文，充分体现了国家对无障碍专业人才培养的高度重视。南京特殊教育师范学院结合学校发展定位和办学特色，聚焦国家无障碍事业发展对专业人才的需求，于 2019 年 7 月成立无障碍管理学院，积极申报无障碍管理本科专业，于 2023 年成功获得教育部批准，建立全国第一个无障碍管理本科专业，并于当年招生。

在中国残联副主席吕世明倡议与筹划下，2023 年 7 月 19 日至 20 日，无障碍管理专业建设及人才培养研讨会在北京成功举行。本次研讨会由南京特殊教育师范学院、全国无障碍环境建设智库、中助协无障碍环境促进委员会主办，南京特殊教育师范学院管理学院、北京市规划展览馆以及中国盲文图书馆承办。来自中国残联、住建部、各大高校研究机构、全国无障碍环境建设智库成员单位、残疾人专门协会、无障碍促进组织以及信息科技企业的代表，以及南京特殊教育师范学院校领导和部门、二级学院领导，40 余人齐聚一堂，在为期 2 天的研讨会上，分别就新教材建设、教学条件建设、专业人才培养方案、师资队伍建设、学生就业方向和渠道以及科研及实践应用等六个方面进行了深入研讨。

一　关于教学条件建设和课程设置与内容优化

无障碍管理专业课程的设置是一个复杂而关键的任务，需要综合考虑多种因素，以确保培养出具备全面专业知识和实践能力的毕业生。

中国残联副主席、中国助残志愿者协会会长吕世明在分享中提到，我国无障碍环境建设已进入高质量发展的新时代。他特别强调，南京特殊师范学院在《无障碍环境建设法》立法过程中的积极参与充分体现了学校的社会担当和使命感。他指出，作为全国唯一一所独立设置、以培养特殊教育师资为主、兼顾残疾人事业专门人才培养的省属普通本科高校，南京特殊师范学院具有得天独厚的优势。在无障碍环境建设的立法中，南京特殊师范学院的参与不仅为立法提供了宝贵的实践经验和专业意见，更推动了《无障碍环境建设法》的有效实施。习近平总书记对无障碍环境建设的重要指示是引领全国无障碍事业发展的纲领性文件，为无障碍环境建设指明了方向、提供了基本遵循，南京特殊师范学院作为特殊教育领域的重要高校，积极响应国家号召，推动无障碍环境建设，展现了其社会责任与使命。中国残联维权部主任周建强调了智库单位在推动无障碍环境建设方面的重要作用。他提到，目前就业形势十分严峻，高校想要持续发展，不能局限于调整专业设置、课程设置，还应注重课程设置的实用性，才能促进就业，才会有更广阔的发展空间。他还强调，校园的无障碍环境建设应该得到广泛关注，倡导通用设计，使得资源得到共享。南京特殊教育师范学院党委书记黄军伟在分享中介绍了南京特殊教育师范学院的具体情况，南京特殊教育师范学院自1982年成立以来，已经为社会培养了3万多名优秀人才，被誉为"特殊教育的黄埔军校"。他指出，建好无障碍管理这一目录外新专业，要有创新意识，充分发挥优势、形成特色，为实现中国式现代化贡献力量。陈克军副校长作会议背景介绍，他强调，作为新设目录外本科专业，无障碍管理专业建设无先例可循，任务艰巨、责任重大。吴彬江副校长也表示，人才培养方案是高校人才培养的纲领性文件，是组织本科教学和规范教学管理的基本依据，是人才培养质量的重要保障。无障碍管理学院院长杨会良教授对专业设置、课程体系以及未来建设的重点进行了分享，专业设置的主要依据，一是人口老龄化日趋严重，无障碍环境建设管理刻不容缓；二是行业发展相关政策，包括国家老龄事业发展规划、残疾人事业发展规划、无障碍环境建设方案等；三是教育部相关政策，包括一些本科专业的设置规定；四是学校的定位和发展规划。专业课程体系设计要从需求出发，根据素质教育要求，设置通识通修课程，包括基本素质课程、特教课程、博雅课程、专题讲座；基于多学科交叉特点，设置学科基础课程；基于流程管理思想，从管理视角切入，开设专业核心课程；基于无障碍发展重点领域，开设专业特色强化模块课程；基于无障碍管理相关领域进行拓展，开设职业教育、创新创业教育课程。

在研讨过程中，中国助残志愿者协会无障碍环境促进委员会孙一平主任、江苏开放大学周序洋教授、北京新起点公益基金会唐占鑫理事长、中国信息通信研究院信息无障碍研究中心高级工程师王莉主任、中国建设银行北京市分行高级经济师杨斌总经理、中国联合网络通信有限公司北京市分公司无障碍专班胡蕊主任、腾讯集团市场与公关部刘洪宇总监、南京特殊师范学院数学与信息学院副院长孙计领、腾讯集团市场与公关部李文娅经理进行了分享，专家们认为，未来在无障碍管理专业中，应加强对无障碍经济学的研究，培育典型案例，推进无障碍科技化。课程设置方面，建议加入适老化元素，拓展选修课程，并与国际高校合作，以提高专业认可度。同时，专家们强调课程的纵向融合规划。此外，专家还建议增加建筑学概论、社工义工、应急避难等课程，以更好地培养学生组织大型无障碍活动的能力和对社会学的了解。

二　关于专业人才培养与学生就业方向和渠道

以习近平新时代中国特色社会主义思想为指导，以立德树人为根本，以师资建设为龙头，以专业建设为抓手，以用人单位人才需求为目标，以改革创新为动力，全面提高无障碍管理专业教师的教学水平和教学质量，培养专业基础扎实、实践能力强、综合素质优秀、具有无障碍理念、具有公共精神和博爱情怀的高素质复合型人才。中国残疾人联合会副主席吕世明在分享中提到，《无障碍环境建设法》的正式颁布，为推进无障碍环境建设提供了法治保障。为进一步加强法律的贯彻和落实，应重视专业人才的培养。南京特殊师范学院聚焦国家战略和社会发展需求，设立无障碍管理本科专业，开展无障碍管理专门人才培养，也是进一步优化人才培养结构、优化学科专业的结构。无障碍管理学院院长杨会良教授提出了该专业人才培养目标，即立足江苏、面向全国，培养适应我国无障碍事业发展需要，德智体美劳全面发展，熟悉无障碍领域相关政策法规、技术规范标准，系统掌握无障碍设施、信息无障碍、无障碍服务基本理论、方法和技术，能够在政府无障碍环境建设部门、从事无障碍产品与服务经营的企业单位以及开展无障碍相关研究或服务等活动的事业单位、社会组织从事与无障碍业务相关的计划、组织、协调、评估以及培训宣传等工作，具有公共精神、博爱情怀、无障碍理念的高素质、复合型、应用型专门人才。

在研讨过程中，中国高等教育学会副秘书长郝清杰研究员，中国残疾人辅助器具中心副主任董理权研究员，清华大学无障碍发展研究院院长邵磊研究员，北京市无障碍环境建设促进中心副主任晏京，清华大学无障碍发展研究院设计总监孙力扬高级工程师，北京师范大学民生保障研究中心主任谢琼教授，清华大学建筑设计研究院通用无障碍与健康人居实验室王宁主任，可持续交通创新中心国家高端智库秘书长、北京交通大学国家交通发展研究院院长、无障碍畅行研究院院长张秋生，滨州医学院特殊教育学院院长曹同涛教授，天津大学建筑学院英才副教授赵伟，滨州医学院特殊教育学院教学科研办公室张怀斌主任，中国船级社质量认证有限公司无障碍专班张毅主任分别进行了深入的研讨。专家们强调，要先培养人，再培养专业的人。应鼓励专业兼修，不管是无障碍专业，还是无障碍管理专业，都要突出专业特色，要强调可持续发展。无障碍管理专业应重点培养面向无障碍产业的应用型人才、创新型人才、复合型人才，让学生能够解决无障碍环境创建中的实际问题，并推动无障碍产业的发展。专家们建议加强实操培训，让学生与残疾人、老年人等密切交往，深入理解残障群体需求，增强学生的自发学习能力。同时，专业课程应培养学生的跨学科能力，有必要积极推进校企合作，让学生在本科阶段就能接触实际工作、找到自己的兴趣和方向。

三 关于教材与案例使用和师资队伍建设

无障碍管理学院院长杨会良教授分享中提到，教材的建设和师资队伍的建设都任重道远，写一个好的培养计划仅仅是开始，无障碍管理专业是全新的，所以教材的建设要下大力气抓好，师资建设的任务也非常重。

在研讨中，清华大学建筑设计研究院通用无障碍与健康人居实验室主任王宁，北京市建筑设计研究院有限公司教授级高工、副总建筑师焦舰，住房和城乡建设部科技中心城市建设与更新处处长田永英，康复大学康复辅具产业研究所杨立雄教授，中国建筑设计研究院适老建筑实验室主任王羽研究员，天津大学无障碍中心常务副主任贾巍杨进行了深入的探讨，专家们认为，教材的编写应保持前沿，同时建议增加无障碍认证选修课的实操内容，以吸纳更多无障碍审查员。教材编写还应该注重无障碍校园建设的实践体验，使学生在学习过程中能够更好地了解无障碍环境的建设。

四 关于科研及实践应用

中国残联副主席吕世明认为科研成果的实践转化十分重要，应先实践、后感知，在实践当中提升。康复大学杨立雄教授认为课程的设置要遵循强基础、宽口径、重实践原则。从培养目标和专业设置来看，无障碍管理特别具有实践性的一个学科。

专家们强调了无障碍管理专业的高起点和重要性，建议推动无障碍通识课程纳入培养方案，加强校企互动课程设置，培养学生前沿技术和实践能力。同时，专家们认为无障碍学科是前沿的人才教育和学科发展话题，需要与其他学科交叉，注重国际视野，以增强该专业的社会影响力和适应性。

综合来看，无障碍管理专业的发展面临多方面的挑战和机遇。为了培养具有综合能力和服务导向的高质量专业人才，专家们建议从课程设置、教材编写、实操培训等方面着手，注重学科的综合性和实践性，融合国内外先进理念，加强校企合作，使学生在学习过程中能够接触实际问题并解决残障人士的实际需求。同时，专家们还提到，无障碍管理专业应与其他学科交叉，紧密结合社会需求和产业发展前沿，注重无障碍产业化研究的前瞻性。还应加强对无障碍经济学等新兴领域的研究，推动无障碍科技化的发展。专业课程应融入无障碍文化建设，注重无障碍环境与适老化的有机结合，增强学生在无障碍环境创建方面的实际操作能力。此外，专家们还强调，新专业须注重特殊教育人才的培养，加强无障碍伦理和残疾人权利教育，服务社会特殊群体。在学科定位上，应强调公共管理的角度，融合风景园林学、美学等相关学科，提升专业的社会影响力。同时，还须加强与国家无障碍认证体系的对接，推动无障碍执业资格认证，确保学生的高质量就业。

五　小结

本次研讨会是一次具有里程碑意义的活动，对于南京特殊教育师范学院的发展具有重要影响，也为无障碍管理专业的人才培养和发展提供了宝贵的意见和建议，并强调了无障碍管理专业获得目录外认定的重要性。本次会议还彰显了中国残疾人事业的蓬勃发展态势，各方对无障碍环境建设的重视程度和热情参与，为中国无障碍环境建设和残疾人融入社会提供了积极推动力，促进了人才培养方案课程体系设置向科学务实、系统合理、精准有效方向发展，也为各高校未来开设无障碍专业做好了示范样板，促进了无障碍管理专业的发展，强化了南京特殊教育师范学院在无障碍领域的领导地位，为推动中国残疾人事业和无障碍环境建设打下了坚实的基础。

加强基层教学组织建设，办优残疾人事业管理人才培养

——教育部虚拟教研室建设试点启动仪式暨首届教学研讨会综述

杨会良*　康　丽**　高宸陆***

摘　要： 2022年11月，教育部第二批虚拟教研室公共事业管理专业（残疾人事业方向）建设试点获批后，南京特殊教育师范学院管理学院成功举办虚拟教研室建设试点暨首届教学研讨会。会议特邀全国近20名专家参会，管理学院全体教师参加了会议，会议通过教育部虚拟教研室线上平台与线下会场同步方式开展。会议围绕公共事业管理专业虚拟教研室的规划发展与特色，虚拟教研室建设的意义、内涵和路径，虚拟教研室与一流专业建设、与课程和课程群建设、与残障学科发展和残疾人事业人才培养的关系等问题展开深入探讨。

关键词： 虚拟教研室　基层教学组织　人才培养

2022年11月25日，由南京特殊教育师范学院管理学院主办，教育部高等学校公共管理类专业教学指导委员会指导的公共事业管理专业（残疾

---

* 杨会良，南京特殊教育师范学院管理学院（无障碍管理学院）院长、教授、博士研究生导师，研究方向为公共管理、残疾人事业管理和教育经济与管理。

** 康丽，南京特殊教育师范学院管理学院（无障碍管理学院）副院长、副教授，研究方向为残疾人事业管理、残疾人就业、无障碍与适老化建设。

*** 高宸陆，南京特殊教育师范学院管理学院（无障碍管理学院）讲师，研究方向为残疾人事业管理、无障碍管理、国际贸易、残疾人就业。

人事业管理方向）教育部虚拟教研室建设试点启动仪式暨首届教学研讨会在南京成功举办。正式会议通过教育部虚拟教研室线上平台与线下会场同步方式开展，特邀全国近 20 名专家参会，南京特殊教育师范学院管理学院全体教师参加了此次会议。会议分开幕式、主旨报告、主题发言、自由发言互动研讨四个环节，围绕关于公共事业管理专业（残疾人事业管理方向）教育部虚拟教研室建设的背景、意义、特色和思考规划开展了深入交流与讨论。

一 公共事业管理专业虚拟教研室建设试点工作的概况、规划与特色

南京特殊师范学院的公共管理学科始建于 2004 年，2016 年获批为"十三五"省重点建设学科，2019 年获批为江苏省一流本科专业，2021 年获批国家级一流本科专业建设点（江苏省品牌专业），2022 年获批江苏省"十四五"重点学科。公共事业管理专业（残疾人事业方向）虚拟教研室是教育部第二批虚拟教研室建设试点，该试点是在南京特殊教育师范学院国家一流本科专业建设点（公共事业管理专业）和江苏省"十四五"重点学科（公共管理）的基础上，与兰州大学中国民族地区残疾人事业发展研究中心、江苏大学管理学院、江苏省残联维权处和南京市残疾人就业指导中心等单位共同申报的。

南京特殊教育师范学院管理学院（无障碍管理学院）院长、博士生导师，公共事业管理专业（残疾人事业方向）负责人杨会良教授从虚拟教研室建设背景、基本情况、基础情况、合作单位情况、建设特色和建设规划六个方面详细介绍了公共事业管理专业（残疾人事业管理方向）教研室。整体定位上，教研室聚焦于新时代残疾人事业发展对人才的需求，以习近平新时代中国特色社会主义思想为指导，秉承立德树人的教育使命，研究时代需求，解决时代问题，努力建成特色鲜明、区域一流的新时代基层教学组织。教研内容上，教研室紧密围绕残疾人事业管理的特色主题，与其他高校开展

跨学科、跨区域、跨学校、跨行业的教研合作。技术支撑上，教研室运用智能技术与境内外高校开展教学与研究合作，获取国际前沿理论知识和实践经验；与实务领域专家、组织开展广泛的产教研合作，加快知识扩散，提高残疾人事业管理与发展教研室的运行效率和效果。运行管理上，教研室加强教研活动的计划、组织、领导和监控，提升教学基层组织育人成效，规范线上和线下教研工作的计划性，做好组织和活动评价、总结和改进，使教研室运行更加合理高效。活动形式上，目前教研活动以线下教研活动为主，今后根据研讨主题需要选择更多样的活动形式，增加线上活动，充分利用智能技术优势，促进技术与教育教学深度融合，不断提升人才培养质量。

二　虚拟教研室建设的意义、内涵和路径

南京特殊教育师范学院党委常委、副校长陈克军教授在开幕词中阐述了"虚拟教研室"设立的意义和优势，即提升教学质量，线上线下协同一体、虚拟与实体相结合，打造教师教学发展共同体和质量文化，引导教师回归教学、热爱教学、研究教学，提升教育教学能力，为高等教育高质量发展提供有力支撑。他对公共事业管理虚拟教研室建设试点工作提出三点希望和建议：一是要提高站位、强化思政，二是要加强协同、形成合力，三是要聚焦难点、凸显特色。他希望公共事业管理专业（残疾人事业方向）虚拟教研室能够通过校校、校企、校政、校社等合作机制，探索形成一套具有我国公共事业管理专业特色的全新人才培养模式，更好地促进我国高等教育高质量发展。

江苏大学管理学院教授、博士生导师周绿林教授指出，虚拟教研室的类型包括面向课程（群）协同建设的虚拟教研室、面向专业（群）协同建设的虚拟教研室、面向教改新专题协同研究的虚拟教研室。他以全国医疗保险教育论坛为例，为切实加强虚拟教研室建设提出了新见解，即虚拟教研室的类型可以根据需要、根据实际情况选择。

南京特殊教育师范学院管理学院教授张金福教授从虚拟教研室的内涵、

特点的角度出发，提出了自己对虚拟教研室建设的思考，他认为要从团队成员、研究领域和教研目标三方面着手，注重虚拟教研室的实效。虚拟教研室的内涵有三：一是信息化时代的要求，二是新型教学组织，三是基层教学组织。虚拟教研室具有人员的多元性、教研的开放性、成果的实效性和资源的共享性等特点。

三 虚拟教研室建设助力一流本科专业建设水平整体提升

国务院学位委员会公共管理学科评议组成员、教育部公共管理类专业教学指导委员会副主任委员、南京农业大学公共管理学院教授、博士生导师欧名豪教授介绍了一流专业"双万计划"的工作目标，即推动新工科、新医科、新农科、新文科建设，优化专业结构，深化专业改革，促进高校专业建设水平整体提升，做强一流本科、建设一流专业、培养一流人才，全面振兴本科教育，提高高校人才培养能力，实现高等教育内涵式发展。其主要任务是在2019～2021年，建设10000个左右国家级一流本科专业点和10000个左右省级一流本科专业点。建设原则包括面向各类高校、面向全部专业、突出示范领跑、分赛道建设、"两步走"实施。一流专业验收评估应关注的重点包括《公共管理类教学质量国家标准》合格情况、优化专业人才培养方案、以学生为中心理念的体现、师资队伍建设、质量保障体系完备、部门（区域）合作与行业影响力、标志性成果的培育与凝练、与建设前的改进与提升。

安徽大学商学院院长、教育部工商管理专业虚拟教研室负责人杜鹏程教授指出，数字时代工商管理类专业实践教学改革思路应包括以"实践能力"为目标，创建"理论知识学习—实践能力训练—实践能力提升"的链式实践能力培养模式；以"知识转化为能力"为导向，构筑"环环相扣"的全过程实践能力培养路径；以"多元协同"为保障，构建"政产学研金服用"多方协同的实践能力培养机制。数字时代工商管理类专业实践能力培养的具体实施措施主要有：以理实交融为导向，实现内容重构，构建数字素养和数字技能培养的课程新体系；以数智赋能为引领，利用好虚拟教研室平台，推进虚拟仿真技术的训练与应用，创新实践能力训练的新手段；以科学交叉为支撑，实行赛创共融，打造实践能力培养的新生态；以全过程培养为机制，环环相扣，拓展实践能力培养的新路径；以多元协同聚合力，强化使命担当，完善实践能力培养的新机制。

南京特殊教育师范学院教育学院院长李拉教授基于特殊教育专业基本情况和其获批省级虚拟教研室后的运行情况作了发言。他指出虚拟教研室建设的必要性及今后虚拟教研室的建设方向与目标，谈到建设过程中遇到的难题和困惑，如教师参与虚拟教研室的积极性不高、没有相对成熟的运行模式、一些专业领域内的问题缺少共鸣。东南大学公共卫生学院教授，博士生导师代宝珍教授从基层教学组织建设背景、工作职责和建设标准及建议展望等方面对医疗保障专业发展与基层教学组织建设做了深入介绍，并提出了建议与展望。

四 政策实验和知识图谱赋能虚拟教研室课程和课程群建设

教育部公共管理类专业教学指导委员会委员、福州大学经济与管理学院公共管理研究院院长叶先宝教授提出政策研究也是大科学，并从政策研究者的专业素质、政策教学实验实施、社会场景选择与运用、社会想象力的隐性塑造等九个方面全面细致地探索了公共政策学课程的建设过程，其发言虽聚焦微观课程，却也为宏观专业建设实践提供了启发。

全国公共管理专业学位研究生教育指导委员会委员、教育部公共管理类专业教学指导委员会委员、北京师范大学政府管理学院院长章文光教授提到，课程知识图谱是结构化、可视化的课程知识网络，是知识的集合，应当以教学"应用"为导向，梳理专业、课程层级结构和关系，构建全部知识点、教学资源、教学活动、测评方式之间的关联，最终以可视化的图谱形象地展示完整知识架构。

五　虚拟教研室建设创新残障学科和残疾人事业管理人才培养

江苏省残联残疾人事业发展研究会牟民生副会长提出残疾人调查要坚持入户调查，建议将残疾人调查研究列入人才培养计划课程单列或纳入相关课程，培养学生入户调查的能力和设计残疾人调查方案的能力。残疾人口调查要组织专业医生参与，需要不同专业的医生参与调查，在入户调查登记时进行残疾筛查，坚持入户调查保持较高见面率。

兰州大学中国民族地区残疾人事业发展研究中心主任、博士生导师焦若水教授提出，迈向治理创新的实践规划应包括伦理与文化、教育融合体系、伙伴建立、交流、经验积累和协作。江苏省残联维权处刘宏处长倡议关注无障碍环境建设维护、更好利用人工智能赋能、推进无障碍环境建设法治化进程，并建议高校开展相关课程理论知识与实践内容。南京市残疾人就业指导中心褚建主任由残疾人就业现状谈到帮扶残疾人就业，从残疾人就业视角出发为虚拟教研室建设献策。

六　探索新型基层教学组织，打造教师发展共同体

最后，杨会良教授作总结发言，他指出虚拟教研室是推动高等教育高质量发展的必然要求和重要支撑，是对信息时代新型基层教学组织建设的重要探索，应当充分运用信息技术，积极探索教研新思路、新方法、新范式，积极响应党的二十大报告提出的教育强国、科技强国战略和人才强国精神，办优残疾人事业管理人才培养，实现高等教育的高质量发展。

特殊教育的多元支撑：基于发展科学和神经科学视角[*]

梅晓红^{**}　林雅嫱^{***}

摘　要：　特殊教育与普通教育的区别在于，特殊教育更强调个别化、差异化和适应性等概念，基于特殊教育对象的复杂性和特殊性，在制定特殊教育的政策、方针时，尤其需要以科学的理论进行指导。发展科学为特殊教育提供了可执行的解决问题的方案和指导实践的系统性理论。神经科学的许多研究成果，揭示了引发学生问题行为的因素，并为特殊教育的循证实践提供了充分的科学依据。采用多层级的技术支持和行为干预手段，可以构建一个有效的、开放性的架构体系，促进特殊教育对各种复杂问题的应对与解决。学科交叉对发展特殊教育实践具有积极的意义。

关键词：　特殊教育　发展科学　神经科学　干预反应

特殊教育实践是以科学实证主义为基础，通过发展客观、有效的科学测量工具与鉴定程序来诊断残疾或障碍类型和程度，并据此发展科学的教育和干预手段的教育实践。特殊教育所专注的"个别化"共识，通过法律的手

---

　*　［基金项目］本文系中国残联研究课题（立项号：2022CDPFAT-27），教育部第二期供需对接就业育人项目（立项号：20230114043），南京特殊教育师范学院校级课程思政示范课程（立项号：南特师教〔2022〕24 号）的研究成果。
　**　梅晓红，南京特殊教育师范学院副教授，研究方向为公共管理、社会学。
　***　林雅嫱，南京特殊教育师范学院副教授，研究方向为人类学、社会学。

段得到确认与实施，并与全纳教育一起构成美式特殊教育模式，对全球特殊教育的发展产生了广泛的影响。现代特殊教育实践中的个别化教学、差异性教学、合作教学以个别化教育（Individualized Education Program，IEP）为基础。IEP 倡导平等与个性自由，通过立法确保残疾儿童受教育机会均等；IEP 以精确的科学测量为基础，采用标准化操作使个别化的教育与服务落到实处。[①] 显然，IEP 是实施个别化教学的有效工具，但并非个别化教学的唯一选择。今天的科学发展、学科交叉所带来的工具选择，使得更多的解决方案出现在特殊教育领域，可以为特殊教育提供新的解决问题的框架。

一 用发展科学的理论去构建特殊教育的观念

（一）发展科学在人类发展研究中的核心观点

发展科学（developmental science）关注人类在生命过程中发生的变化。作为一个新的方法学工具，发展科学将不同层次的大量现有研究整合在一起。今天的发展科学形成了一个综合的系统发展框架。

系统发展科学理论包含生物系统理论（bioecological systems theory）、发展系统理论（developmental systems theory）、动态系统理论（dynamic systems theory）以及人与环境相互作用理论（holistic person-context interaction theory）等。这些理论方法有许多共同点：①发展是发生在多层次的整体系统中；②发展具有时间维度；③发展是双向协同作用的结果。每种发展理论都有各自的特色。Gottlieb 等认为，发展系统的概念包括生物之间的协同作用，重点体现在生态学方面，其中包含了个体的差异性和生命发展观的形成等。[②] 而 Thelen 和 Smith 的动态系统理论则从系统的复杂性和非线性系统入

---

① S. W. Smith, "Individualized Education Programs（IEPs）in Special Education—From Intent to Acquiescence," *Exceptional Children* 57. 1（1990）：6–14.

② G. Gottlieb, D. Wahlsten and R. Lickliter, "The Significance of Biology for Human Development：A Developmental Psychobiological Systems View," In W. Damon and R. M. Lerner（Eds.）, *Handbook of Child Psychology*（New Jersey：Wiley Online Library, 2007）, pp. 210–257.

手，将技术分析应用于婴儿运动协调和语音形成的研究方面。① 此外，在人与环境交互理论中，Magnusson 和 Stattin 从互动性、整体性方面，强调了人与环境系统的相互作用关系。②

发展发生在一个多层次、全面的系统中，其所有的层面都具有潜在的相关性。时间维度被认为对发展概念至关重要，发育事件发生在多个时间维度上，并在整个系统中不断发生变化。例如，突触传递发生在毫秒之内，细胞分裂发生在几小时或几天之间，而语言体系的形成则需要数年。这些发展变化是一体化的，而不是离散的，这是个体和情境之间双向互动而形成的发展。③

新系统的自组织过程必然涉及一个由先前的状态塑造的迭代过程。系统的可塑性，意味着生命状态在跨越多个尺度的水平上存在变化的潜力。④ 可塑性是发展系统理论中的核心概念。对生命的可塑性的认知，可以为特殊教育的发展打开更为广阔的空间。

复杂系统建模工具非常适合描述系统的发展轨迹与过程。系统科学方法提供了多种技术，用于构建模型以描述个体在集群中的演变。轨迹的定性行为、稳定性和受影响能力可能随着时间的推移而发生显著变化。⑤ 例如，影响个人发展的因素可能来自家庭、学校和邻里关系等。相反，学校或社区也将受到个人的、人际的以及系统其他层面上的行为模式的影响。系统科学工具允许在仿真模型中对这种不同的、多层次的效应进行描述。因此，发展科

---

① E. Thelen and L. B. Smith, "Dynamic Systems Theories," In W. Damon and R. M. Lerner (Eds.), *Handbook of Child Psychology* (New Jersey: Wiley Online Library, 2007), pp. 258-312.

② D. Magnusson and H. Stattin, "The Person in Context：A Holistic-Interactionistic Approach," In W. Damon and R. M. Lerner (Eds.), *Handbook of Child Psychology* (New Jersey: Wiley Online Library, 2007), pp. 400-464.

③ R. M. Lerner, "Resilience as an Attribute of the Developmental System: Comments on the Papers of Professors Masten & Wachs," *Annals of the New York Academy of Sciences* 1094. 1 (2006)：40-51.

④ P. V. Geert, "The Dynamics of General Development Mechanisms: From Piaget and Vygotsky to Dynamic Systems Models," *Current Directions in Psychological Science* 9. 2 (2000)：64-68.

⑤ B. Milstein, J. Homer and Hirsch G., "Analyzing National Health Reform Strategies with a Dynamic Simulation Model," *American Journal of Public Health* 100. 5 (2010)：811-819.

学为特殊教育理论提供了一种全新的系统方法论。

传统上，对人类发展进行的研究主要涉及行为、态度、情绪以及心理功能等，用于探讨它们的先天因素（基因）与后天培养（环境）、连续性与非连续性、稳定性与非稳定性之间的关系。20 世纪后期，发展科学领域的思维方式发生了范式转变，这种转变带来了一种更综合的理解人类发展的方法。在 Overton 的观点中，发展科学已经超越了传统的线性方法，而是将人类的发展看作在发展系统内部动态集成的结构中出现的一系列动态关系。发展科学家把心理结构和功能从独立的、离散的状态转变为连续的过程，把人类的发展看作多重性的生态系统与行为和环境的综合。[①] 几十年来关于认知、情感和行为整合的研究表明，心理结构的变化实际上是"新兴发展网络"的结果。

发展科学超越了传统学科（例如，心理学、社会学、神经生物学、遗传学和教育等）的界限，以统一框架结构，将人类发展视为动态和综合的模式。从这个观点来看，发展是一个动态的过程，个人作为一个活跃的、整体的生命形式的一部分，嵌入在动态的多层次的环境系统中。这意味着人的发展必然涉及生物的、心理的和社会生态系统的方方面面。这一理论体系对于指导特殊教育的发展是非常重要的。

（二）发展科学的基本因素与制定行为策略的关系

发展科学理论中的"相关制约"、"发展适应"和"以人为本"的基本概念，与制定特殊教育的政策密切相关。发展反映了人类子系统内部与外部相关制约的作用关系。生命发展与环境适应来自动态网络系统。作为生命的组成部分，发展子系统通过不断协调来促进内外环境的稳定，从而保持人的行为与功能的正常与连续。相关制约条件不仅能促进发展过程变

---

① W. F. Overton, "The Process-Relational Paradigm and Relational-Developmental-Systems Metamodel as Context," *Research in Human Development* 11. 4 (2014)：323-331.

化，还可以保持系统的稳定与安全。① 在众多的相关制约条件中，反馈回路是系统内在循环的因果性结构。积极的反馈是有利的，这种情形经常被称为"良性循环"。我们最熟悉的是那些与维持某种形式的体内平衡相关联的例子，如脱水而引起的口渴，循环控制进食、睡眠，人体对感染的免疫反应等。

要将发展科学的方法应用于特殊教育，对具体机制和基础过程的实证调查是必要的，它可以并且应该通过更为全面的交互式方法来进行。从发展系统的角度来看，特殊教育是关系型的生态环境系统，因此需要一种以人为本的方法。在这里，因果关系并不局限在个人相关因素方面，而更多地体现在复杂社会背景下的个人与周围环境之间的相互作用关系方面。在发展科学中，人并不作为一个孤立的变量出现，而是以各种变量的聚合反应的形式出现。② 通过对这样的"变量包"进行分析，有助于对人的适应性理解。

以人为本的模式提供了一种对整体的、发展的教育成就进行综合评价的方法。这种方法涉及三个方面的内容。一是个体的多重维度（如人口特征、多重身份、动机、心理健康和认知能力）、教育成就和参与程度。例如青少年不同的个人特点提供了对个体差异教育成果的认识。二是学生与学校之间的相互关联的因素。例如动机、监管能力和行为与生态环境等。三是教育的整体发展观。需要把发展阶段的成果与历史和未来的可能性联系起来。③

（三）特殊教育作为发展科学的应用

特殊教育和发展科学都关注个人的适应性。发展科学应用于特殊教育主

---

① D. Magnusson, "The Holistic-Interactionistic Paradigm: Some Directions for Empirical Developmental Research," *European Psychologist* 6. 3 (2001): 153-162.

② R. B. Lars and V. András. "Matching Method to Problem: A Developmental Science Perspective," *European Journal of Developmental Psychology* 10. 1 (2013): 9-28.

③ R. W. Roeser and S. C. Peck, "Patterns and Pathways of Educational Achievement Across Adolescence: A Holistic-Developmental Perspective," *New Directions for Child & Adolescent Development* 2003. 101 (2003): 39-62.

要体现在三个方面。第一，根据共同的学习、行为和社会特征（例如，学习障碍的学生、情绪和行为障碍的学生、智力障碍的学生）将青少年分组，并确定其教育需求的差异。实际上这是以人为本的分析方法。第二，系统的发展观反映在个性化的教育计划中，重点是依据儿童及其生态学的特点、优势和需求，提供相应的跨越多个功能性杠杆领域的服务，在相关的约束过程中进行干预。第三，系统重组可以有效地组织循证实践，特别是在特殊教育者意识到学生以自然倾向的非典型性方式自适应时，可以以这种适应性为基础进行引导，以促进学生发展新的能力和取得成果。

二 脑功能的可塑性为特殊教育提供新的方法论

（一）大脑的重塑为特殊教育提供了方法导向

大脑和行为发展的研究表明，经过特殊教育的学生与未经过特殊教育的学生，在某些神经结构上有所不同。充分了解这些差异性和障碍的引发机制，有助于对残疾问题的进一步解决。例如，神经生理学的研究发现，一系列脑部区域参与了阅读能力的构建，阅读的技能与脑部的区域使用状况有关，并存在个体差异性。[①] 有研究指出，在人脑的发育期，神经系统会通过一种神经修剪过程对学习进行加强，修剪通常发生在儿童发育期间的机会窗口，当大脑准备通过学习来获得未来的基础技能时，修剪允许神经通路去适应婴幼儿环境中的信息响应。例如，位于左大脑半球额叶的布洛卡区控制着言语生产，并且具有早期到中期的相对较长的调整机会窗口。同样，参与视觉加工的枕叶，在婴儿期的第 2 个月至第 8 个月中，有一个可调整的机会窗口；调控运动功能的小脑，在婴儿期的第 5 个月到第 12 个月中，也有一个可调整的机会窗口。如果婴儿在这些机会窗口的时段中没有恰当地接触到各

---

① K. G. Noble and B. D. Mccandliss, "Reading Development and Impairment: Behavioral, Social, and Neurobiological Factors," *Journal of Developmental & Behavioral Pediatrics* 26. 5 (2005): 370–378.

种视觉、听觉或触觉刺激，会有脑部发育不全的风险，并可能在以后面临更多的困难。

神经影像学研究发现，发展中学习者的大脑可以根据干预方式的不同而出现代谢性改变。例如，没有音乐经验的人，经过音乐训练15周后，其双边上级皮层激活。① 尽管神经科学家还没有完全了解这些学习机制，但是他们知道开发执行多任务的神经通路可能需要更长的时间。有研究指出，后脑左半球解剖位置影像异常所呈现的生理缺陷，有可能是导致阅读障碍的原因。② 又有研究发现，阅读困难者的后脑系统功能障碍可以通过对脑的两个半球所开发的代偿系统进行修正和补偿。

近些年，对儿童早期干预的研究发现，通过特定的训练，大脑具有开发新的神经通路的能力，这些神经通路采取交替的、重新设计的方式，建立起必要的神经连接。一些研究发现，语音学干预能改善学生阅读的流畅性，使大脑左半球包括与阅读相关的区域活性增强。③ 另一些研究发现，学习阅读的基础与听觉中的音素紧密相关，早期听觉处理非常重要。婴儿在5个月大时，语言系统开始发育，这一时期所呈现的听觉差异，与后期小学期间的写作能力呈正相关。④ 然而，进一步的研究指出，即使早期脑功能受损，糟糕的状况也并非不可逆转。采取有针对性的干预措施后，脑功能可以发生改变。⑤ 例如，有研究发现，受试者进行音素辨别训练后不到

① L. Stewart, R. Henson, K. Kampe, V. Walsh, R. Turner and U. Frith, "Brain Changes after Learning to Read and Play Music," *Neuroimage* 20. 1 (2003): 71-83.

② J. Linkersdörfer, J. Lonnemann and S. Lindberg, "Grey Matter Alterations Co-Localize with Functional Abnormalities in Developmental Dyslexia: An ALE Meta-Analysis," *Plos One* 7. 8 (2012): 1-10.

③ L. P. Pavlov, "Individuality of Brain Dominants as a Problem of Special Education and Pedagogy," *Cognitive Systems Monographs* 25 (2015): 471-491.

④ G. Schaadt, C. Männel and E. van der Meer, "Present and Past: Can Writing Abilities in School Children Be Associated with Their Auditory Discrimination Capacities in Infancy?" *Research in Developmental Disabilities* 47 (2015): 318-333.

⑤ T. Horowitzkraus, J. J. Vannest, D. Kadis, N. Cicchino, Y. Y. Wang and S. K. Holland, "Read-ing Acceleration Training Changes Brain Circuitry in Children with Reading Difficulties," *Brain & Behavior* 4. 6 (2014): 886-902.

3 个小时，脑功能状态就发生了改变。[①]

（二）特殊教育中个性化教育发展路径的探索

除了通过医学方式治疗残疾外，特殊教育也能对残疾问题的解决产生重要的作用。脑发育是经验依赖的。与识字技能相关的神经功能的缺陷，可能与早期的残疾经验、社会经济因素和语言发展的生态支持体系的不足有关。例如资源贫乏、阅读量少、背景噪声大以及歧视等因素会干扰语音音素的识别，不利于激活弱听的婴儿的听皮层，从而导致这些婴儿脑的发育不足或障碍。[②] 相比之下，阅读更多的学龄前儿童，在听故事时显示出与语义处理相关脑区更明显的激活。[③] 语言经验的形成发展要经历一个较长的过程，一旦孩子上学，支持识字的神经系统就会发展，脑结构和功能就会发生改变。[④]

鉴于识字作为一种定义性的学习技能，教育中的神经科学研究侧重于与语言和学习相关的大脑机制。然而，情绪调节也影响孩子上学的能力。学生的成功取决于孩子在课堂上满足基本行为期望的能力，不仅包括能够集中注意力和遵循方向，而且包括与同龄人和成年人进行社会交往的适应方式。[⑤] Mattison 等撰文指出，大部分曾经被认为患有非常严重的情绪和行为障碍（EBD）的学生，经过调整后能取得社会意义上的成功，其中很大一部分原

① R. Lovio, A. Halttunen, H. Lyytinen, R. Näätänen and T. Kujala, "Reading Skill and Neural Processing Accuracy Improvement after a 3-Hour Intervention in Preschoolers with Difficulties in Reading-Related Skills," *Brain Research* 1448 (2012): 42-55.

② E. Skoe, J. Krizman and N. Kraus, "The Impoverished Brain: Disparities in Maternal Education Affect the Neural Response to Sound," *Journal of Neuroscience the Official Journal of the Society for Neuroscience* 33. 44 (2013): 17221-17231.

③ J. S. Hutton, T. Horowitz-Kraus and A. L. Mendelsohn, "Home Reading Environment and Brain Activation in Preschool Children Listening to Stories," *Pediatrics* 136. 3 (2015): 466-478.

④ S. Dehaene, L. Cohen, J. Morais and R. Kolinsky, "Illiterate to Literate: Behavioural and Cerebral Changes Induced by Reading Acquisition," *Nature Reviews Neuroscience* 16. 4 (2015): 234-244.

⑤ C. Blair and A. Diamond, "Biological Processes in Prevention and Intervention: The Promotion of Self-Regulation as a Means of Preventing School Failure," *Development and Psychopathology* 20. 3 (2008): 899-911.

因是他们的特殊教育教师令人钦佩的工作。^① 教导学生获得自我管理技能是学校教育实现的基本目标，神经科学对自我调节的研究才刚刚起步，将社会情感学习纳入教学的计划是有效的。^②

近些年，神经科学和教育学领域共同意识到监测大脑模式的重要性。因为这些大脑模式可以产生适用于早期干预实践的临床结果。^③ 由于神经影像学和儿科神经心理学的发展进步，心理学家对儿童发育有了更多的了解，可以利用这些知识来设计和实施解决残疾学生问题的特定教学方法。特殊教育研究人员和特教教师应该利用这些知识来对学生进行指导，充分利用科学发展的新知识来支持教学指导和对学生行为以及适应性的调整。^④ 许多研究人员正在讨论，需要在教育和神经科学之间架起一座桥梁。Mason 主张架起一座双向桥梁，即神经科学研究的结果影响教育，同时教育通过提出需要调查的概念和理论来影响神经科学研究。教育工作者应提出需要调查的教育结构，以更好地为学生提供服务。^⑤

功能神经成像技术的发展，使得我们对发育中的大脑的认知越来越多，对脑功能的了解也更全面。神经科学和教育的融合，可以使得神经科学家、心理学家和教育工作者能够挑战今天在学校使用的现行理论和干预方法，为特殊教育提供最佳的教育实践指导。

---

① R. E. Mattison, V. Rundbergrivera and C. Michel, "Psychotropic Medication Characteristics for Special Education Students with Emotional and/or Behavioral Disorders," *Journal of Child & Adolescent Psychopharmacology* 24. 6 (2014): 347-353.

② J. A. Durlak, R. P. Weissberg, A. B. Dymnicki, R. D. Taylor and K. B. Schellinger, "The Impact of Enhancing Students' Social and Emotional Learning: A Meta-Analysis of School-Based Universal Interventions," *Child Development* 82. 1 (2011): 405-432.

③ K. R. Koch and B. M. Moore, "Relating Neurodevelopment to Early Intervention Special Education: Implications for Developing Best Practices," *International Journal of Early Childhood Special Education* 7. 1 (2015): 51-68.

④ A. E. Pavlakis, K. Noble, S. G. Pavlakis, N. Ali and Y. Frank, "Brain Imaging and Electrophysiology Biomarkers: Is There a Role in Poverty and Education Outcome Research?" *Pediatric Neurology* 52. 4 (2015): 383-388.

⑤ L. Mason, "Bridging Neuroscience and Education: A Two-Way Path is Possible," *Cortex* 45. 4 (2009): 548-549.

三 功能行为评估与干预反应在特殊教育中的作用

（一）功能行为评估和行为支持技术

残疾学生在学校遇到的挑战不仅限于学习，也涉及社会与行为发展。未经过特殊教育的残疾青少年往往比经过特殊教育的残疾青少年具有更高的问题行为发生率，而且他们更具有破坏性，尤其是当矛盾冲突没有得到恰当处理时，这些问题会变得更糟。[①] 针对残疾学生的问题行为和学校纪律问题，美国的《残疾人教育法》、积极行为干预和支持技术（Positive Behavior Intervention and Support，PBIS）以及功能行为评估（Functional Behavioral Assessments，FBAs）提供了解决方案。

1998 年，美国教育部特殊教育计划办公室设立了积极行为干预和支持技术援助中心，以确定、开发、实施和评估多层次的技术援助方式。PBIS是建立在应用行为分析原理、多层次的预防、普遍筛选模式的基础上，整合行为和教育实践创建的框架和干预方法，学校可以用来促进学生的积极行为。[②] 这种方法包含以下三级：初级，以创建系统的规则和策略来提供儿童所需的行为支持；二级，面向对初级策略无反应的青年群体，提供更多个性化支持；三级，当学生对初级方法和二级方法的策略不敏感时，进行针对学生及其背景的个人化的强化干预措施。

FBAs 通过系统程序来确定引发问题行为的前因变量。该理论假设破坏性行为是由于需要获得刺激感（例如引起教师注意）或进行某种逃避，基于此可以开发一个干预措施，用功能相当的适当行为来代替这个问题行为。例如，如果一个学生一直在打他人，以获得教师的注意，那么该学生可以被

---

① C. M. Nelson, "Students with Learning and Behavioral Disabilities and the School-to-Prison Pipeline: How We Got Here, and What We Might Do about It," *Advances in Learning & Behavioral Disabilities* 27（2014）: 89–115.

② R. H. Horner, G. Sugai and C. M. Anderson, "Examining the Evidence Base for School-Wide Positive Behavior Support," *Focus on Exceptional Children* 42. 8（2010）: 1–14.

教导一种更合适（高效）的方式来获得教师的注意。类似地，可以修改触发问题行为的先决条件，以促进积极的主动行为发生。FBAs 可以使干预措施更有效率。①

美国的《残疾人教育法》旨在满足各种残疾学生的教育需求，理论上 FBAs 适用于所有接受特殊教育的儿童。然而，对智力障碍者的研究依然面临着挑战；那些因具有高发病率的学生处于较为复杂的社会环境背景而存在的问题行为，也不在 FBAs 能调节的范畴；即便对那些可识别相关变量，并能在课堂中采用相关干预措施解决的问题，有效干预也并非易事。尽管特殊教育对问题行为的社交功能调整与课堂动态管理有所帮助，然而，在课堂管理之外，如何维系学生问题行为的解决、如何消除其他相关制约因素所产生的影响以及如何发挥相关服务机构的作用，都将是特殊教育所面临的问题。②

（二）积极的行为干预和循证实践

自 20 世纪 90 年代以来，特殊教育被纳入普通教育，残疾学生进入普通教育课程中学习。残疾学生在促进普通教育和特殊教育互动的一般教育环境中受到更多的教育，所有教育者都有责任为残疾学生提供服务，教师、特殊教育教师和其他专家在一起工作。③ 这种融入式的、全纳式的教育，无须对残疾进行分类（例如学习障碍、智力障碍、情绪/行为障碍），而是在具体的教学和相关的学习支持需求应用方面中破除障碍。因此，干预反应（Response to Intervention，RTI）框架成为了解决残疾学生的学习需求的关键措

---

① F. G. Miller and D. L. Lee, "Do Functional Behavioral Assessments Improve Intervention Effectiveness for Students Diagnosed with ADHD? A Single-Subject Meta-Analysis," *Journal of Behavioral Education* 22. 3 (2013): 253–282.

② T. W. Farmer, K. S. Sutherland and E. Talbott, "Special Educators as Intervention Specialists: Dynamic Systems and the Complexity of Intensifying Intervention for Students with Emotional and Behavioral Disorders," *Journal of Emotional and Behavioral Disorders* 24. 3 (2016): 1–14.

③ D. Fuchs, L. S. Fuchs and S. Vaughn, "What Is Intensive Instruction and Why Is It Important?" *Teaching Exceptional Children* 46. 4 (2014): 13–18.

施。近些年来，RTI 模式成为学校和课堂应对学生多样性的一种新的干预模式。RTI 模式注重在测试学生对教学与干预反应的基础上进行教学与干预的调整与改革，并在对学生表现作动态评估的基础上运用经过科学研究证明有效的方式进行教学。① RTI 模式将残疾儿童鉴定程序与安置服务体系联结在一起，将针对"学习困难"与针对传统的"残疾"的教育结合起来，共同构成针对"特殊教育需要"的融合教育服务系统。

RTI 模式的核心特征是，对学生的干预是以具体教学或行为策略为目标的。RTI 模式主要来源于特殊教育的研究和实践，并在普通教育环境的实施与应用中提供筛选、进度监测、数据化教学决策和系统性干预措施。② 2004年美国《残疾人教育法》规定，要鉴定儿童是否具有特定的学习障碍，当地教育机构应使用科学的、研究性的过程来进行评估。也就是说，如果通过三级的干预措施或接受特殊教育的学生在问题行为方面没多大的改观，则需要修改干预策略，采用个性化和加强措施对残疾学生进行干预，而不是简单地通过现有的循证实践去实现。③ 可以依据科学研究的新成果制定战略，构建解决问题的框架和进行专业培训来解决这一需求，以指导基于数据的干预方法、响应具有重大学习和行为困难的学生的个性化学习和支持需求。虽然这项工作的重点是个性化的方法，但这些努力可能会通过纳入相关的制约观点和确定可能调节或促进集约化过程有效性的神经生理学、认知、情境和生态因素来加强。④

对不同类型的数据进行归纳、统计和分析有助于指导干预过程。特殊教育者应该了解学生在具体循证干预措施上的绩效数据，通过数据指标制定干

---

① S. Fairbanks, G. Sugai, D. Guardino and M. Lathrop, "Response to Intervention: Examining Classroom Behavior Support in Second Grade," *Exceptional Children* 73. 3 (2007): 288-310.

② S. Vaughn and E. A. Swanson, "Special Education Research Advances Knowledge in Education," *Exceptional Children* 82. 1 (2015): 11-24.

③ L. Danielson and C. Rosenquist, "Introduction to the TEC Special Issue on Data-Based Individualization," *Teaching Exceptional Children* 46. 4 (2014): 6-12.

④ L. Kern and J. H. Wehby, "Using Data to Intensify Behavioral Interventions for Individual Students," *Teaching Exceptional Children* 46. 4 (2014): 45-53.

预措施或对干预措施进行修改。我们需要考虑的是，循证实践、干预措施对谁有用？持续的效果如何？可以在什么时间和什么地点进行干预？是否需要修改这些措施？如何知道干预影响是否与期望的长期结果相关？依据以人为本的研究信息与 RTI 模式数据相结合，进行综合评估，可以提高干预措施个性化和集约化的准确性，减少教育失败的风险。

四　学科交叉对发展特殊教育实践的启示

当代的特殊教育实践依然保持了从过去的医学—心理学范式所延续下来的方法，同时结合了功能主义的社会学范式和组织学范式。特殊教育的政策与残疾人权利模式之间具有很强的关联性，残疾人权利模式为融合教育、全纳教育提供了发展的依据和动力。特殊教育以个性化教育见长，构成特殊教育的结构因素除了个人的优势、资源和需求等，还涉及适应干预措施和相关背景的能力要求。学科的交叉、技术工具的使用可以帮助我们找出特殊教育中存在的问题，提出解决方案。例如，当我们意识到大脑的神经激活模式存在差异，就可以通过不同策略进行教学，来帮助学生学习掌握必需的技能。我们对大脑功能了解得越多，越有助于在课堂环境中观察和理解学生的各种行为。

制定特殊教育相关政策，需要将特殊教育与发展科学结合起来，充分利用脑与行为科学的研究成果来解决残疾学生所面临的问题，具体需要从三个方面实现：①重点投资特殊教育，在关注残疾学生发展途径和生活调整过程中，重点培养个人适应性；②将发展科学成果和 RTI 模式数据应用于残疾学生；③将社会发展和发展科学结合在一起，培训从业者和研究人员，以解决残疾学生的成长和适应问题。有必要把神经科学、发展科学的研究成果应用于特殊教育的干预措施制定，在特殊教育中建立信息评估和评价体系。应当专门针对特殊教育进行系统的科学研究，为特殊教育者建立发展科学培训计划。应当帮助教师了解包括神经科学在内的新知识，以满足教师不断增长的、个性化教学和循证实践的需求。

　　有必要制定科学的、个性化的干预措施，提升循证实践能力。满足特定残疾学生的需求需要注意到的不仅仅是干预措施的适应性方面，还应该考虑到学生的发展适应性方面。我们需要更多地制定有效的、以人为本的干预措施，调整政策的导向，把特殊教育的发展与发展科学取得的研究成果相结合，全面地发展特殊教育事业。

提升职前教师融合教育素养的实践与研究[*]

田思峰^{**}

摘　要：　本文利用文献分析法、访谈法、质性研究法、统计分析法及课堂观察法等方法开展研究。首先论证开展职前教师融合教育素养培养的必要性与可行性，其次厘清职前教师融合教育素养核心要素，最后依据核心要素提出融合教育素养提升的策略与实践路径——通过人才培养模式改革与创新来实现。本文旨在达成理论研究与实践活动的相互促进与发展。

关键词：　职前教师　融合教育　教育素养

一　开展职前教师融合教育素养培养的必要性与可行性分析

特殊教育始终是党和政府高度重视和关心的一项民生事业和公益事业。党的十八大明确提出支持特殊教育，党的十九大提出办好特殊教育，党的十九届五中全会提出完善普惠性特殊教育保障机制，党的二十大进一步提出强化特殊教育普惠发展。党的二十大的这一论述，深刻阐明了特殊教育具有普惠性、公益性属性，具有公共服务的基本特征。特殊教育发展要普遍惠及全体特殊儿童，一个都不能少。加快建设教育强国，为中华民族伟大复兴提供有力支撑。这为包括特殊教育在内的我国教育现代化发展指明了方向，提供

　＊　［基金项目］本文系 2022 年度江苏共享发展研究基地第一批开放基金课题"提升职前教师融合教育素养的实践与研究"（立项号：22GXJD06）的研究成果。
　＊＊　田思峰，南京特殊教育师范学院副教授，研究方向为现代教育理论与实践。

了理论依据和实践指南。全面推进融合教育，也是《中国教育现代化 2035》为新时代中国特殊教育现代化规划的发展目标，这表明融合教育将成为我国特殊教育现代化发展的大趋势。

所谓融合教育，是指有特殊需要的孩子与普通孩子一起在普通学校接受教育，获得公平对待。联合国《儿童权利公约》规定，所有儿童，包括残障儿童和有特殊教育需要的儿童，都有接受优质教育的权利，并有权在当地学校与同龄人一起接受教育。①

在融合教育理念的倡导下，越来越多的残疾孩子能够进入普通学校与普通儿童一起接受教育。《2021 年全国教育事业发展统计公报》显示，2021年，全国共招收各种形式的特殊教育学生 14.91 万人，比上年增加 16 人；在校生 91.98 万人，比上年增加 3.90 万人，增长 4.42%，其中在特殊教育学校就读的在校生仅 33.04 万人，占特殊教育在校生的比例仅 35.92%。尽管残疾儿童进入普通学校就读的数量大幅增加，但是远未实现"特殊需要儿童与普通儿童在同一个物理空间下一起学习、生活，享受平等、没有歧视、高质量的教育"的愿景。究其原因，普通教师在特殊教育知识和技能上的匮乏即融合教育素养的缺失及由此带来的困难和限制，已成为我国融合教育质量提升的瓶颈。因此，提升普校教师的融合教育素养是提升融合教育质量的关键。一般来讲，提升普校教师的融合教育素养可从职后培训和职前培养两方面着手进行。一方面加强师范院校对师范类专业学生的融合教育素质的培养，发挥师范教育在强化特殊教育普惠发展中的基础支撑作用；另一方面强化在职教师的培训，从理论与实践两方面提高教师的融合教育专业能力。② 本文着眼于提升职前教师的融合教育素养，原因如下。

从宏观层面上讲，国家对提升职前教师融合教育素养提出了要求。《残疾人教育条例》《第二期特殊教育提升计划（2017—2020 年）》《第三期特殊教育提升计划（2021—2025 年）》等重要法规和文件中均提出了开设特

---

① 李拉：《融合教育学》，南京大学出版社，2022。
② 王雁、范文静、冯雅静：《我国普通教师融合教育素养职前培养的思考及建议》，《教育学报》2018 年第 6 期。

殊教育课程、培养普通师范生具备指导和教育残疾学生的能力的相关要求。此外，2018 年 1 月教育部颁布的《普通高等学校本科专业类教学质量国家标准》这一方向性、引领性的文件，明确将"特殊教育概论"作为教育学类专业（包括小学教育、学前教育、科学教育、人文教育等）需要开设的一门专业基础课程，与教育学原理、教育研究方法、教育心理学等课程并列。融合教育教师的核心素养在中、小学教师专业标准中均得到了一定程度的体现和强调，因此在普通师范专业开设特殊教育或融合教育相关课程，培养职前教师融合教育的素养，将成为未来我国教师培养工作改革和完善的重要目标。

从微观层面上讲，使职前教师在接受教师教育之初就接触融合教育，对他们树立融合教育理念、形成坚定的融合教育信念、接受和支持融合多样性、公平对待大差异班级中的每一个学生、为大差异班级的课堂提供优质的教学，都是大有裨益的。

作为重点培养特殊教育师资的高校，南京特殊教育师范学院是全国唯一一所独立设置、以培养特殊教育师资为主、兼顾残疾人事业专门人才培养的省属普通本科高校。该学校是全国卓越特殊教育教师培养改革项目单位、中国残联首批残疾学生高等融合教育试点学校，设有江苏特殊教育改革与发展的重要智库——特殊教育发展指导中心。该学校设有 22 个专业，包括特殊教育、数学、汉语言文学、英语、教育技术、教育康复等 14 个师范类专业。其中特殊教育专业是国家级一流本科专业建设点、中央财政支持的重点专业和省级品牌专业，数学与应用数学等 8 个师范专业为省级一流专业建设点，这些都为实现特殊教育专业与普通师范专业深度合作、资源共享、相互支撑，培养具有良好融合教育素养的教师提供了有利的条件。

另外，为实现发展"公平而有质量"的融合教育，联合国儿童基金会与教育部教师工作司共同启动了"中国融合教育推进教师专业能力提升项目"（以下简称为"教师提升项目"），由华东师范大学融合教育研究院牵头执行。南京特殊教育师范学院作为 9 所试点高校之一，负责开发高等院校师范生融合教育通识课程资源，提高师范生开展融合教育的能力，探索形成融合教育师资培养新机制。这些都为提升职前教师融合教育素养提供了良好的理论研究与实践探索机会。

二 厘清职前教师融合教育素养核心要素

通过理论研究及实践探索可知，中小学教师的融合教育素养主要包括融合教育的专业理念、融合教育的专业知识和融合教育的专业技能。这三者之间彼此关联，相辅相成，在中小学融合教育活动中发挥着重要作用。

融合教育的专业理念是核心和先导，是指引教育活动的行动指南，直接决定着教师的教育行为。因为只有教师理解并尊重生命的多样性，形成多元与差异、平等与理解、尊重与支持等融合教育文化观，才能帮助有特殊教育需要的学生积极融入课堂、融入社会。

融合教育的专业知识和专业技能是师范类专业学生有效开展融合教育教学活动的重要保障和支撑。其中融合教育的专业知识应包括融合教育的法规政策、特殊需要儿童发展及学习规律、特殊儿童教育教学的理论知识，以及与特殊需要儿童进行有效沟通的交流工具等。中小学教师必须具备融合教育的技能，包括具备顺畅地与特殊需要儿童进行沟通与交流的能力；自主创设教育情境，根据儿童的差异性来制定个别化教育计划，对特殊需要儿童行为进行有效干预的能力；合理运用信息技术精心设计和组织教学活动的能力，以及遵循特殊学生身心发展特点和特殊教育规律，实施个别化与多元化评价的能力等。[①]

三 融合教育素养提升的策略与实践路径

前文已经论述了职前教师融合教育素养的核心要素及其相互关系，当下

[①] 全晓燕：《融合教育背景下高校学前教育专业课程设置研究》，《教师教育论坛》2016 年第 3 期。

对高校师范类专业人才培养模式的改革与创新，为开展提升职前教师融合教育素养工作指明了改革方向和行动指南。

需要指出的是，融合教育教师仍是普通教师，工作环境和主要教育对象仍为普通教室以及普通儿童，只是需要兼顾少部分特殊学生的教育需要。因此，融合教育教师除了具有普通教育的知识、技能外，还应具备基本的特殊教育的知识与技能。① 因此，职前培养阶段为普通师范专业学生开设的融合教育课程，以教师驾驭大差异课堂所需的综合性知识和技能为课程重点，实现教师普通教育知识和特殊教育知识的有机整合和在实践中的综合运用。②

基于此，需要对现行的师范类专业人才培养方案进行修订和完善。修订培养方案的主要目标是让未来的普通教师具备融合教育素养，包括融合教育的观念、融合教育的知识和融合教育的技能。因此本文以培养师范类专业学生融合教育能力为切入点，采纳融合教育专家及一线教师的建议，对师范类专业人才培养方案的目标与规格、课程体系进行重新调整和修订。

本文按照教育部《教育学类教学质量国家标准》《中小学教育专业认证标准》《师范生教师职业能力标准（试行）》《特殊教育办学质量评价指南》要求，将融合教育纳入培养目标，在通识课程模块、教师教育课程模块及专业选修课程模块开设融合教育相关课程，让所有师范生具备融合教育基本专业素养，同时通过设置科学合理的实践教学体系，来实现融合教育教学实践能力的训练和提升，以满足融合教育的现实需要。

在具体操作层面上，有如下要求。

1. 在师范类专业人才培养目标上增加融合教育素养的要求

应坚持学校的办学目标，秉持"博爱塑魂、普特结合、追求卓越"的

---

① 王雁、黄玲玲、王悦、张丽莉：《对国内随班就读教师融合教育素养研究的分析与展望》，《教师教育研究》2018 年第 1 期。
② 冯雅静、李爱芬、王雁：《我国普通师范专业融合教育课程现状的调查研究》，《中国特殊教育》2016 年第 1 期。

教育理念，培养具有一定的人文底蕴和科学素养、扎实的学科知识和应用技能、较高的教育理论素养，具备较强的中小学学科教学和研究能力，同时具有融合教育理念，初步掌握融合教育的知识及教学技能，系统掌握融合教育环境下应对包括残疾在内的各种多样化需求与差异教学的专门知识和技能的中小学学科教师。[①]

2. 在毕业要求的各个环节上增加融合教育素养的要求

通过四年的专业学习，师范类毕业生应具备以下几方面的知识、能力、素质。

（1）师德规范

具备良好的政治素养，践行社会主义核心价值观，了解党的教育方针，具有良好的教师职业道德，尊重关爱特殊学生，明理守法讲诚信，以立德树人为己任。热爱融合教育事业，富有爱心与责任心，有奉献精神，具有为国家教育事业、民族昌盛而奋斗的志向和责任感。

（2）学科素养

掌握基本的特殊教育理论和方法，掌握专业学科的基本技能和基本思想方法，了解专业学科与其他学科的联系，具备一定的运用所学知识解决专业学科问题和实际问题的能力。

掌握计算机多媒体技术，能利用现代信息技术进行差异化教学设计、实施和多元化评价等教学教研活动，满足融合教育教学需要，提升课堂的针对性和有效性。

（3）班级指导

树立德育为先理念，掌握教育管理知识，掌握班级组织与建设的工作规律和基本方法，能够营造尊重生命、包容接纳、平等友爱、互帮互助的文化氛围，能够组织和指导德育、心理健康教育等教育活动，具备从事融合班级管理的能力。

---

① 关文军、邓猛：《我国高等师范院校中开设融合教育专业（本科层次）的思考与建议》，《黑龙江高教研究》2017 年第 7 期。

（4）综合育人

了解中小学生身心发展和养成教育规律，理解学科育人价值，能有机结合学科教学进行育人活动，以适宜融合为目标，能组织丰富多彩的班级活动，能通过多种方式促进全体学生（包括有特殊需要的学生）实现最大限度的发展，公平对待大差异班级中的每一个学生，为大差异班级的课堂提供优质的教学。

（5）反思能力

具有终身学习与专业发展意识，了解国内外学科教育及融合教育改革发展动态，初步掌握融合教育教学的反思方法和技能，能发现问题、解决问题，能在教学实践中反思、改进、研究，提升学科素养及融合教育素养，改善教育教学效果，实现自我发展。[①]

3. 在专业课程设置上进行改革与创新

开设学科专业知识与融合教育知识的必修课和选修课。前文具体介绍了融合教育的专业理念、融合教育的专业知识和融合教育的专业技能所包含的具体内容，因此高校师范类专业的融合教育课程应围绕这三个维度来进行设置，以提高课程设置的科学性和专业性，真正地培养出实施中小学融合教育的复合型专门人才，满足社会对融合教育发展的需求。[②]

根据《中小学教育专业认证标准》的要求，课程结构为通识教育、学科专业教育与教师教育有机结合；理论课与实践课、必修课与选修课设置合理。目前，国内院校师范类专业课程的设置方式，可以分为通识教育课程平台、专业教育课程平台、教师教育课程平台、创新创业教育平台、实践教学平台等五类。可以采取叠加式的课程设置方式，即在保持原来的课程结构的基础上，通过新增特殊教育或融合教育学分等途径开设融合教育课程。除了创新创业教育平台外，在其他的课程平台上分别增设融合教育素养模块，在

---

① 许家成、李里、莫春梅、汪艳丽、郝传萍：《师范院校开设融合教育课程的实证研究——以北京联合大学、昆明学院和成都大学为重点考察》，《昆明学院学报》2018年第5期。

② 全晓燕：《融合教育背景下高校学前教育专业课程设置研究》，《教师教育论坛》2016年第3期。

实践教学平台上要求职前教师到融合教育学校实施教学见习及教育实习。具体而言，包括以下方面。

第一，在通识教育课程平台中，开设融合教育导论、特殊儿童心理与教育等课程，培养学生关于融合教育的基本观念，传授融合教育基础知识，帮助学生树立融合教育的专业理念。

第二，在专业教育课程平台中，突出融合教育教学能力的培养，主要开设通用学习设计、融合教育技术与支持、个别化教育计划理论与实践、融合教育课程与教学调整等课程，为学生专业能力培养打下基础。

第三，在教师教育课程中，突出沟通与协调合作能力的培养，搭建平台，主要开设融合学校的组织与管理、盲文、手语、心理健康等课程，提升其特殊教育技能。

4. 以我国融合教育的现实需求为基础，设计融合教育专业的实践教学体系

为培养能够有效服务于融合教育实践、驾驭大差异课堂、提高特殊儿童融合教育质量并使所有儿童共同受益的优秀学科教师，仅有对特殊教育政策、趋势、各类残疾儿童身心特点等知识性内容的直接、系统讲授是不够的，还需要融合教育专业技能的实际操作以及真实情境的熏陶。因此，在课程体系设计过程中要做好实践教学体系的构建，突出学生融合教育实践能力的培养，促进理论和实践的统一协调发展，以满足融合教育的需要。①

实践教学体系构建的原则是"以学科专业为平台，以课程实践教学为主体，以专业实践教学和社会实践教学为两翼，构成逻辑体系"。课程实践教学主要有实验实训、观摩见习、研习等形式。其主要目的是增进融合教育理论知识理解，增加真实课堂的情感体验，促进专业技能的提升，可以通过调整理论知识讲解与实践练习的比例，加大实验操作、观摩见习、研讨等教学实践课时的比重来实现。专业实践教学主要指教育实习，建议到普通融合教育学校实习一学期（18 周左右），为师范生提供面向有差异、多样化学生

---

① 冯雅静、李爱芬、王雁：《我国普通师范专业融合教育课程现状的调查研究》，《中国特殊教育》2016 年第 1 期。

的教育实习环境，以加深其对融合教育的理解和认同，加强其应用融合教育专业知识和技能的能力。社会实践教学以有针对性的社会考察和探究为主，开展有关融合教育的社会实践活动，将第一课堂与第二课堂有机融合，可以通过鼓励学生开展社区参与、社会体验、问题调查等活动的方式，促进他们充分了解当下有关融合教育的问题与现实诉求，强化问题意识与责任意识，提升专业的认同感和使命感。[①]

普通师范院校在师范类专业人才培养方面要着眼于融合教育的大背景，因地制宜、因校制宜，在指导思想、课程设置、资源保障和实践实训等方面提供切实的规划和有力的支撑，促进师范类教育专业学生融合教育素养的养成，以满足融合教育的现实需要。[②]

四 结语

实践与认识的辩证运动，是实践、认识、再实践、再认识，循环往复以至无穷的辩证发展过程。我国高校正在积极地进行融合教育理论研究与实践探索，例如在社会实践环节，南京特殊师范学院充分发挥学校的办学特色优势，坚持将"做亮融合教育"作为学校高质量发展的重要目标，积极探索"需要为本""特普融通"的融合教育社会实践创新机制。其间南京特殊师范学院承办了"融爱在行动"百所希望小学融合教育支教项目。该项目由中共江苏省委统战部、共青团江苏省委员会、江苏省残疾人联合会、中共南京市委统战部共同主办，南京特殊教育师范学院、江苏省新的社会阶层人士联谊会、江苏省青少年发展基金会、南京市光彩事业促进会和南京阳光心汇心公益基金共同承办。"融爱在行动"百所希望小学融合教育支教项目公益活动包括"百人支教进乡村""百人讲堂云支教""百人培训进南京"三个

[①] 关文军、邓猛：《我国高等师范院校中开设融合教育专业（本科层次）的思考与建议》，《黑龙江高教研究》2017 年第 7 期。

[②] 全晓燕：《融合教育背景下高校学前教育专业课程设置研究》，《教师教育论坛》2016 年第 3 期。

子项目。具体来讲，南京特殊师范学院组织 500 名支教志愿者，组成 100 支大学生支教队伍，走进 100 所乡村希望小学，推广融合教育理念；选派 100 位特殊教育支教专家，面向乡村小学开展特殊教育和融合教育的相关讲座、示范课等，为 100 所项目点乡村小学提供线上专家咨询，帮助乡村教师解决融合教育实施过程中遇到的实际问题。百人支教、百人讲堂、百人培训的"融爱在行动"，探索出了一条特殊教育精准服务希望工程的可行实践之路。

　　本文希望在探索融合教育社会实践创新机制的同时，加强对融合教育实践的经验总结和理论探讨，提炼升华，为全面提升职前教师的融合教育素养、促进融合教育的高质量发展，贡献智慧和力量。

高校残疾青年思想政治教育的路径探讨

曹　璇[*]

摘　要：　高校思想政治教育是事关党和人民事业接班人的根本大计。残疾青年作为高校青年不可忽视的部分，同样是思想政治教育的对象。本文梳理了我国高校残疾青年基本情况，阐明了高校残疾青年思想政治教育的必要性，分析了目前高校残疾青年思想政治教育的现实困境，提出了思想政治教育的实施路径：加强高校人文关怀，建设无障碍软硬件环境；尽力消除就业歧视，以就业帮扶促进思想政治教育；考虑残疾学生需求，创新思想政治教育方法等。本文旨在把高校残疾青年培养成堪当民族复兴大任的时代新人，促进教育公平和社会公平正义。

关键词：　高校残疾青年　思想政治教育　无障碍环境

根据《联合国残疾人权利公约》，残疾人包括肢体、精神、智力或感官有长期损伤的人，这些损伤与各种障碍相互作用，可能阻碍残疾人在与他人平等的基础上充分和切实地参与社会。[①] 残疾人的健康福祉关系到世界文明进步的水平，残疾人在人口中的比例决定了其重要性。根据第六次全国人口普查我国人口总数、第二次全国残疾人抽样调查中我国残疾人占全国总人口的比例、各类残疾人占残疾人口总数的比例，截至 2010 年末，我国残疾人

＊　曹璇，南京特殊教育师范学院副教授，江苏共享发展研究基地研究员，研究方向为国家治理、残疾人事业管理。
①　《残疾人权利公约》，联合国网站，https://www.un.org/zh/node/181459。

口总数 8502 万人；各类残疾人口数分别为：视力残疾 1263 万人、听力残疾 2054 万人、言语残疾 130 万人、肢体残疾 2472 万人、智力残疾 568 万人、精神残疾 629 万人、多重残疾 1386 万人。各残疾等级人口数分别为：重度残疾 2518 万人、中度残疾和轻度残疾共 5984 万人。①

残疾人事业是中国特色社会主义事业的重要组成部分。党的十八大以来，我国残疾人事业得到了极大发展，在社保、康复、教育、就业、无障碍环境建设等各方面都取得了历史性进步，切实保障了残疾人权益，增进了残疾人福祉。其中残疾人教育事业发展迅速，已经成为我国教育事业的重要组成部分，尤其是残疾人高等教育，近年来实现了质的飞跃。2022 年我国高等院校招收了 30035 名残疾学生，其中高职（专科）学生有 17644 人，占 58.7%；本科生有 10703 人，占 35.6%；硕士生有 1520 人，占 5.1%；博士生有 168 人，占 0.6%②。2023 年我国高校毕业生 1158 万人③，其中残疾人毕业生 31843 人④，约占总数的 3‰。

高校残疾青年虽然人数不多，但他们是高校青年中的弱势群体，是教育公平的重要关注对象，需要思想政治教育为其人生保驾护航。作为高校青年不可忽视的部分，他们同样肩负着中华民族伟大复兴的历史重任，也同样需要思想政治教育为其塑形铸魂。一方面，他们克服了身体的残疾、通过了高等教育入学考试，是残疾人中的优秀者，是身残志坚的励志典型，是未来社会主义建设宝贵的人力资源，应该在高校里接受包括思想政治教育在内的深刻而全面的高等教育。另一方面，他们因为不同类型的身体残疾，在校园生活和完成学业等方面，面临着健全人士难以想象的现实困难，容易出现思想

---

① 中国残疾人联合会：《2010 年末全国残疾人总数及各类、不同残疾等级人数》，2021 年 2 月 20 日，https://www.cdpf.org.cn/zwgk/zccx/cjrgk/15e9ac67d7124f3fb4a23b7e2ac739aa.htm。

② 于玉金：《点燃残疾学生"希望之灯"，融合教育进入新阶段》，《华夏时报》2023 年 5 月 24 日。

③ 《2023 年高校毕业生 1158 万人"六个着力"促进就业》，"央广网"百家号，2023 年 7 月 6 日，https://baijiahao.baidu.com/s?id=1770640911684223136&wfr=spider&for=pc。

④ 王晓慧：《〈三年行动方案〉就业目标有望超额完成》，"华夏时报"百家号，2023 年 7 月 28 日，https://baijiahao.baidu.com/s?id=1772659085008553338&wfr=spider&for=pc。

上的波动和心理上的问题。因此，高校残疾青年接受思想政治教育具有必要性。

一 高校残疾青年思想政治教育的必要性

残疾人作为我国人口健康的下限人群，其健康福祉关系到健康中国的实现。残疾人作为我国脱贫人口的重要部分，其收入水平关系到我国共同富裕伟大目标的实现。发展残疾人事业是我国国家治理工作的重要内容，也是追求社会公平正义的必然举措。高校残疾青年作为高校青年的一部分，不仅是高等教育的重要对象，更是需要格外关心、格外关注的特殊群体。思想政治教育作为高等教育立德树人根本任务的首要体现，是高校残疾青年迫切需要的思想武器。高校残疾青年接受思想政治教育，是高等教育立德树人根本任务的必然要求，是追求社会公平正义的内在需求，也是高校残疾青年克服困难成长成才的特殊诉求。

（一）对高校残疾青年进行思想政治教育是高等教育立德树人的必然要求

在高等教育的内容中，思想政治教育是首要的内容。思想政治教育对人思想的塑造、觉悟的提高是其他任何形式的教育无法替代的。1935 年南开大学校长张伯苓在中华民族危急存亡之际，发出振聋发聩的历史三问："你是中国人吗？你爱中国吗？你愿意中国好吗？"这掷地有声的历史三问在中华民族最危险的时候唤醒了中国青年，促进了青年一代的觉醒，改变了中华民族的前途命运。在新时代的今天，习近平总书记强调，这不仅是历史之问，更是时代之问、未来之问，我们要一代一代问下去、答下去！这著名的"爱国三问"就是在追问教育要培养什么人这一首要问题。① 习近平总书记

---

① 中共中央宣传部编《习近平新时代中国特色社会主义思想学习问答》，学习出版社、人民出版社，2021。

教导我们要牢记这历史三问的重要意义，时时刻刻都要有明确答案。浇花浇根，育人育心，思想政治教育关系党的事业和国家前途命运。高等教育的根本任务是立德树人，而高校残疾青年作为青年学生的重要部分，同样是社会主义建设者和接班人，同样应该是有理想、有道德、有文化、有纪律的"四有"新人，需要思想政治教育为其筑牢理想信念。因此，对高校残疾青年进行思想政治教育是高等教育立德树人根本任务的必然要求。

（二）对高校残疾青年进行思想政治教育是追求社会公平正义的内在需求

对高校残疾青年进行思想政治教育源于以人民为中心的发展思想。中国共产党从成立之日起，就把为中国人民谋幸福、为中华民族谋复兴当作历史使命。"人民"二字重若千钧。以人民为中心的发展思想在当代更多地体现为促进社会公平正义。社会公平正义关系到共同富裕伟大目标的实现，也关系到共产主义伟大事业的建设。社会公平正义在民生领域的一个重要体现就是关爱弱势群体，其中包括我国 8500 万残疾人。残疾人作为我国人口的重要组成部分，也是我国脱贫攻坚阶段和实现共同富裕阶段的重点关注人群。促进残疾人共同进入小康社会，平等、充分地参与和融入社会生活，促进社会全体人员共享经济社会发展成果，反映了对社会公平正义的追求。此外，社会公平正义的另一个重要体现是教育公平，高等教育是实现教育公平的重要阶段。我们党一直以来注重高等教育的帮扶，制定了一系列的倾斜性政策，致力于解决各类发展不平衡的问题。[1] 高校残疾青年是高等教育的重要帮扶对象，他们有权利接受丰富而全面的高等教育。在高等教育的内涵中，德育是方向，因为一个人只有明大德、守公德、严私德，其才方能用得其所。[2] 帮助高校残疾青年成长为有个人品德、有社会公德、更有报效祖国和服务人民的大德的人，让他们同健全青年一样形成建设祖国的志向，拥有成

---

[1] 曹璇：《我国高等院校本科阶段贫困学生资助模式研究》，博士学位论文，中国科学技术大学，2018。

[2] 《习近平谈治国理政》（第三卷），外文出版社，2020。

就事业的能力，与健全青年一起投身伟大的社会主义建设，一同致力于共同富裕伟大事业，是我国教育公平的体现，是追求社会公平正义的内在需求。

（三）对高校残疾青年进行思想政治教育是助其克难成长成才的特殊诉求

高校残疾青年在就读期间的困难主要来自三个方面：身体残疾、心理状态和外部环境。一是自身固有的身体残疾带来的日常困难，例如，视力残疾学生在无盲道教学环境中无法安全行走，听力残疾学生在无助听设备的融合教育教室听课困难，言语残疾学生在食堂就餐时无法表达诉求，肢体残疾学生在非无障碍环境中无法使用轮椅，智力残疾学生会遇到学业问题等。这些日常的困难往往是健全人难以理解和想象的，需要得到额外的关注和帮扶。二是自身残疾带来的心理状态，生活和学业的困难、同学间非恶意的异常关注、未来可能面对的就业歧视等，都给高校残疾青年造成了心理负担。如果没有充分的心理建设，残疾青年极可能或多或少地产生心理问题。三是校园无障碍环境的缺乏，加重了高校残疾青年在校生活学习的困难和心理压力。对于高校残疾青年来说，这三个方面的困难无疑是巨大的挑战，而思想政治教育正是高校残疾青年攻坚克难的法宝。例如，通过学习党史，高校残疾青年了解我们党历经民族生死存亡的苦难和血与火的考验，带领全国人民栉风沐雨走到今天，必然从这笔宝贵的精神财富中获得力量，形成正确的理想信念。习近平总书记强调，心中有信仰，脚下有力量。① 理想信念是事业和人生的灯塔，决定我们的方向和立场，也决定我们的言论和行动。思想政治教育为青年学子筑牢理想信念，促进了青年一代奋勇拼搏，也给残疾青年提供了克服困难的精神力量，促进了残疾青年勇敢面对自身缺陷，努力克服自身缺陷，积极主动地参与社会生活并有所作为。他们从思想政治教育中获得勇攀高峰、不断前行的勇气，在逆境中不消沉不动摇，不放松自我要求，勇敢面对身体上的缺陷并努力克

---

① 《习近平谈治国理政》（第二卷），外文出版社，2017。

服残疾带来的不便，成长为社会主义事业的建设者。

二 高校残疾青年思想政治教育的现实困境

（一）市场经济和对外开放的负面因素对高校残疾青年影响较大

在市场经济和对外开放条件下，金钱至上、及时行乐等负面价值观对高校青年的影响不容小觑。各种敌对势力对我国青少年的争夺也从未停止。青年时期是人生的"拔节孕穗期"[①]，世界观、人生观和价值观尚未形成，情感上不够成熟，心理上不够坚强。当今青年生长在和平年代，没有经历革命战争年代的考验，人生阅历相对浅薄。在这种情形下，容易受到西方腐朽思想的影响，沾染上拜金主义、享乐主义的习性，甚至人生航向走偏。在人生初期要扣好第一颗纽扣，而青年人因为青年自身的特点，有可能在人生初期犯错误。高校残疾青年是高校青年中的特殊群体，他们在成长过程中遇到的困难更大，长时间甚至终身处于逆境之中。在长期的困难状态中，他们容易形成自卑多疑的性格、产生敏感偏激的心理。面对社会分配不公、贫富差距较大等复杂的现实问题，他们可能无法从历史原因和现实环境中寻找到合理的解释，从而产生不良心态，甚至被诱导去挖掘社会阴暗面，在某些时候产生仇恨社会的过激情绪。因此可以说，市场经济和对外开放的负面因素对高校残疾青年的影响较大。

（二）人文关怀的缺失让思想政治教育对高校残疾青年收效甚微

高校残疾青年为完成学业需要克服更多的困难，需要更多的人文关怀，然而目前我国高校对残疾青年的人文关怀仍然不够。人文关怀的缺失主要体现在无障碍环境不够完善、就业歧视的存在两个方面，这种缺失让思想政治教育的效果打了折扣。

[①] 中共中央宣传部编《习近平新时代中国特色社会主义思想学习问答》，学习出版社、人民出版社，2021。

一方面，无障碍环境建设是一个国家和社会文明的标志，然而我国目前高校的无障碍设施尚不完善。[①] 在无障碍设施方面，例如，无障碍卫生间的数量不够，残疾青年在课间如厕困难；校园内已经开始设置轮椅坡道，但是坡道角度不合理，轮椅无法在坡道上自如行动；教学楼、宿舍楼电梯设置不合理，没有残疾人专用按钮等。此外，无障碍信息交流环境建设更不充分，例如，融合教育课堂上缺乏必要的手语翻译，听力残疾青年无法正常参与教学活动；多媒体教学设备没有必要的语音播报，视力残疾青年无法正常获取教学资源；图书馆盲文资料缺乏必要的电子检索，视力残疾青年无法顺利查阅学习资料；助听器设备数量不够，听力残疾青年在就餐等场所无法正常交流等。这些现实的困难给高校残疾青年的求学带来了重重障碍，满足较低层次的需求已经耗费了他们很多力气，可能使他们无力认真接受思想政治教育。甚至，当思想政治教育流于空泛的时候，他们还会产生逆反心理，本能地抗拒空洞的说理。在无障碍文化方面，目前我国高校的投入更加不足，对残疾人的关心关注明显不够。残疾就像屏障和鸿沟，隔开了残疾人和健全人。在高校里，绝大部分青年学生都有着健康的心态和良好的礼仪，恶意歧视残疾同学的现象较少，甚至多数健全学生都愿意对残疾学生伸出援手。但因为彼此缺乏了解，健全学生很难理解残疾学生，也不知道如何为同学提供帮助。残疾学生体会了现实的孤独和无助，往往对思想政治教育的内容产生怀疑，思想政治教育收效甚微。

另一方面，就业歧视给高校残疾青年带来心理负担。中国残联发布的数据显示，2023 年我国高校残疾人毕业生达到 31843 人，创历年新高。[②] 随着高校残疾青年的数量不断增多，就业问题也愈发引人关注。尽管我国残疾大学生就业得到了更多的关心和关注，就业稳定性正在逐年提高，但仍然面临着就业机会偏少、就业稳定性差、职场融入难、社会接纳度低等问题。无处

---

① 吴晓东：《唐占鑫：无障碍环境关乎公平》，《中国青年报》2023 年 9 月 27 日。

② 中国残疾人联合会：《中国残联 教育部 人社部共同启动 2023 年高校残疾人毕业生就业帮扶行动》，2023 年 3 月 17 日，https://www.cdpf.org.cn/ztzl/zxzt1/2022/cjrjyxcn/jyywdt/d9cccd515a9941af8284f689181aaeb6.htm。

不在的显性和隐性歧视给残疾青年带来心理负担。就业市场的竞争让健全学生都感到压力，对于残疾学生来说更是压力巨大。从高校毕业后无法找到一份合适的工作，残疾学生就无法在社会上立足。因此，就业市场的偏见给高校思想政治教育带来挑战。残疾学生在学校里接受的思想政治教育在就业市场面前显得空洞无力。

（三）思想政治教育的一般途径不能满足高校残疾青年的需求

高校思想政治教育大体上分为理论和实践两部分，[①] 目前这两部分的教学对高校残疾青年来说都有困难。理论部分多在以课堂为主的教学环境中完成，而融合教育课堂往往是由健全学生和不同残疾类型的残疾学生构成的。教师无障碍理念的缺乏和教室无障碍环境设施的不足，使思想政治理论教育面临实际困难。例如，思政课教师不懂基础手语，无法让听力残疾学生在融合教育课堂里接受思想政治教育。即便同样是残疾学生，不同残疾类型的学生对思想政治教育也提出了不同的要求。在融合教育理念下，课堂对各种残疾类型的学生"零拒绝"，然而不同残疾类别的学生因其不同的身体障碍和心理特征，学习能力以及学习方法等也存在很大差异。[②] 目前高校和思想政治教育教师对残疾学生的各种情况缺乏准确预判，对融合教育的理解也存在差异，因此无法很好应对不同残疾类型学生的差异并实施有针对性的教育。毕竟融合教育的发展存在着现实困难，思想政治教育作为一种较为抽象的教育，如何与融合教育的形式更好地结合，还需要长期的探索。实践教学部分，近年来我国高校注重实践教学，正依据自身特色，创新实践教育的形式[③]。例如通过在课程体系中加入劳动课程等，培养学生的劳动能力和劳动精神，以实践教育促进思想政治教育；鼓励学生参加大学生创新创业项目，

---

① 于小航：《新时代高校思想政治教育实践育人有效机制探析》，《现代交际》2023 年第 9 期。

② 邱晓辉：《残疾大学生思想政治教育中社会工作方法的融入与实践》，《现代职业教育》2023 年第 5 期。

③ 孙君、赵海涛、沈建华：《探索高等教育改革创新之路——品德和劳动教育为高等教育保驾护航》，《高教学刊》2023 年第 28 期。

从"双创"项目中获得实践锻炼；鼓励学生走进社区，使所学理论联系社区治理实际等。这些实践教育在培养热爱劳动的品格和正确的人生观方面确实发挥了重要作用，然而对于残疾青年来说，实践教学的很多内容是他们无法完成的，残疾青年面对这些实践任务只能望洋兴叹。高校目前无法满足残疾青年的特殊需求，尚未开发出适合残疾青年的实践课程。因此，思想政治教育目前的一般形式无法满足高校残疾青年的一般需求。

三 高校残疾青年思想政治教育实施路径

（一）加强高校人文关怀，建设无障碍软硬件环境

近年来国家重视无障碍环境建设，努力提高残疾人的幸福感。① 高校校园作为城市的特色部分，其无障碍环境建设具有重要功能。一方面，高校作为高等融合教育的实践主体，是残疾青年居住、学习、餐饮、运动、休憩的重要场所，无障碍环境建设能够切实增加残疾青年生活的便利度和舒适度，无障碍文化建设也能够提高对残疾青年的包容和关爱程度。② 另一方面，高校也是我国科学技术文化艺术的承载者，高校的无障碍软硬件环境建设有利于彰显博爱包容的中华优秀传统文化和开放多元的现代中国精神。

建设无障碍环境，提高高校残疾青年求学的便利度。第一，整修已有建筑。宿舍、教学楼、教室、食堂等已有建筑是残疾青年使用频率最高的几处场所。在宿舍楼和教学楼等室内场所加装电梯，并安置残疾人专用按钮，电梯内配备楼层播报器以供视力残疾人使用。出入口处加装轮椅坡道，并注意坡道的坡度和宽度等要满足规范要求。加装无障碍卫生间，并安置低位服务

---

① 朱宁宁：《推动无障碍环境建设从"有没有"向"优不优"转变》，《法治日报》2023 年 9 月 12 日。

② 黄波：《高校无障碍环境建设的问题与对策研究——以北京工业职业技术学院为例》，《北京工业职业技术学院学报》2023 年第 3 期。

洗手池等设施。在宿舍楼和教学楼外设置无障碍停车位、轮椅位等。在教室内，为适应融合教育的需要，配备必要的助听设备和手语服务，以帮助听力残疾学生接收信息，教师要掌握基础的手语教学，必要的时候给学生以解释。配备盲文教材，以帮助视力残疾学生学习课本知识等。在人流量大的食堂里，创设无障碍区域，以保障残疾青年能够从容地就餐。对已有建筑的修缮能够很好地改善残疾青年的生活状态。第二，改善交通系统。交通系统是连接校园各区域的重要纽带，包括静态交通（各类停车场）和动态交通（机动车道、人行道及风雨廊道等）。交通系统的改造要避免"补丁式"插入既有环境，因为"补丁式"设施的连续性较差，存在安全隐患，要系统和彻底地改造。① 例如，拓宽路面，增设人行道，主环路的人行道净宽不应小于 1.5 米，端头设置符合标准的缘石坡道；坡度较大的道路可增设校巴路线，使障碍人群能抵达校园各个建筑；完善道路导引系统，设置校园平面图导示牌和建筑、道路指引牌。② 对交通系统的改善能够促进残疾青年走向室外。第三，优化景观环境。景观环境是校园空间品质的重要体现，包括自然景观（水域、绿植）、人文景观（陈设、展览）等。增设无障碍入口，补充园区平面图、无障碍设施位置图和游览图等。设置至少一条无障碍游览路径，满足无障碍通行需求。某些片区设置无障碍游憩区，要求轮椅可以通行，提供必要的座椅、轮椅停放位、低位设施等。③ 景观环境的改善能让残疾青年获得更好的生活和学习环境。良好的无障碍环境能够为高校残疾青年提供温馨和谐的学习成长环境，提高残疾青年在校学习的便捷度。

建设无障碍文化，用博爱精神提高高校残疾青年的融入感。融合教育环境中，健全学生和残疾学生在同一间教室学习，有了更多交流沟通的机会。然而，残疾是一道屏障，仍然把他们分隔开来。高校作为青年学子的

---

① 贾枫、张文帅、吕楚瑶：《融合教育背景下普通高校无障碍环境建构的多维路径选择与思考》，《绥化学院学报》2022 年第 10 期。

② 郑力、刘芳：《高校校园无障碍环境优化设计策略研究——以深圳大学粤海校区为例》，《中外建筑》2023 年第 2 期。

③ 陈红：《美国高校档案馆信息无障碍服务研究及启示——以美国排名前 30 的高校为例》，《档案》2023 年第 4 期。

聚集地，是我国优秀文化汇融的场所，应该建设无障碍文化，构建起温暖友爱、互助共融的校园氛围，推动高校残疾青年顺畅融入校园。[①] 第一，校园无障碍环境建设推动无障碍文化发展，校园环境景观整体质量与精神内涵是校园文明程度的深刻反映，体现高校对于高校残疾青年的尊重和关爱，能够潜移默化地给予学生文化的滋养和素质的提升。随着无障碍环境建设逐步完善，健全学生会更多关注残疾学生，逐步消解横亘在他们中间的鸿沟，高校残疾青年会更好地融入集体。因此，无障碍环境建设是无障碍文化建设的基础和保障。第二，专门开设无障碍文化论坛，邀请学校领导、教师和学生参加，以宣传和弘扬无障碍文化。论坛可以秉承"以大爱助无碍"的核心理念，以全场景社交为方向，通过无障碍人文内容和优秀人物故事，消解无障碍信息数字鸿沟并致力于做好人与人沟通无障碍，让无障碍建设事业真正走进大众视野，让残健融合成为高校乃至全社会的共识。[②] 文化论坛的方式可以极大地促进无障碍环境的建设和无障碍文化的发展。第三，在融合教育环境中，教师需要挖掘人才培养的潜力。融合教育的指导思想是全面贯彻党的教育方针，落实立德树人根本任务，遵循特殊教育规律，以适宜融合为目标推进融合教育，全面提高特殊教育质量。[③] 高校要尊重残疾学生身心发展特点和个体差异，增设适合其就读的相关专业，让其在融合环境中与普通学生相互理解尊重、共同成长进步，将其培养成为有用之材，让每一个人都有人生出彩的机会。融合教育的环境也促进了无障碍文化的发展。无障碍文化体现了人文关怀，对高校残疾青年的人文关怀会促进思想政治教育。

（二）尽力消除就业歧视，以就业帮扶促进思想政治教育

高校残疾青年在校期间心理压力一个重要的来源是就业。2022 年国务

---

① 王紫嫣：《聋人大学生自主学习现状研究——以长春某高校为例》，硕士学位论文，辽宁师范大学，2023。
② 王超：《融合教育理念下残疾人高等教育的教育公平研究》，《才智》2022 年第 28 期。
③ 梅苏芹：《融合教育情境下的教学实施策略探讨》，《试题与研究》2023 年第 26 期。

院办公厅印发的《促进残疾人就业三年行动方案（2022—2024 年）》提出"2022—2024 年共实现全国城乡新增残疾人就业 100 万人"的任务目标。[①]各地残联层层跟进，出台了具体落实方案。针对残疾人大学生实施就业帮扶行动，尽力消除就业市场对高校残疾青年的歧视，尽力帮助其顺利就业。就业帮扶是高校青年思想政治教育的有效契机，对残疾青年而言尤为如此。在学生就业过程中施以援手，同时也施以思想政治教育，往往能取得较好的效果。第一，多方合力为高校残疾青年搭建就业平台。高校可以举办就业专项辅导活动，邀请职业导师走进校园，对高校残疾青年进行专门辅导。政府鼓励各类单位招聘残疾人，可以对招收残疾人的企业给予一定的税收减免。多元主体共同努力，为残疾青年的就业提供渠道和便利。第二，鼓励高校残疾青年创业。从高校角度，可以鼓励残疾青年参加各类创新创业项目，提前熟悉创业流程等。从政府角度，可以从政策、资金、场地等多方面支持有能力的残疾青年创业，并用创业带动其他残疾青年就业。创业并非易事，对残疾青年尤为如此，因此仍然需要多元主体的帮扶。第三，对于暂无条件顺利就业的残疾人毕业生，发展辅助性就业。辅助性就业虽然不是全职就业，但仍然可以为其提供自食其力的可能，促进其获得稳定的收入并参与社会生活。如一些助残社会组织的代加工产品服务，包括生产汽车方向盘布套、缝制布包等简单易操作的项目等；生产手工文创产品，包括生产手工香皂、制作香囊、串珠子项目等。辅助性就业为残疾青年的正式就业提供了缓冲，而不是只作为权宜之计。全社会都应该关心关注高校残疾青年的就业情况，高校若抓住学生就业阶段为残疾学生提供切实帮助，可以很好地提高思想政治教育的效果。在就业这个关键阶段进行思想政治教育，往往收到事半功倍的效果。

（三）考虑残疾学生需求，创新思想政治教育方法

高校的思想政治教育应该将残疾青年的特殊需求考虑进去，创新教育方

---

① 《促进残疾人就业三年行动方案（2022—2024 年）》，中国政府网，2022 年 3 月 25 日，https://www.gov.cn/zhengce/zhengceku/2022-04/08/content_5684090.htm。

式方法以促进因材施教。第一，继续强化思想政治教育的思想性，保证思想政治教育的根本特性。无论是健全学生还是残疾学生，都是社会主义事业的接班人，因此在思想性上高校对残疾青年的要求不能有任何放松，必须做好习近平新时代中国特色社会主义思想进教材、进课堂，进入所有学生的头脑。第二，继续丰富思想政治教育的体系，不断拓宽思想政治教育的内涵与外延。将高校残疾青年的职业能力素质、职业规划指导、职业道德素养和心理健康教育、无障碍校园文化建设等内容纳入思想政治教育体系，推动基础课程与外延课程紧密结合，共同形成高校富有人文特色和博爱精神的大思政教育格局。[①] 高校应考虑残疾青年的心理状态，切实为包括残疾青年在内的所有学生的个人成长把好关，发挥思想政治教育在学生世界观、人生观和价值观培养上的核心枢纽作用。第三，创新教育教学方法，切实将残疾青年的特殊需求考虑进去，从教学方式、学生观等方面，接纳、尊重、关照有特殊需要的学生。在使用信息技术教学的时候，充分考虑到残疾青年的身心障碍。近年来，新媒体在思想政治课堂上发挥较大的作用，教师充分利用互联网资源，将时事热点与案例教学相结合，改变以往课堂学生被动接受的模式，推动学生成为教学的主体。在这个过程中，应当为听力残疾青年配备助听设备，或准备必要的视频资源；应当为视力残疾青年配备音频信息，或准备必要的盲文资源；肢体残疾青年需要在无障碍教室中上课；多重残疾青年可能需要额外的帮扶。第四，在实践课程的实施过程中，要考虑残疾青年的身心障碍，完成任务确有困难的，要灵活使用其他考核方式，提高残疾青年参与实践课程的积极性和主动性，更好地发挥实践课程在思想政治教育方面的重要作用。在教育教学的过程中，要切实考虑到残疾学生的特点和需求，灵活运用教学方法，合理调整考核形式和标准等，使残疾青年真正学到知识。

高校残疾青年是我国高校青年的重要组成部分。这一特殊群体的思想政

---

① 文娱：《"大思政课"视域下高校红色文化育人模式研究》，《黑龙江教育》（理论与实践）2023 年第 10 期。

治教育，不仅关系到社会相对弱势群体的思想稳定，也关系到为开创共同富裕伟大事业凝聚一切力量。目前高校残疾青年思想政治教育存在着现实困境，市场经济和对外开放的负面因素对高校残疾青年这一相对弱势群体影响较大，无障碍环境建设处于起步阶段，无障碍人文环境尚未形成，目前思想政治教育理论和实践的一般途径都未能切实考虑高校残疾青年的特殊需求。在这样的背景下，做好高校残疾青年的思想政治教育，首先要创设无障碍软硬件环境，加强高校人文关怀，让残疾青年感到温暖，其次要给予残疾青年就业帮扶，尽力消除就业歧视，减轻其心理负担，最后要创新思想政治教育方法，将高校残疾青年因身体残疾而产生的特殊需求考虑到课程设计中，实践课程尤其如此。

后　记

当这部书稿的最后一个字符落定，窗外的紫金山已浸染在乙巳年暮春的霞光里。作为耕耘在特殊教育与残疾人事业领域的研究者，此刻抚卷回望，那些与同仁们挑灯研讨的深夜、深入基层调研的足迹、字斟句酌的推敲场景，都化作墨香里跃动的思想火花。这部《新时代共享发展论丛：特殊教育与残疾人事业发展研究（2024）》，不仅是江苏共享发展研究基地开放性学术研究的结晶，更承载着我们对"一个都不能少"的文明承诺的学术回应。

耕耘：在交叉地带拓荒

残疾人研究从来都是多学科交汇的沃土。本书作者们以经济学视角剖析农村残疾人家庭增收的密码，用社会学方法解构社区养老服务的机理，借神经科学之光透视特殊教育的可能——这种打破学科壁垒的勇气，恰如残疾人突破身心限制的隐喻。特别令人振奋的是，年轻学者们将"新质生产力""数字化转型"等时代命题注入传统研究领域，让公益文创的温暖与科技赋能的锐度在纸页间碰撞出创新的火花。

温度：从数据走向人文

在统计报表和政策文本之外，我们始终铭记：每个数字背后都是一个鲜活的生命。作者们曾在苏北农村记录残疾人家庭"因病致贫"的困境，在特殊职业教育课堂观察孤独症青年专注焊接电路板的神情，在社区康复中心触摸康复辅助器具上残留的使用痕迹——这些具身化的研究体验，让本书的学术探讨始终保持着人性的温度。正如一位通过公益文创重获尊严的残障艺术家所言："研究的价值，在于让沉默的大多数被听见。"

担当：以学术回应时代之问

2024 年是《无障碍环境建设法》全面实施的关键之年，也是"十四五"残疾人保障与发展规划攻坚之年。本书对江苏省无障碍产业数字转型、残障群体共同富裕等议题的探讨，既是对国家战略的学理呼应，更蕴含着研究者对制度创新的殷切期待。那些关于"基层教学组织建设""职前教师融合教育素养培养"的建言，字里行间可见我们作为特教人的职业自觉——教育不仅要传授知识，更要锻造改变社会的力量。

在此，我要向所有赋予本书生命的同仁致谢：感谢社会科学文献出版社以专业眼光接纳这份跨界成果；感谢江苏省残联、民政等部门提供的一线实践场域；特别要致敬每位作者——从资深专家到青年学者，你们用严谨的学术态度诠释了"共享发展"的真谛。最后，谨以法国作家圣-埃克苏佩里的话与读者共勉："真正的发现之旅不在于寻找新大陆，而在于用新的眼光看世界。"愿这本书能助您获得观察残疾人事业的新的目光，让我们共同期待，那份属于所有人的、无差别绽放的生命尊严。

展望未来，随着中国式现代化的深入推进，"共享发展"理念将在更加广阔的领域释放活力，为促进社会全面进步注入强大动力。我们相信，在党和国家政策的持续支持下，在社会各界的共同努力下，残疾人事业与特殊教育将迎来更加美好的明天——一个无障碍设施更加完善、服务体系更加高效、教育模式更加包容、社会融合更加深入的新时代。江苏共享发展研究基地也将继续发挥桥梁纽带作用，立足中国实际，放眼全球视野，致力于打造一流的理论研究平台和实践创新基地，为实现"人人享有出彩机会"的共同富裕目标而不懈奋斗！

当然，我们深知，本书的内容和观点尚有许多不足之处，还需在未来的研究与实践中不断打磨和完善。作为共享发展研究基地的第三本论丛，本书的出版既是阶段性的总结，也是前进道路上的一次实践尝试。我们诚挚地期待社会各界专家学者不吝赐教，给予宝贵的批评与建议，以共同推动残疾人事业与特殊教育的高质量发展，为建设公平、包容、美好的社会贡献更大力量！

杨会良

2025 年春于南京青秀城

图书在版编目（CIP）数据

新时代共享发展论丛：特殊教育与残疾人事业发展
研究：2024／杨会良等著 . --北京：社会科学文献出
版社，2025.8. --ISBN 978-7-5228-5414-4

Ⅰ. G769.2；D669.69

中国国家版本馆 CIP 数据核字第 2025QW8023 号

新时代共享发展论丛：特殊教育与残疾人事业发展研究（2024）

著　　者／杨会良　康　丽　高宸陆　等

出 版 人／冀祥德
组稿编辑／陈凤玲
责任编辑／宋淑洁
文稿编辑／姜　瀚
责任印制／岳　阳

出　　版／社会科学文献出版社·经济与管理分社（010）59367226
　　　　　地址：北京市北三环中路甲 29 号院华龙大厦　邮编：100029
　　　　　网址：www.ssap.com.cn
发　　行／社会科学文献出版社（010）59367028
印　　装／三河市龙林印务有限公司

规　　格／开　本：787mm×1092mm　1/16
　　　　　印　张：18　字　数：276 千字
版　　次／2025 年 8 月第 1 版　2025 年 8 月第 1 次印刷
书　　号／ISBN 978-7-5228-5414-4
定　　价／128.00 元

读者服务电话：4008918866